BLUE BOX

6

presented by KOUJI MIURA

26. August

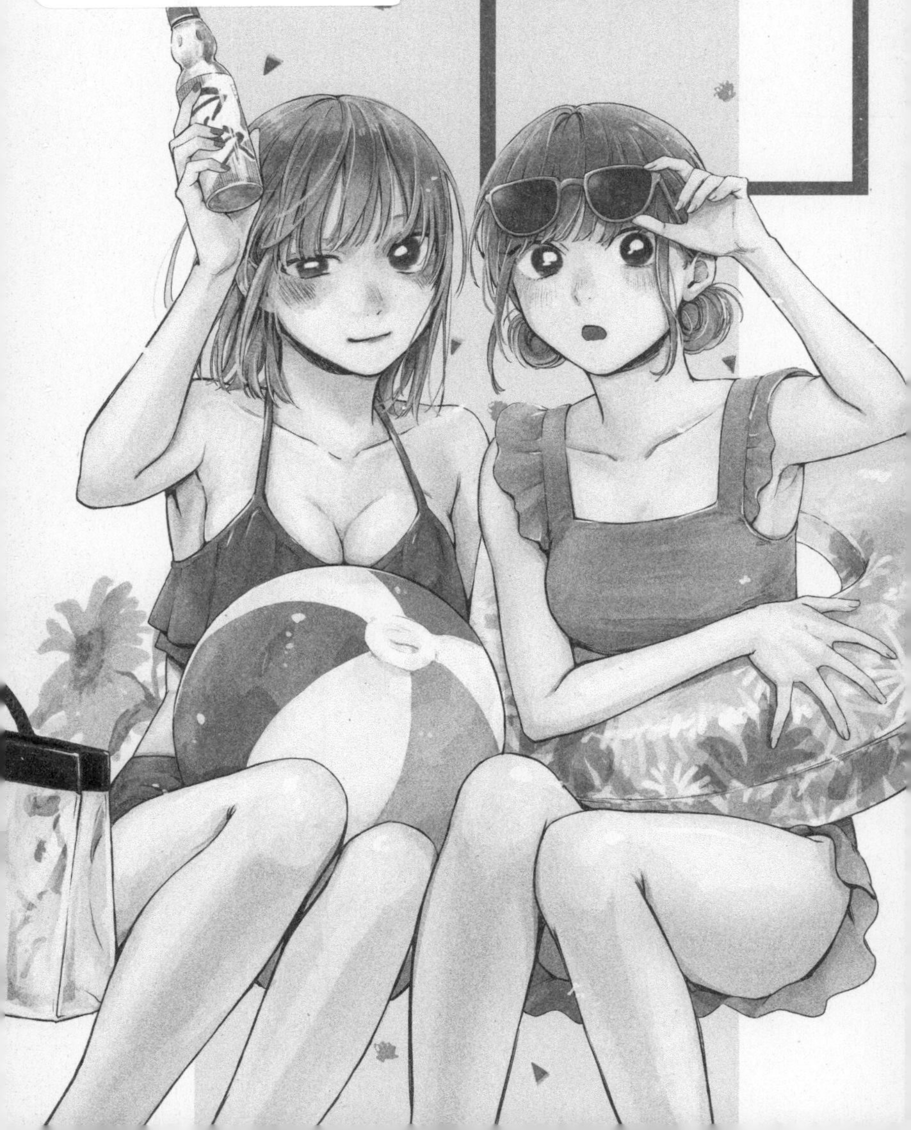

Blue Box

Charaktere

Chinatsu Kano

Ass des Mädchen-Basketballteams. Da ihr Vater ins Ausland versetzt wurde, wohnt sie zurzeit bei den Inomatas.

Taiki Inomata

Mitglied des Badminton-Clubs. Verliebt in Chinatsu.

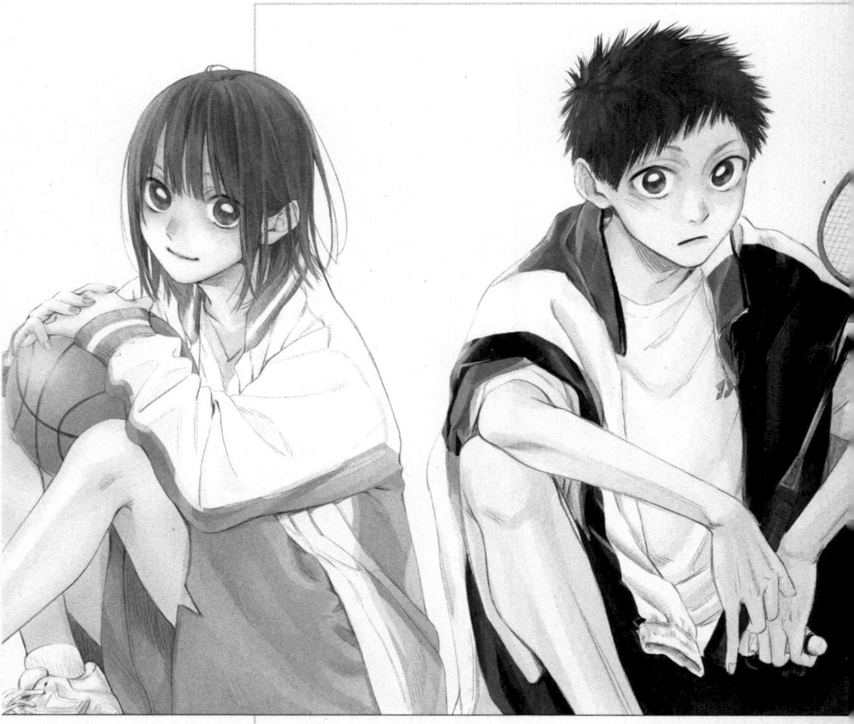

Characters

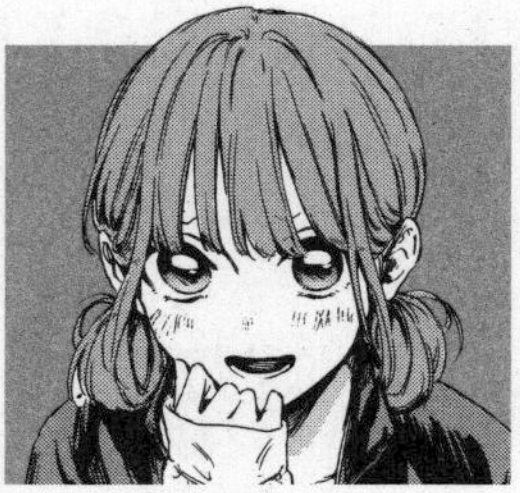

Hina Chono

Hoffnungsvoller Neuling im Rhythmische-Sportgymnastik-Club. Hat Taiki ihre Gefühle gestanden...

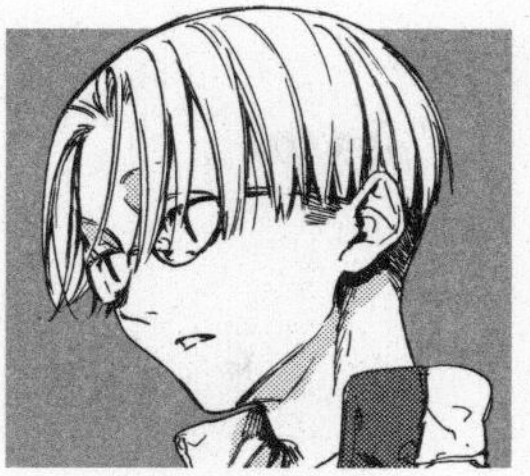

Kyo Kasahara

Taikis Freund aus dem Badminton-Club. Ruhiger und gelassener Typ, der Taiki oft mit Ratschlägen zur Seite steht.

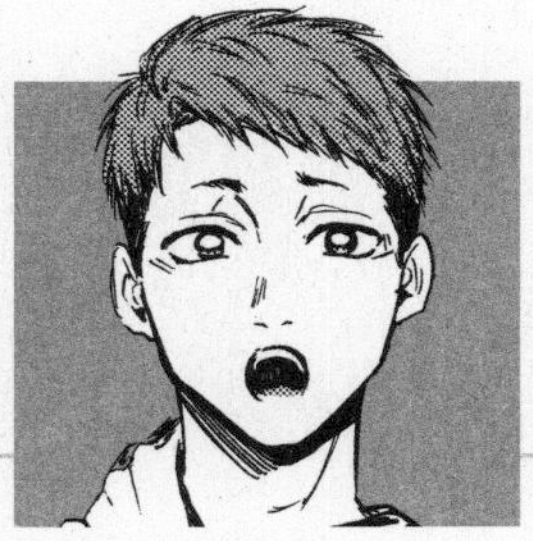

Haryu-Senpai

Senpai im Badminton-Club. Er ist manchmal ziemlich streng, hält aber große Stücke auf Taiki.

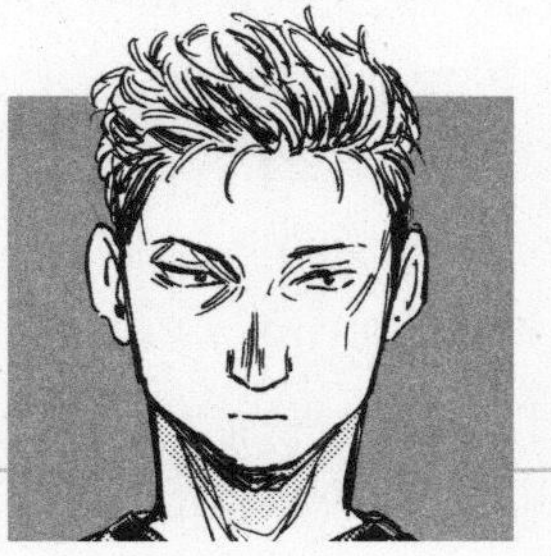

Hyodo

Mitglied des Badminton-Clubs der Sajikawa Oberschule. Hat beim Inter High schon mal gewonnen.

Story

Was bisher geschah

Taiki Inomata ist Mitglied im Badminton-Club. Als er beim Morgentraining zufällig seine Senpai Chinatsu Kano aus dem Mädchen-Basketballteam trifft, verliebt er sich in sie. Eines Tages erfährt Taiki, dass Chinatsus Eltern ins Ausland ziehen werden. Er rennt Hals über Kopf zu ihr, doch zu seiner Erleichterung erzählt sie ihm, dass sie in Japan bleiben wird, um am Inter-High-Turnier teilnehmen zu können. Allerdings wartet noch ein Schock auf Taiki: Chinatsu soll für diese Zeit bei der Familie Inomata wohnen!! Und so beginnt das Leben unter einem Dach...

Das Feuerwerk ist vorbei und nun steht endlich das Inter High an. Chinatsu hat mit ihrem Team das erste Spiel gewonnen, doch vor der zweiten Runde ist sie unsicher und steht unter Druck... Währenddessen berichtet Hina Taiki von ihrem Erfolg. Nachdem sie fürs Training lange darauf verzichten musste, gönnt sich Hina ein Eis, und die beiden gehen zusammen in den Park. Auf dem Spielplatz kommen sie auf die Idee, einen Schuh-Weitwurf-Wettbewerb zu veranstalten... Hina schlägt vor, dass der Verlierer dem anderen etwas Peinliches erzählen muss, das er bisher noch niemandem verraten hat. Doch Hinas Schuh fällt einfach vor ihr auf den Boden... und aus heiterem Himmel gesteht sie Taiki ihre Gefühle...

Inhalt

6

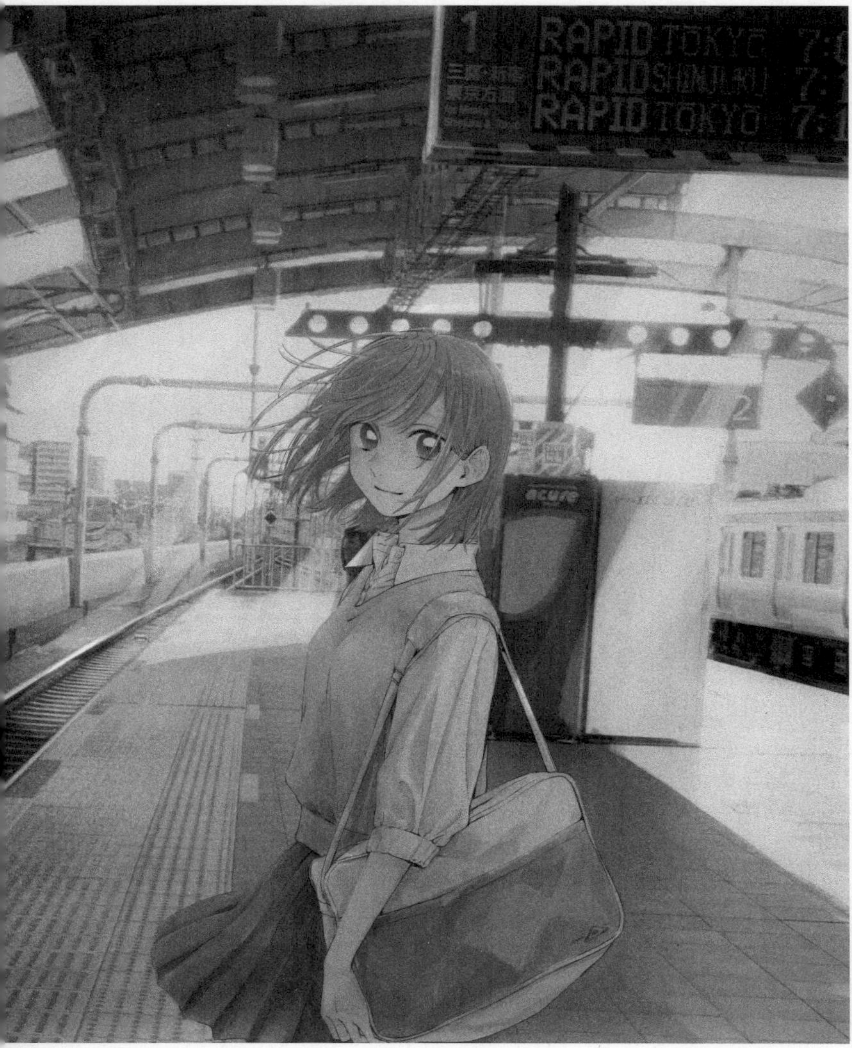

#44 Er ist nicht in Erfüllung gegangen

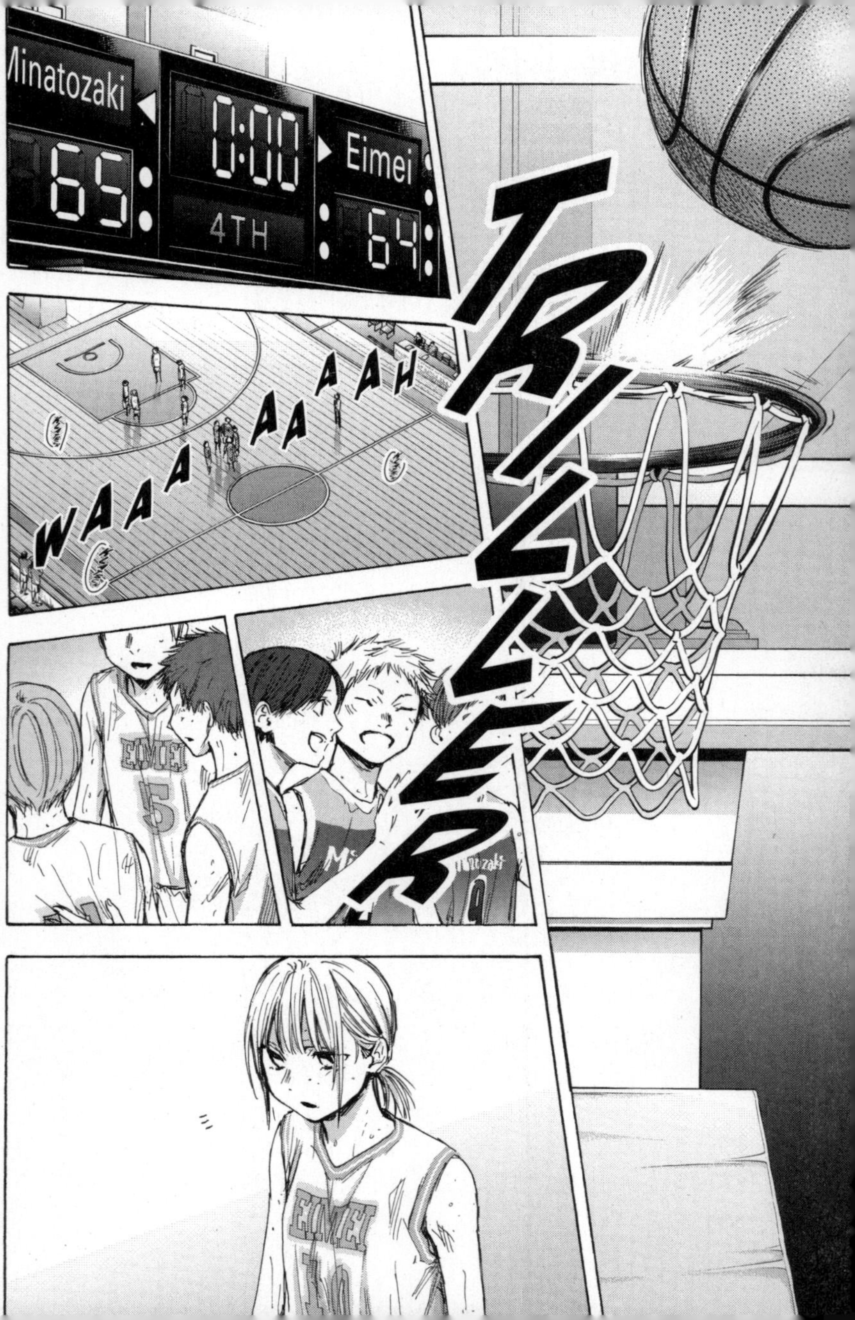
Minatozaki
0:00
Eimei
65
4TH
64
TRILLLER
WAAAAAAAH

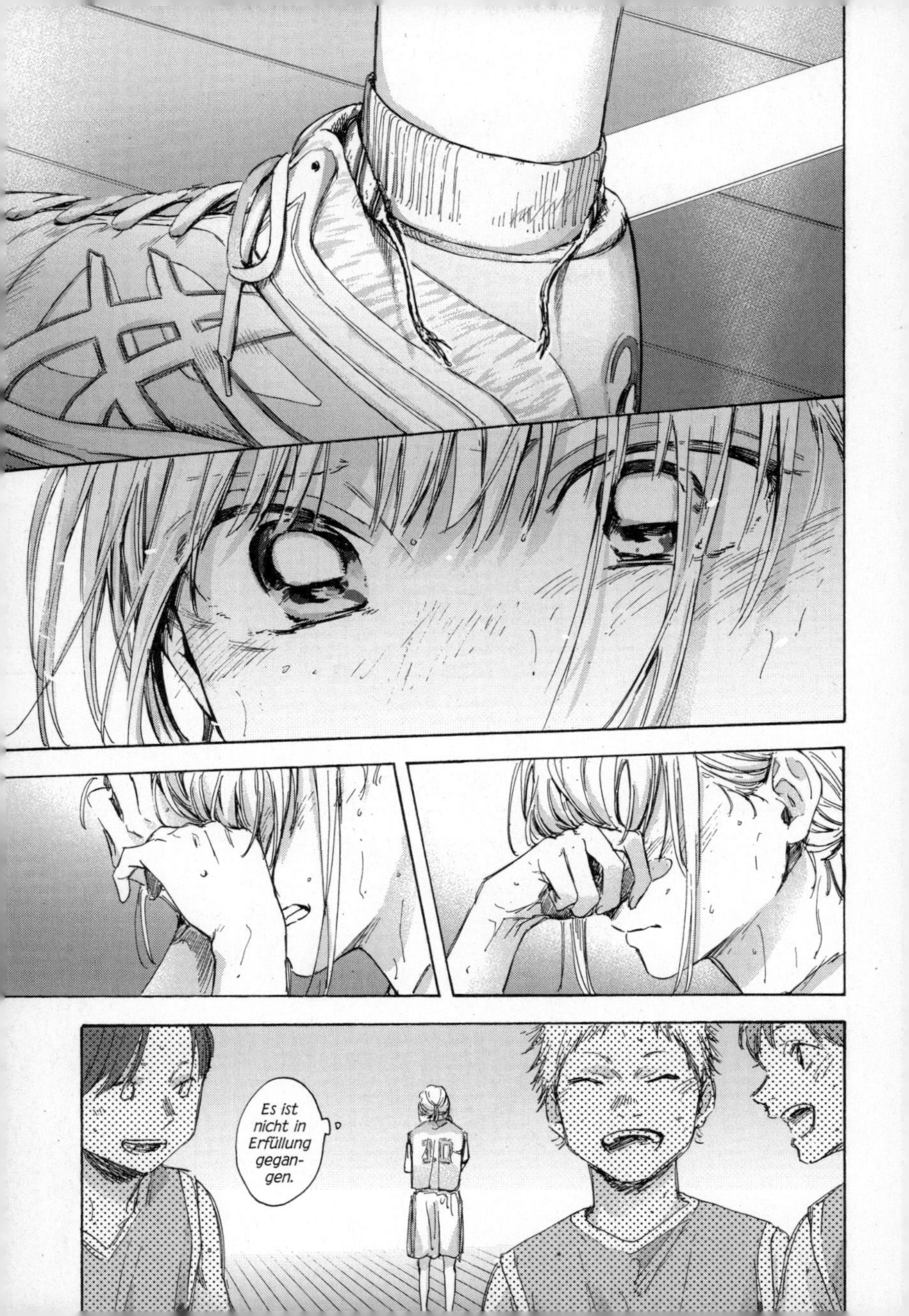
Es ist nicht in Erfüllung gegangen.

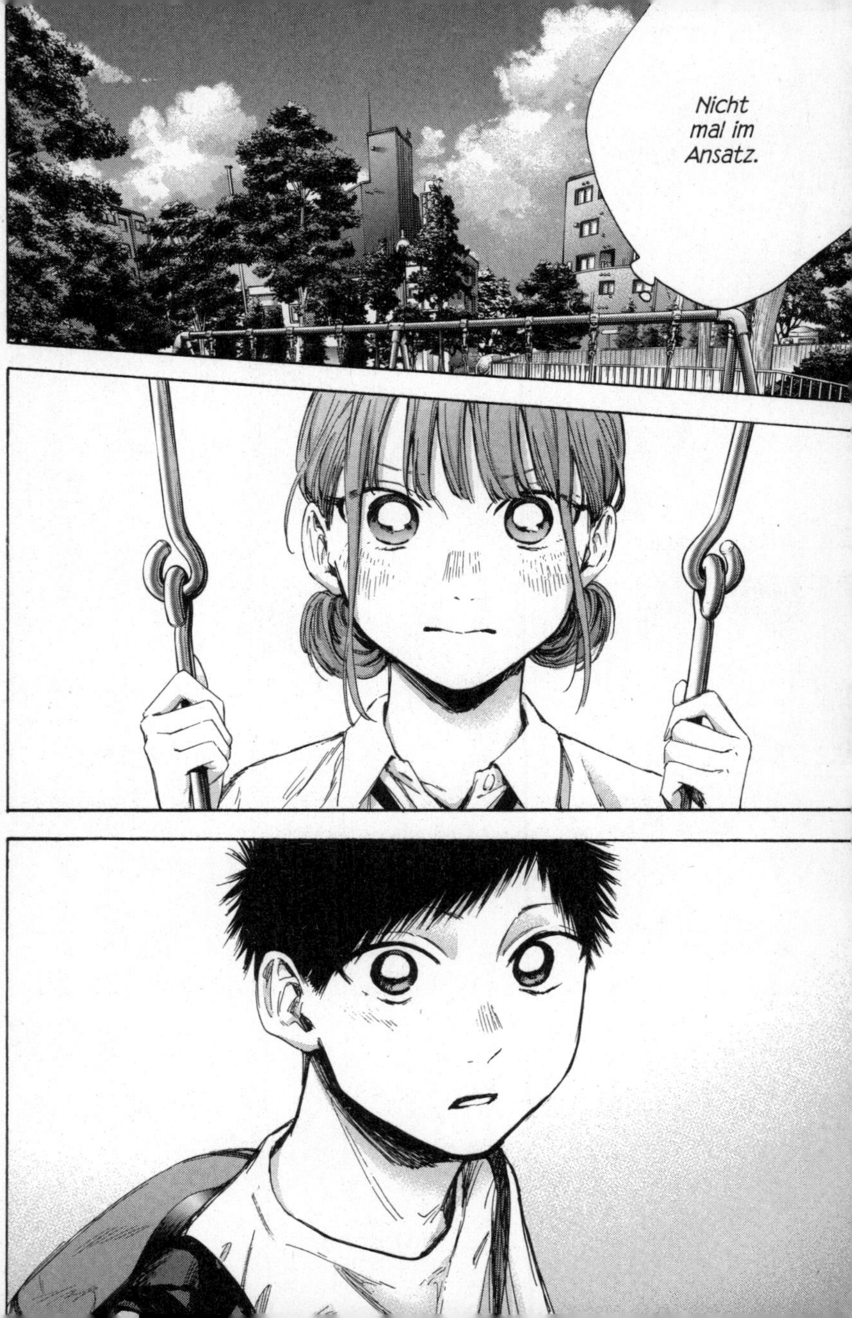
Nicht mal im Ansatz.

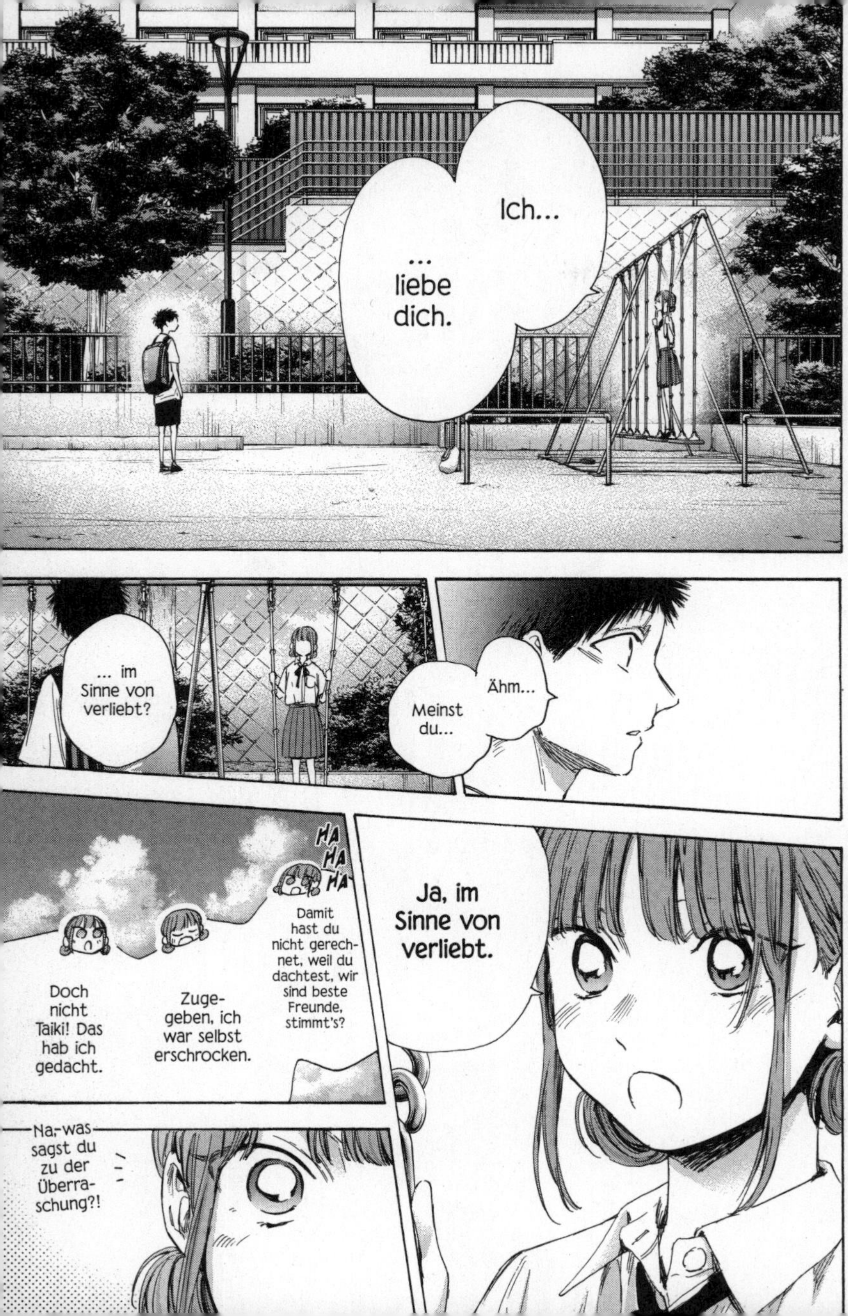
Ich...
... liebe dich.
Ähm...
Meinst du...
... im Sinne von verliebt?
Ja, im Sinne von verliebt.
HA HA HA
Damit hast du nicht gerechnet, weil du dachtest, wir sind beste Freunde, stimmt's?
Zugegeben, ich war selbst erschrocken.
Doch nicht Taiki! Das hab ich gedacht.
Na, was sagst du zu der Überraschung?!

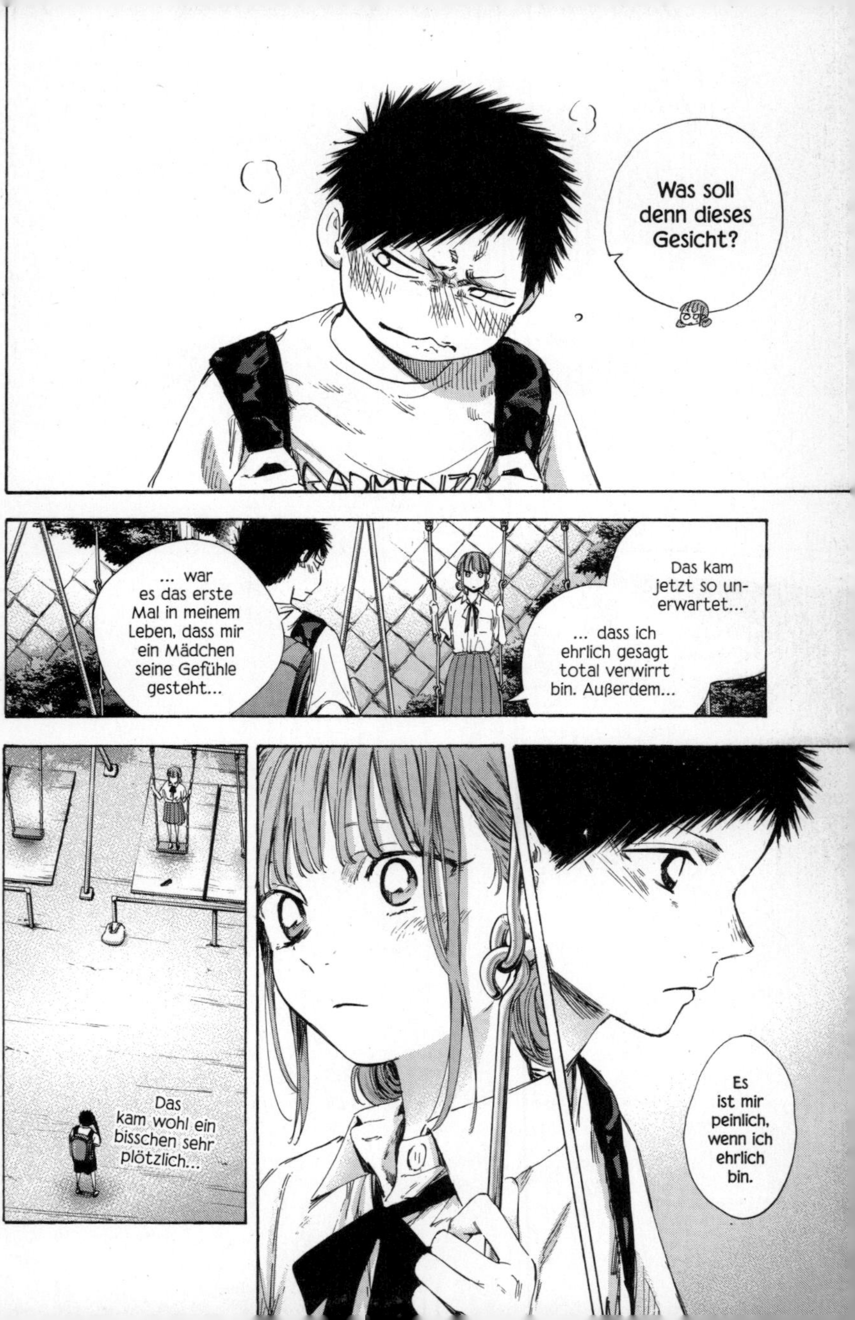
Was soll denn dieses Gesicht?
Das kam jetzt so unerwartet...
... dass ich ehrlich gesagt total verwirrt bin. Außerdem...
... war es das erste Mal in meinem Leben, dass mir ein Mädchen seine Gefühle gesteht...
Es ist mir peinlich, wenn ich ehrlich bin.
Das kam wohl ein bisschen sehr plötzlich...

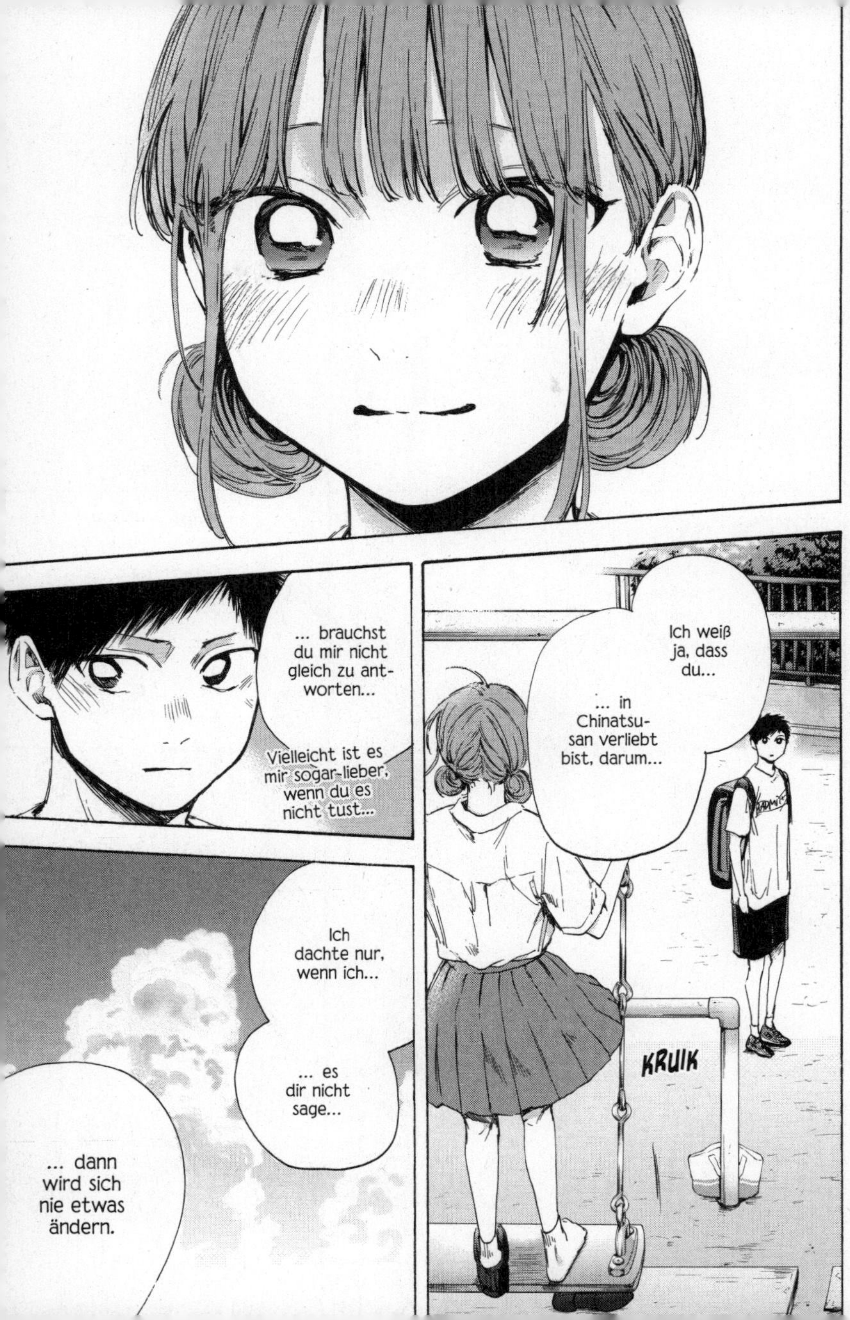
Ich weiß ja, dass du...
... in Chinatsu-san verliebt bist, darum...
... brauchst du mir nicht gleich zu antworten...
Vielleicht ist es mir sogar lieber, wenn du es nicht tust...
KRUIK
Ich dachte nur, wenn ich...
... es dir nicht sage...
... dann wird sich nie etwas ändern.

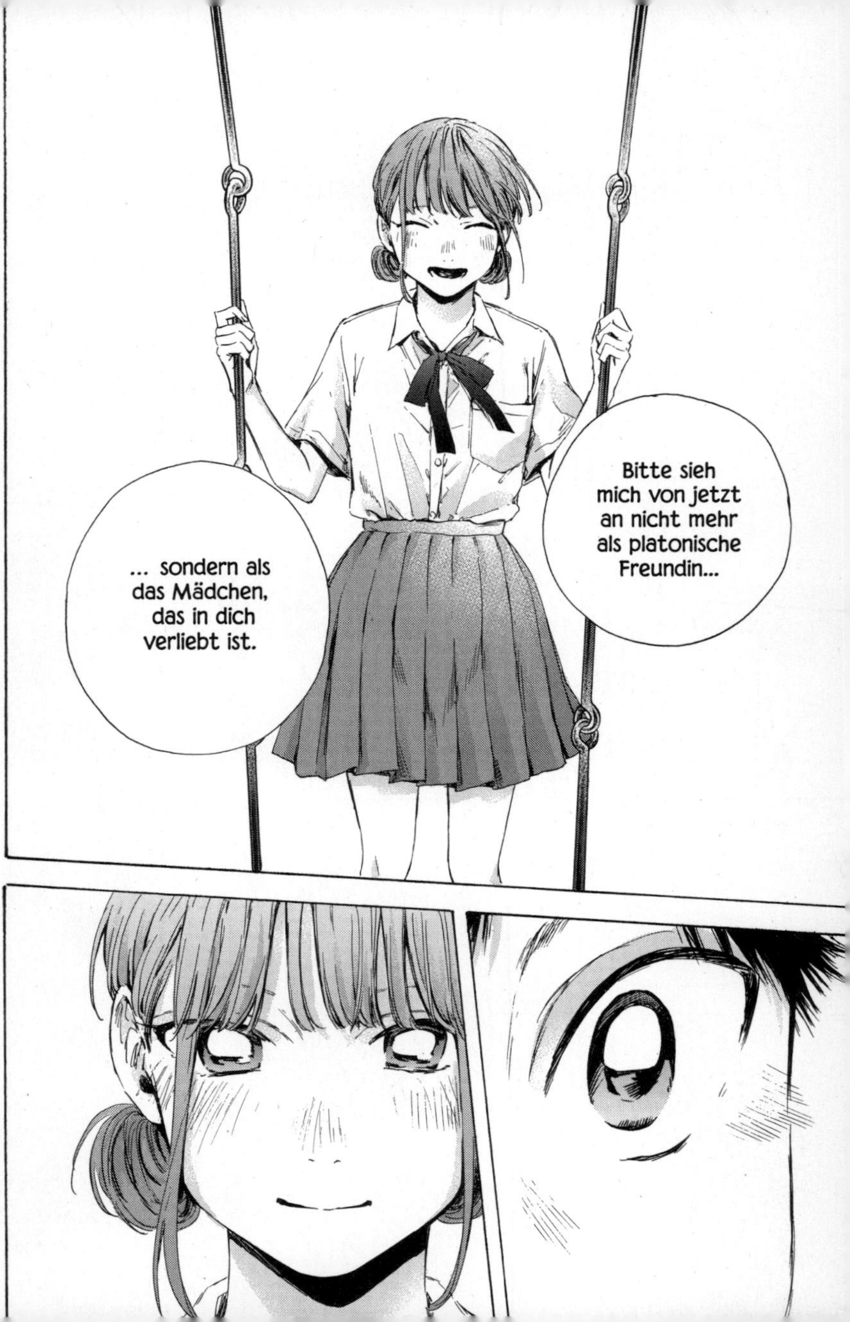
Bitte sieh mich von jetzt an nicht mehr als platonische Freundin...
... sondern als das Mädchen, das in dich verliebt ist.

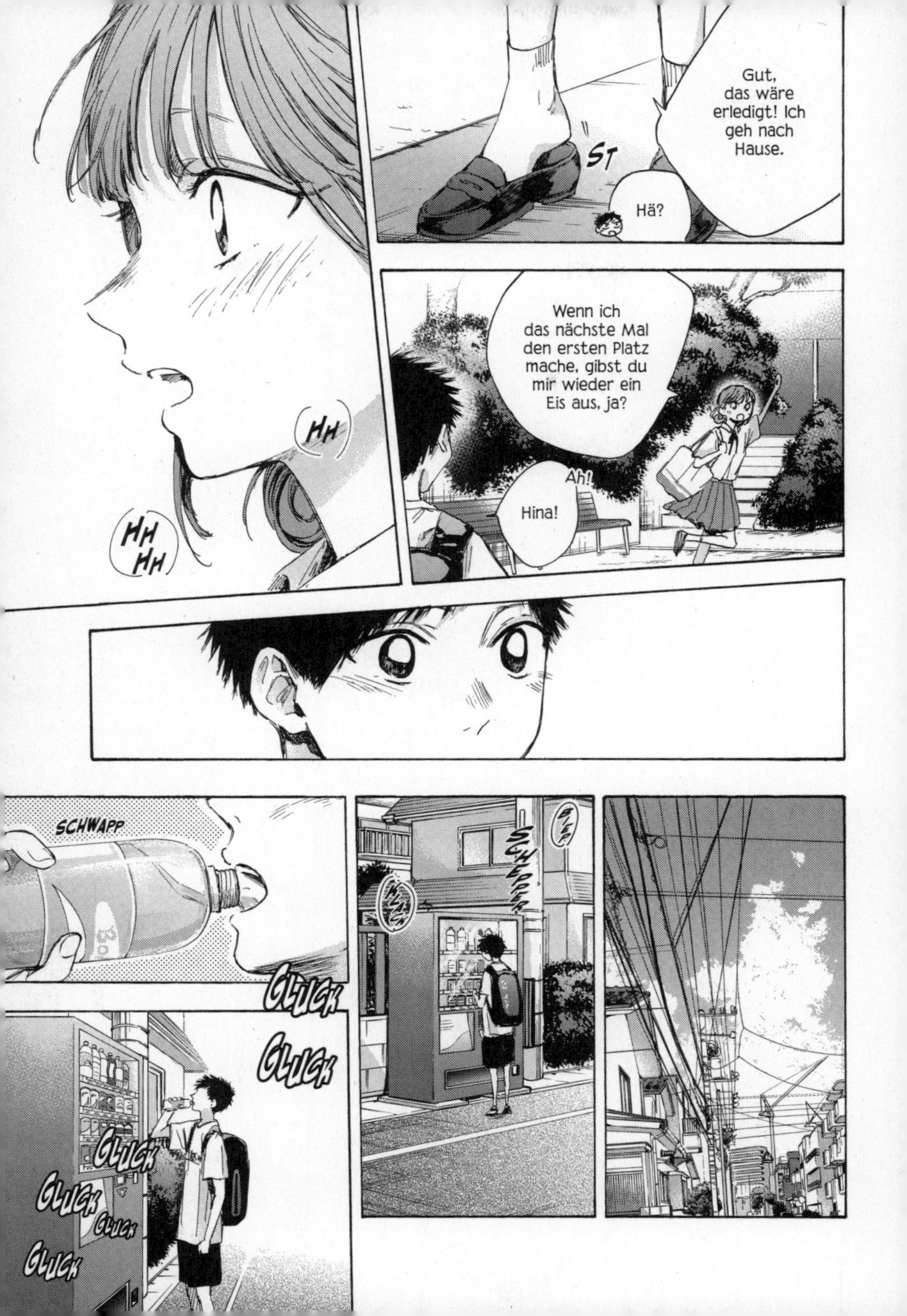

Gut, das wäre erledigt! Ich geh nach Hause.
ST
Hä?
HH
HH HH
Wenn ich das nächste Mal den ersten Platz mache, gibst du mir wieder ein Eis aus, ja?
Ah!
Hina!
SCHWAPP
GLUCK
GLUCK
GLUCK
GLUCK
GLUCK
GLUCK
SCHEPPER

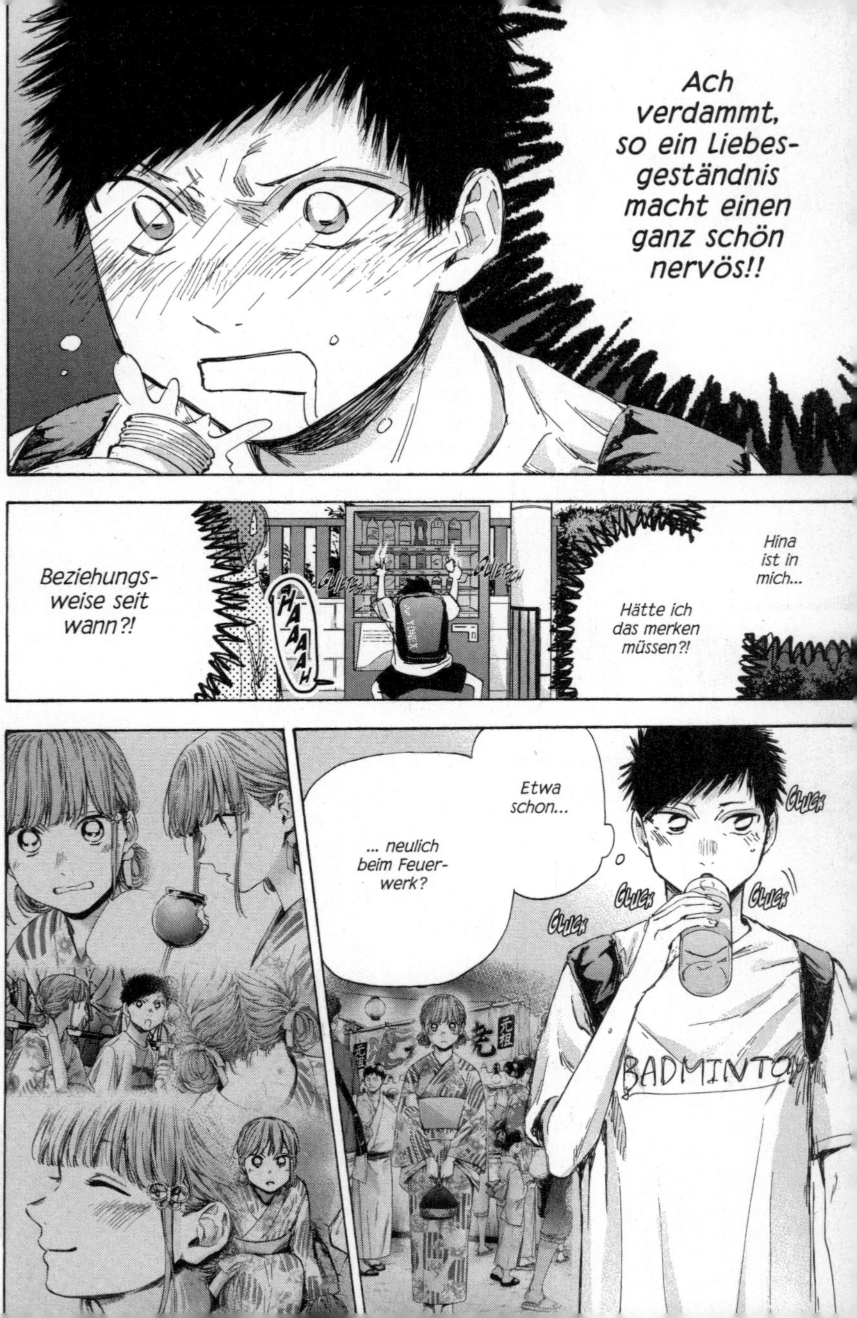
Ach verdammt, so ein Liebes-geständnis macht einen ganz schön nervös!!
Hina ist in mich...
Hätte ich das merken müssen?!
QUIETSCH
HAAAAH
Beziehungs-weise seit wann?!
GLUCK
GLUCK
GLUCK
GLUCK
Etwa schon...
... neulich beim Feuer-werk?

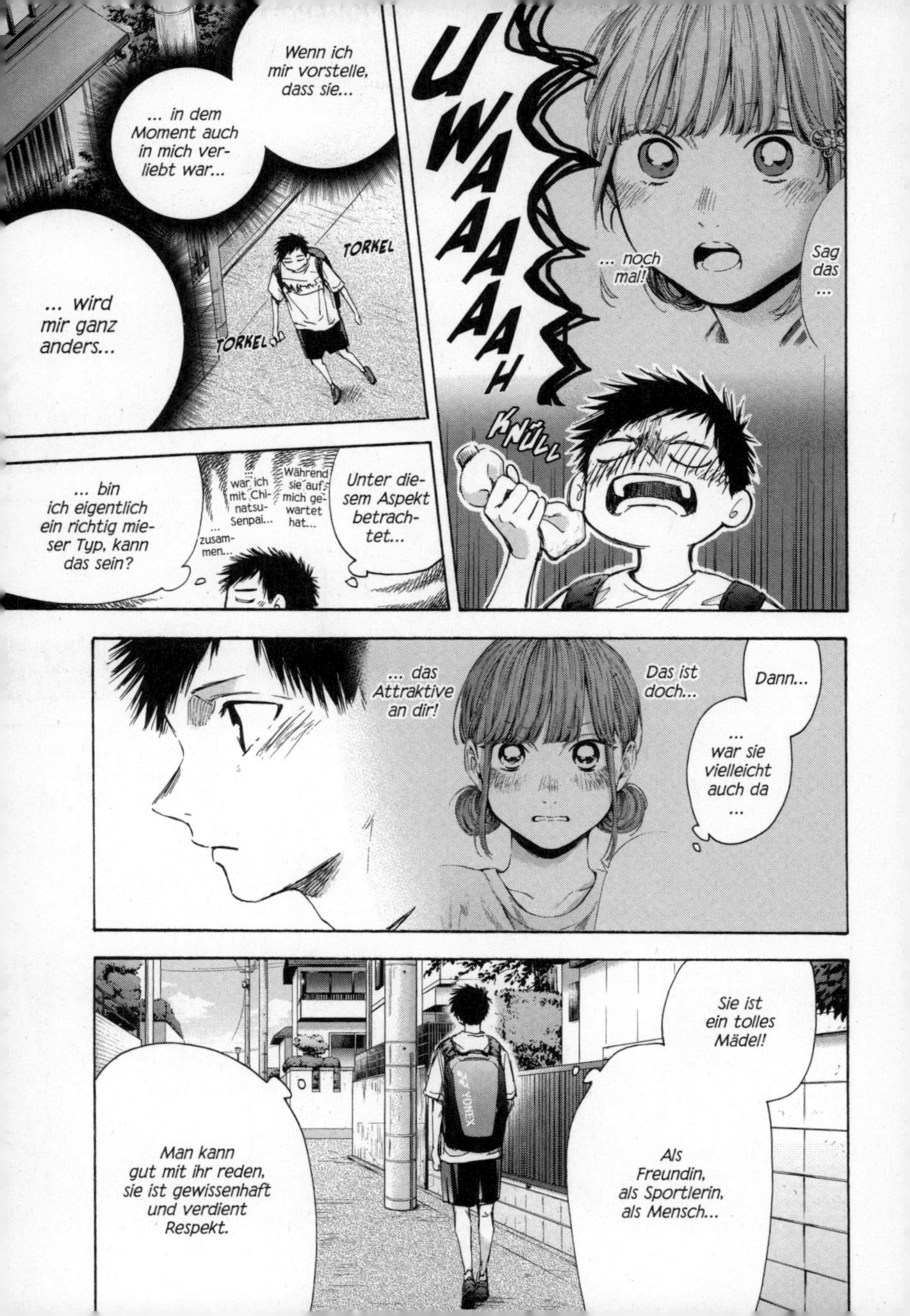

Sag das ...
... noch mal!
UWAAAAAH
KNÜLL
Wenn ich mir vorstelle, dass sie...
... in dem Moment auch in mich verliebt war...
TORKEL
TORKEL
... wird mir ganz anders...
Unter diesem Aspekt betrachtet...
Während sie auf mich gewartet hat...
... war ich mit Chinatsu-Senpai...
... zusammen...
... bin ich eigentlich ein richtig mieser Typ, kann das sein?
Dann...
... war sie vielleicht auch da ...
Das ist doch...
... das Attraktive an dir!
Sie ist ein tolles Mädel!
Als Freundin, als Sportlerin, als Mensch...
Man kann gut mit ihr reden, sie ist gewissenhaft und verdient Respekt.

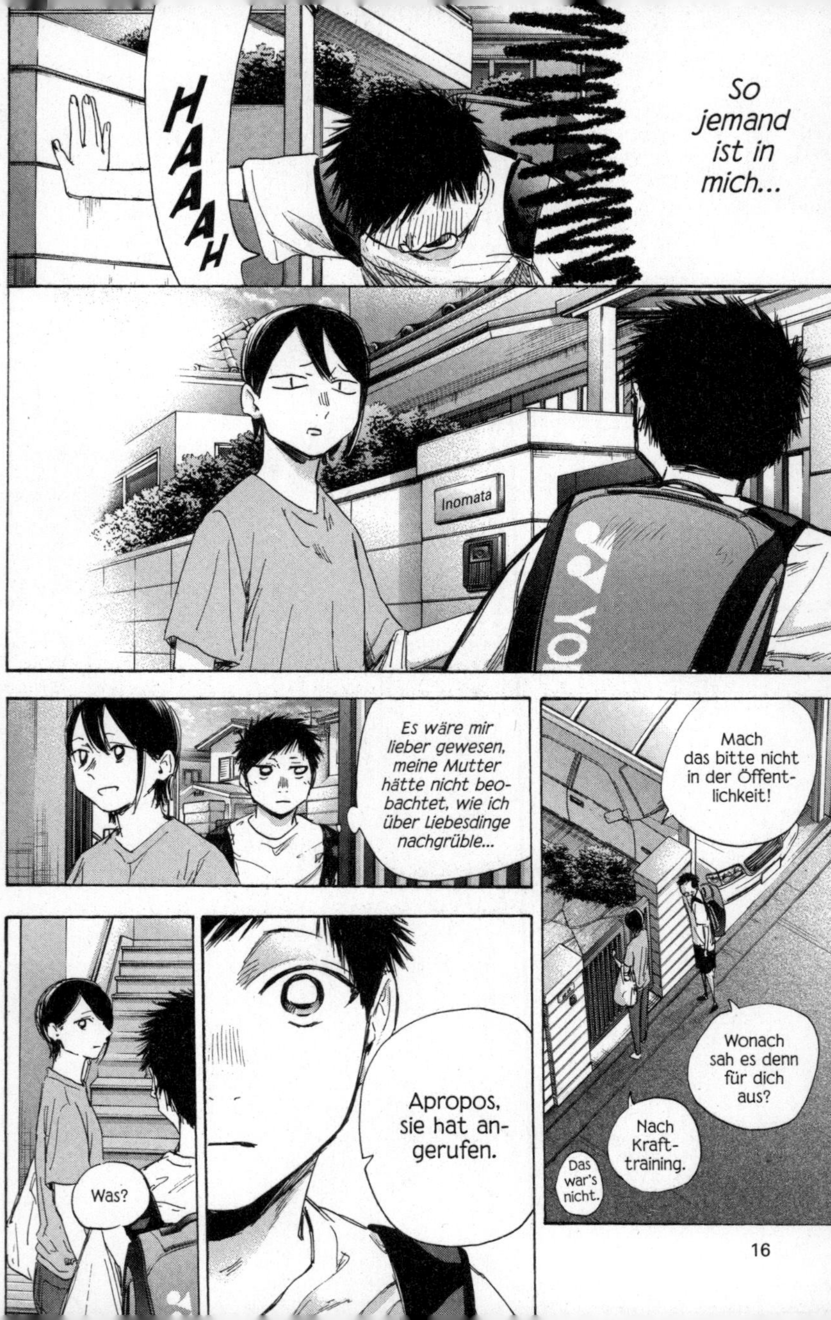
So jemand ist in mich...
HAAAAH
Inomata
YO
Mach das bitte nicht in der Öffentlichkeit!
Wonach sah es denn für dich aus?
Nach Krafttraining.
Das war's nicht.
Es wäre mir lieber gewesen, meine Mutter hätte nicht beobachtet, wie ich über Liebesdinge nachgrüble...
Apropos, sie hat angerufen.
Was?

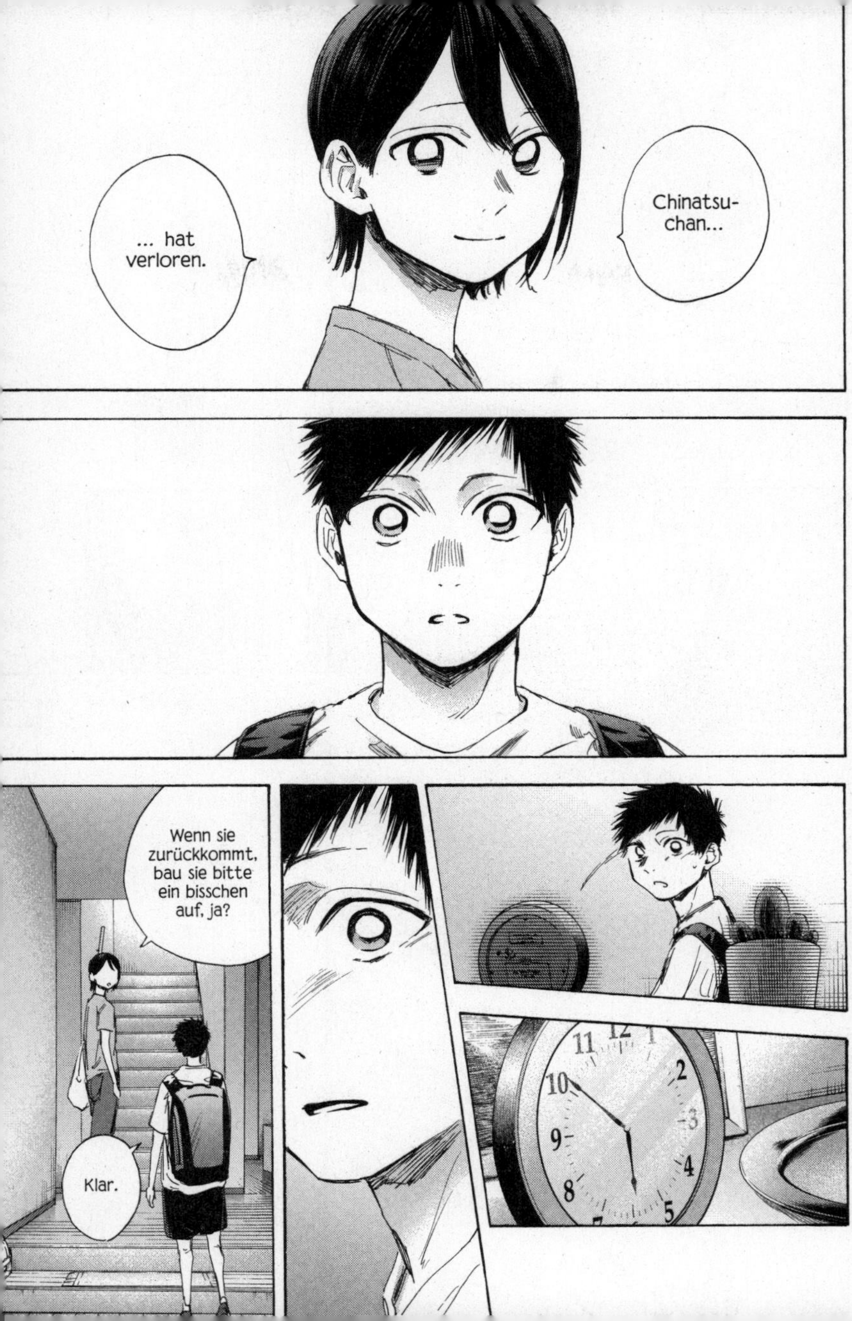
Chinatsu-chan...
... hat verloren.
Wenn sie zurückkommt, bau sie bitte ein bisschen auf, ja?
Klar.

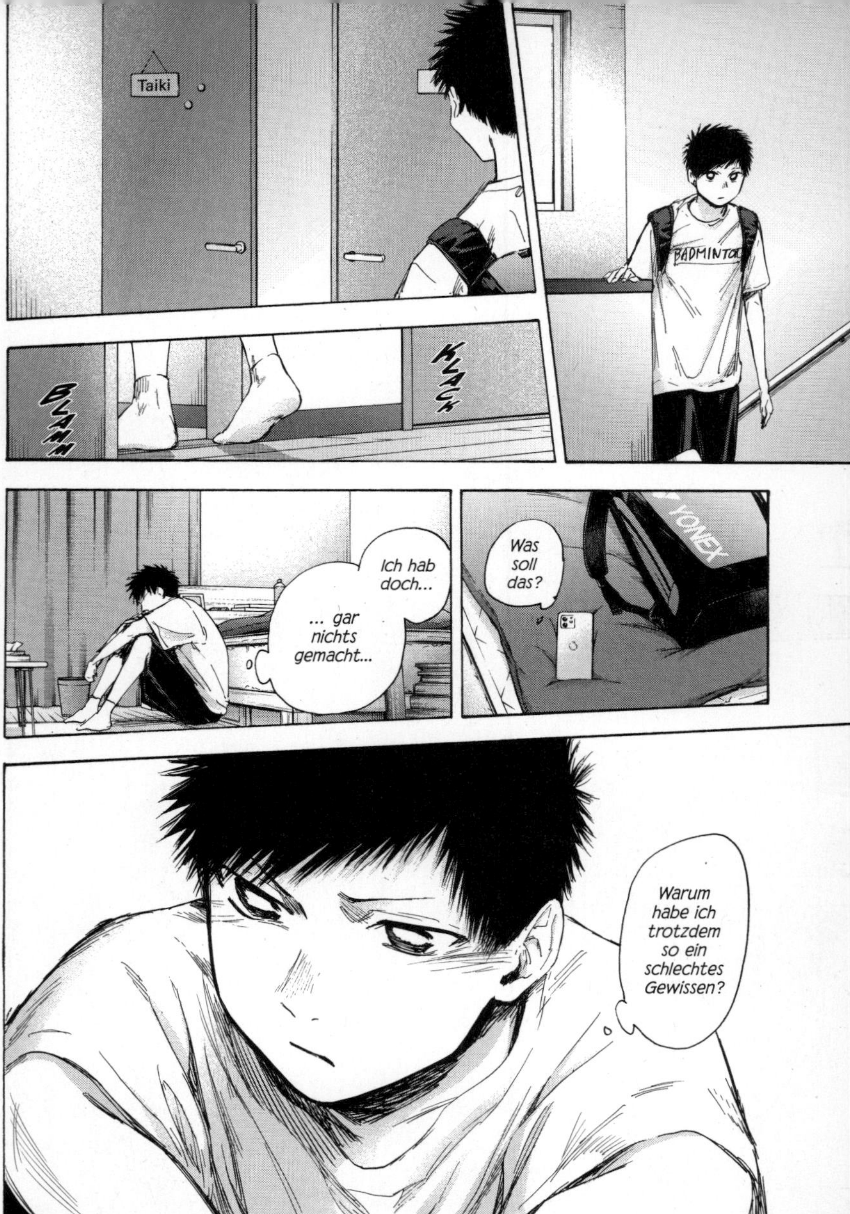
Taiki
BADMINTON
KLACK
BLAMM
Was soll das?
YONEX
Ich hab doch...
... gar nichts gemacht...
Warum habe ich trotzdem so ein schlechtes Gewissen?

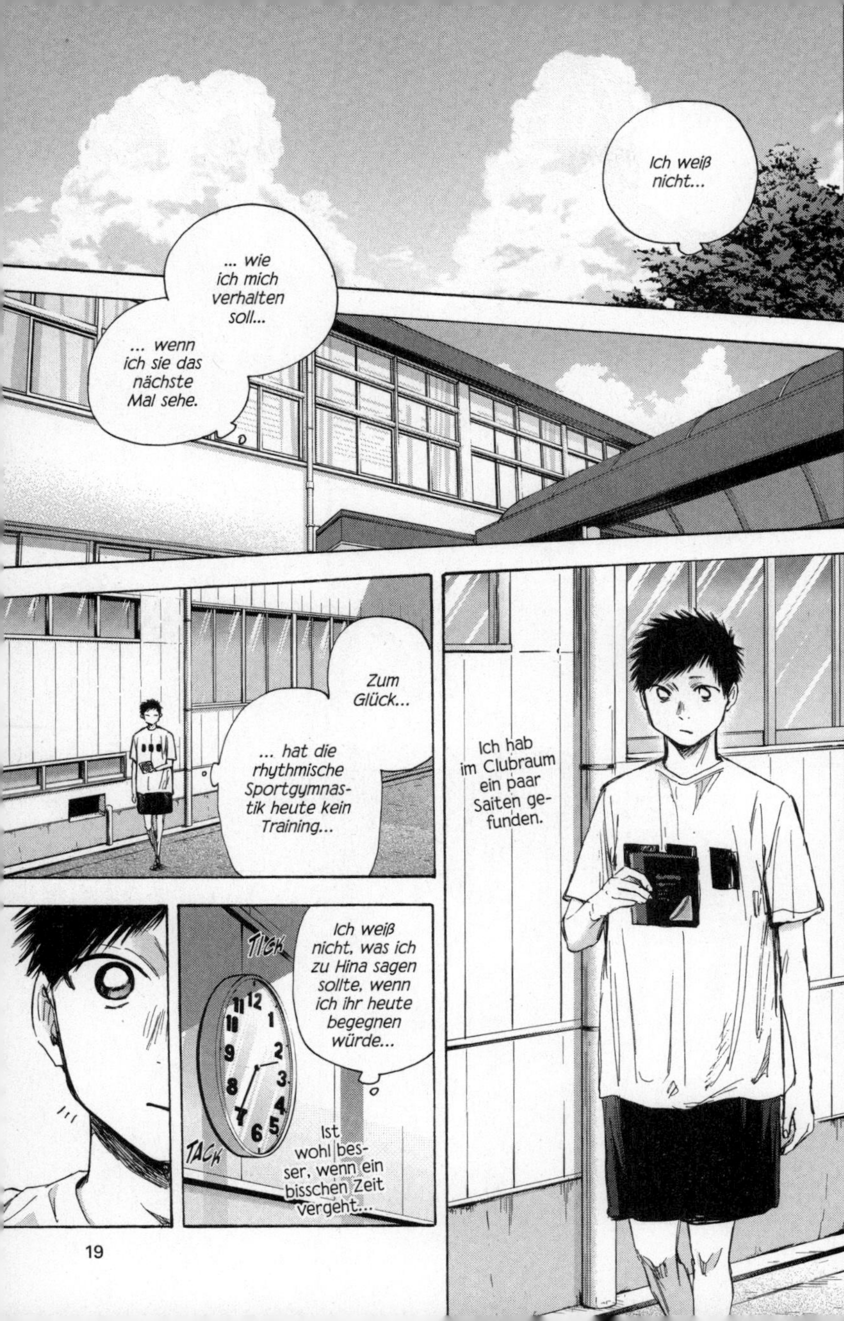
Ich weiß nicht...
... wie ich mich verhalten soll...
... wenn ich sie das nächste Mal sehe.
Ich hab im Clubraum ein paar Saiten gefunden.
Zum Glück...
... hat die rhythmische Sportgymnastik heute kein Training...
TICK
Ich weiß nicht, was ich zu Hina sagen sollte, wenn ich ihr heute begegnen würde...
TACK
Ist wohl besser, wenn ein bisschen Zeit vergeht...

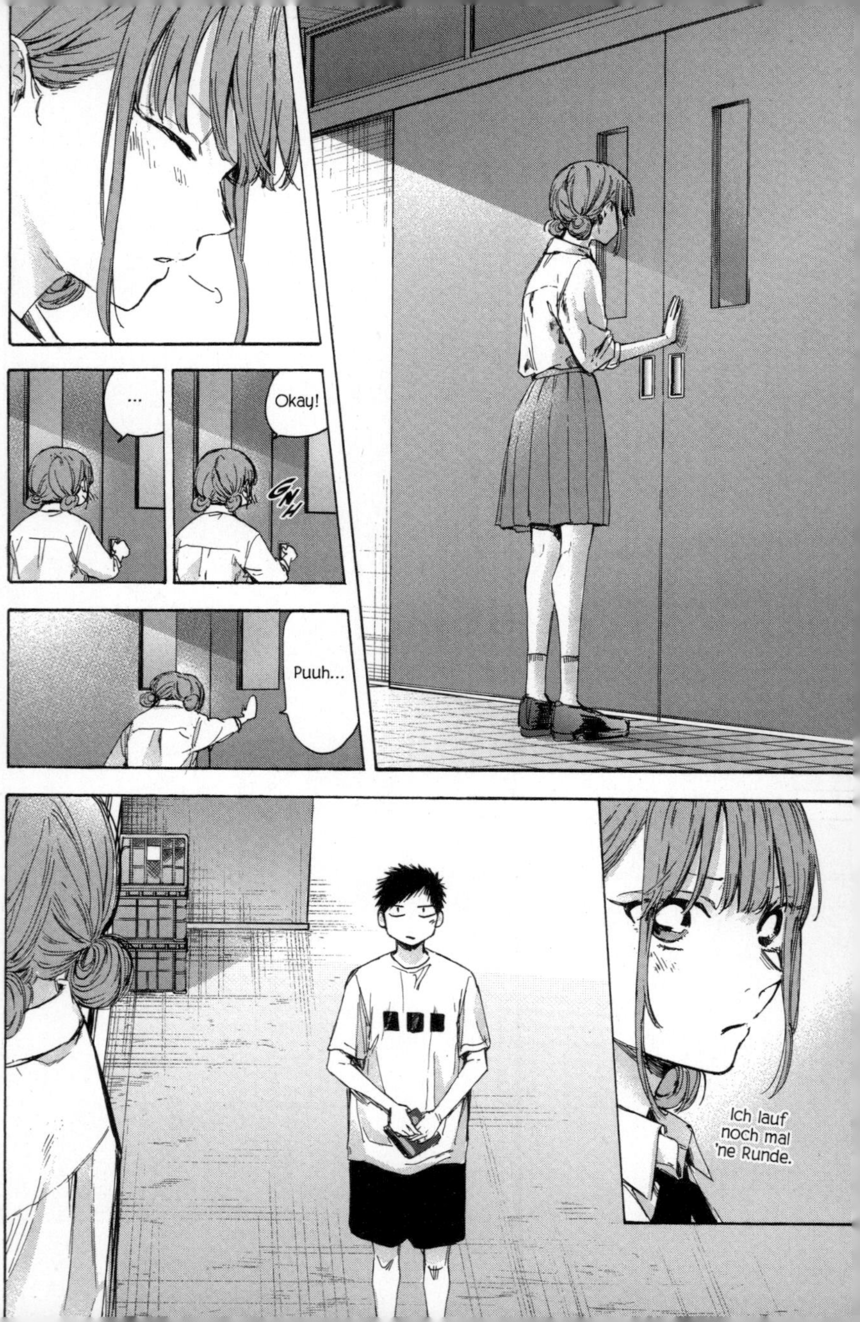
Okay!
GNH
...
Puuh...
Ich lauf noch mal 'ne Runde.

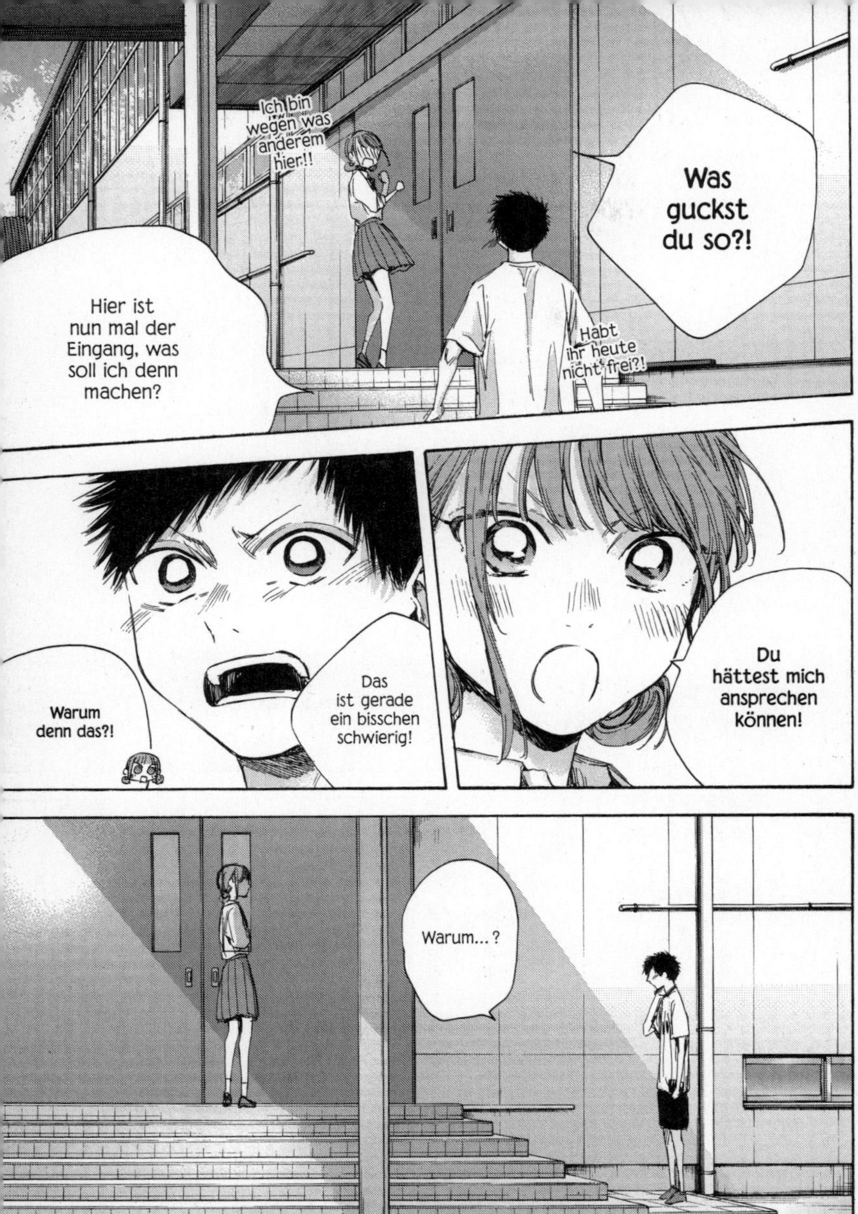
Was guckst du so?!
Habt ihr heute nicht frei?!
Ich bin wegen was anderem hier!!
Hier ist nun mal der Eingang, was soll ich denn machen?
Du hättest mich ansprechen können!
Das ist gerade ein bisschen schwierig!
Warum denn das?!
Warum...?

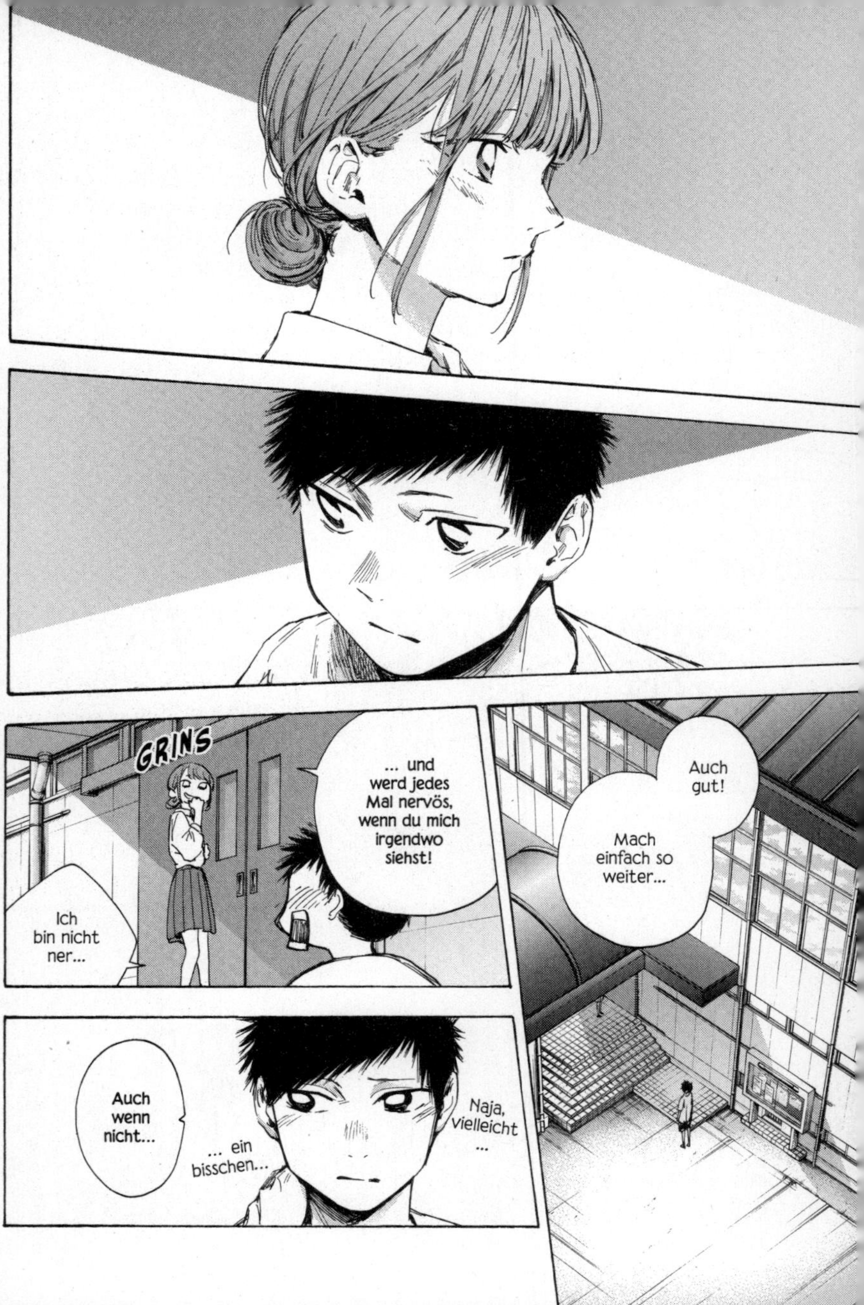
Auch gut!
Mach einfach so weiter...
... und werd jedes Mal nervös, wenn du mich irgendwo siehst!
GRINS
Ich bin nicht ner...
Naja, vielleicht ...
... ein bisschen...
Auch wenn nicht...

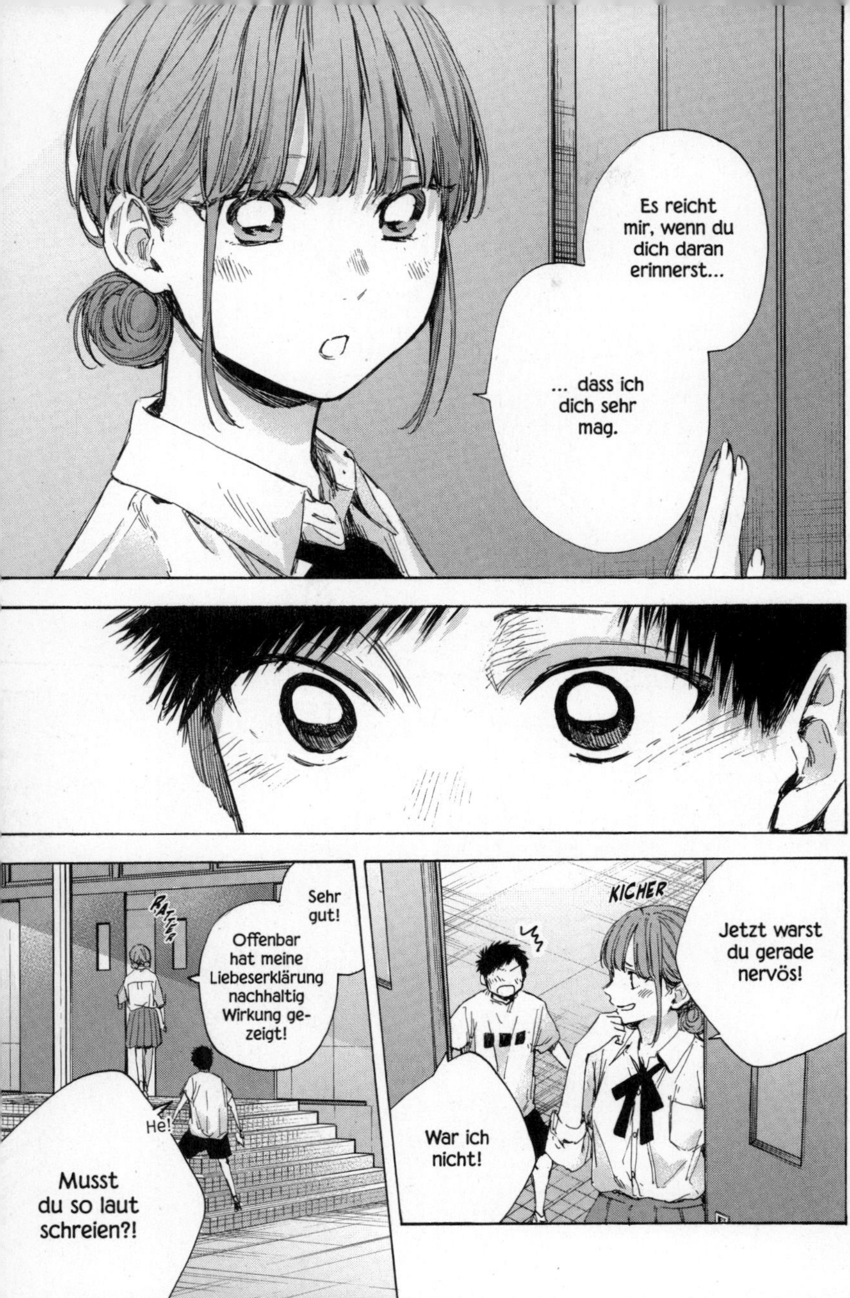
Es reicht mir, wenn du dich daran erinnerst...
... dass ich dich sehr mag.
KICHER
Jetzt warst du gerade nervös!
War ich nicht!
RATTER
Sehr gut! Offenbar hat meine Liebeserklärung nachhaltig Wirkung gezeigt!
He!
Musst du so laut schreien?!

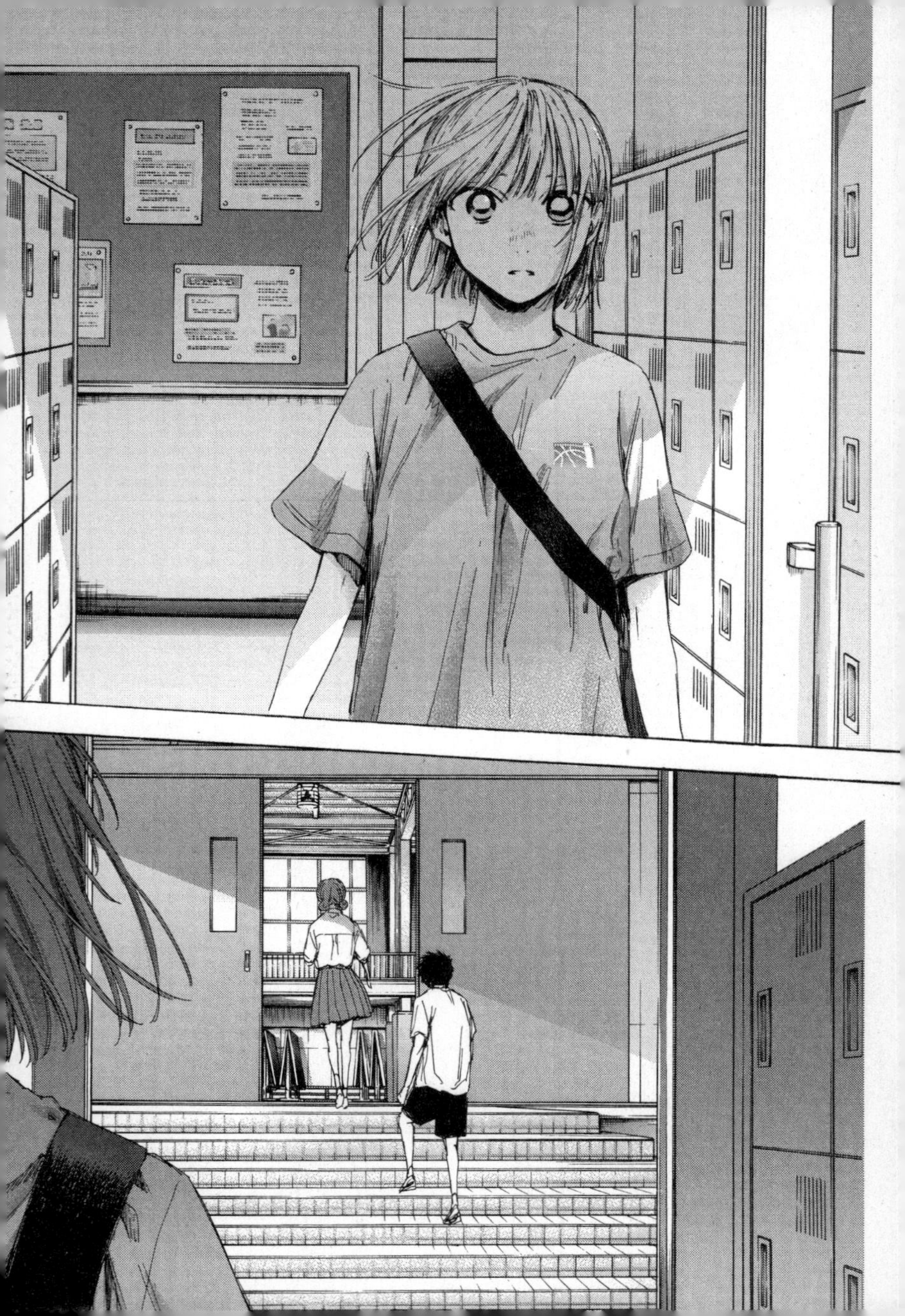

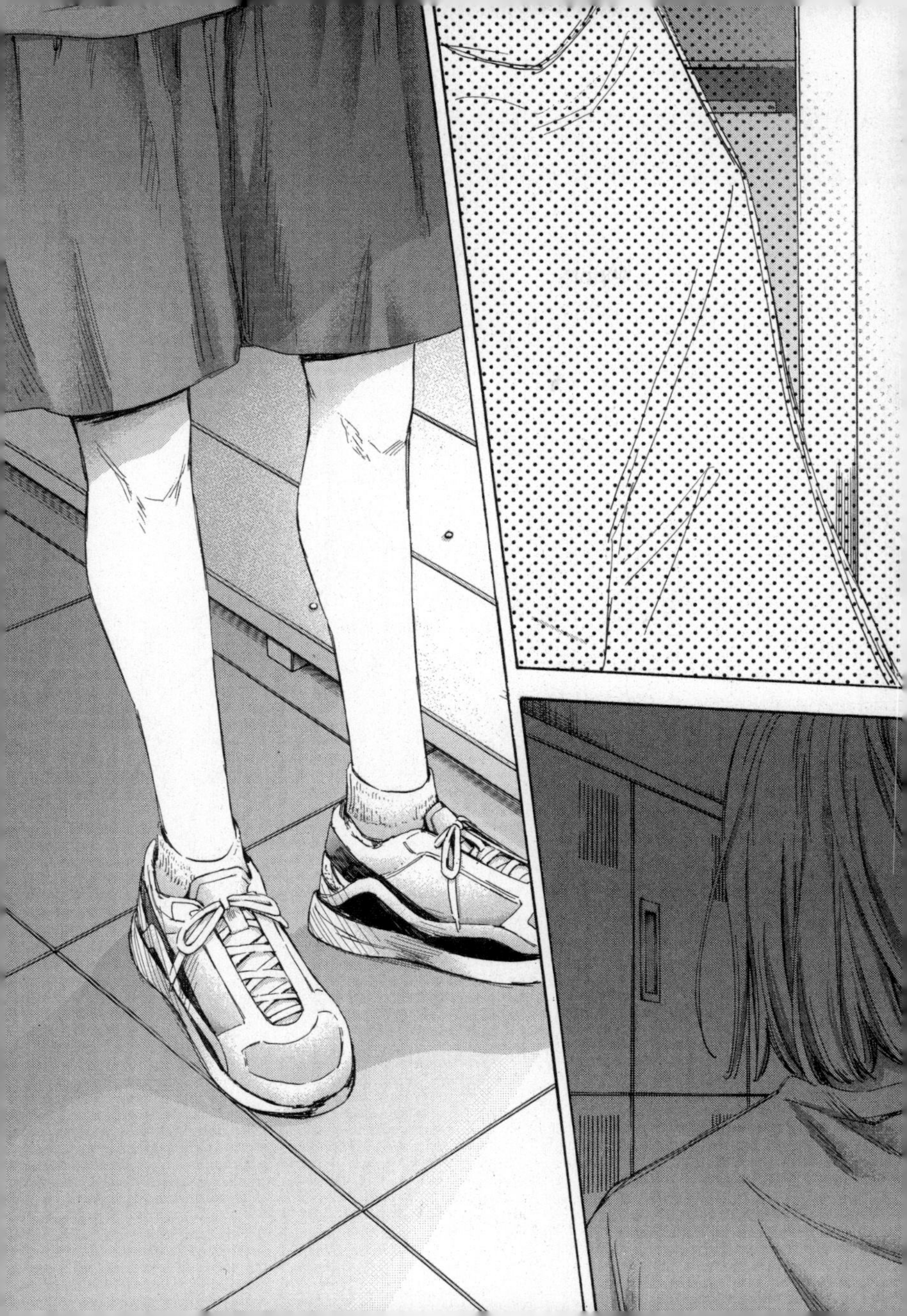

Blue Box 6

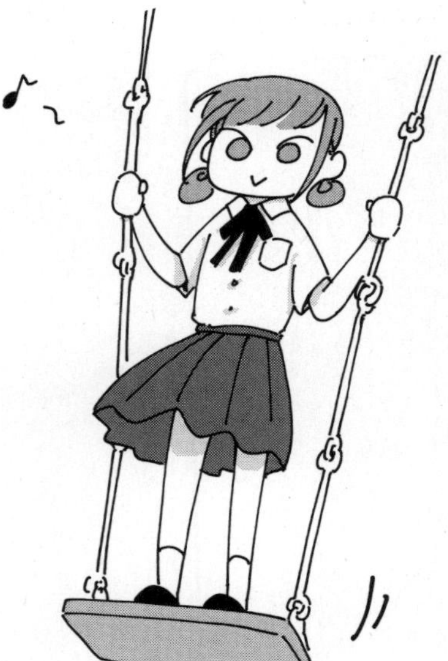

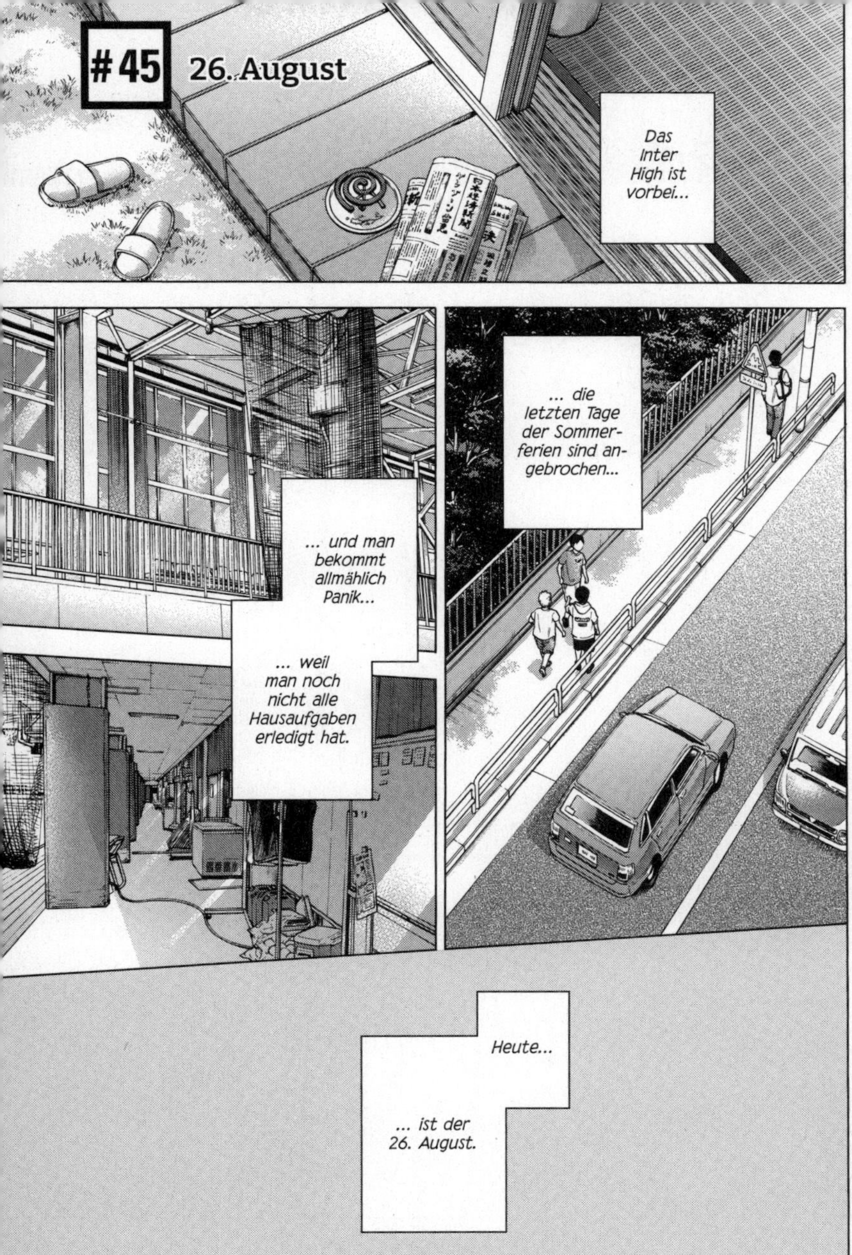

#45 26. August
Das Inter High ist vorbei...
... die letzten Tage der Sommerferien sind angebrochen...
... und man bekommt allmählich Panik...
... weil man noch nicht alle Hausaufgaben erledigt hat.
Heute...
... ist der 26. August.

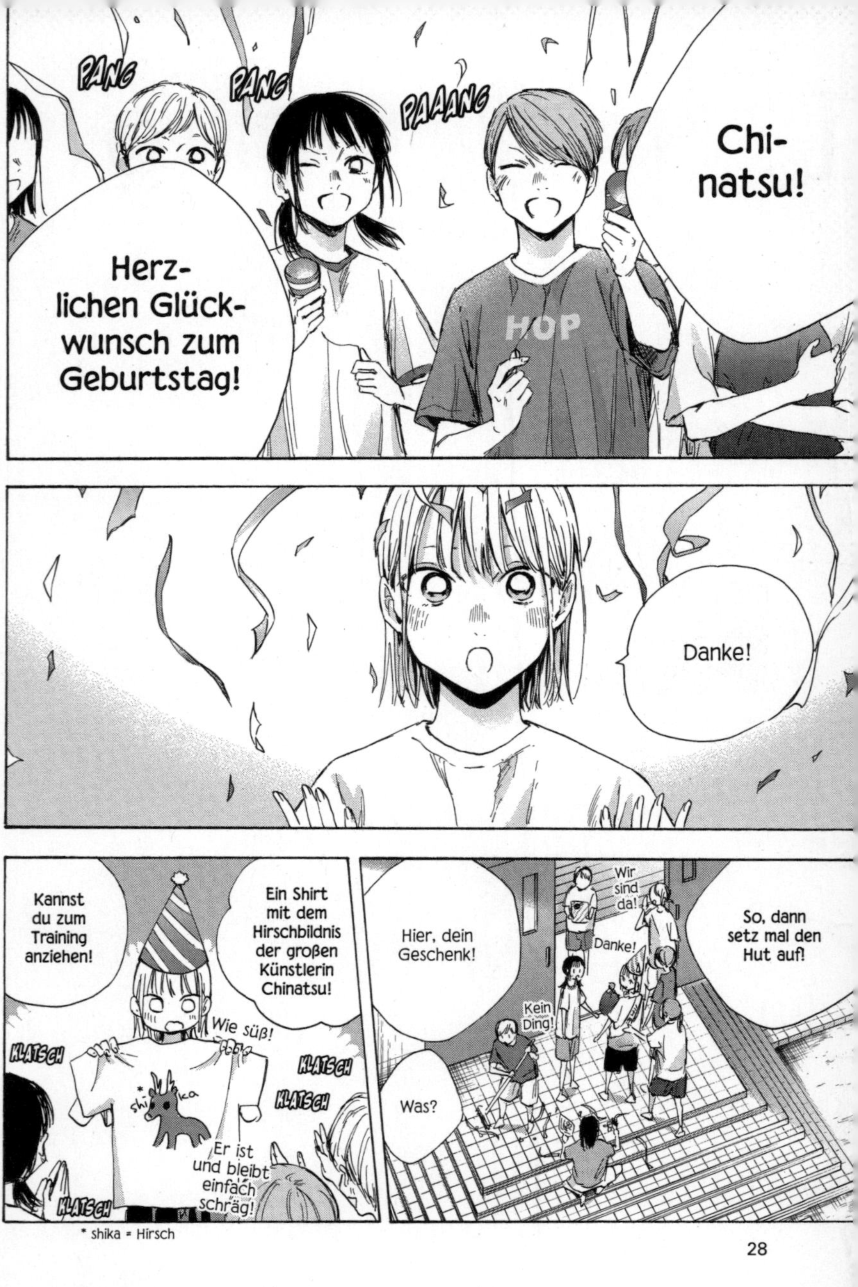

* shika = Hirsch

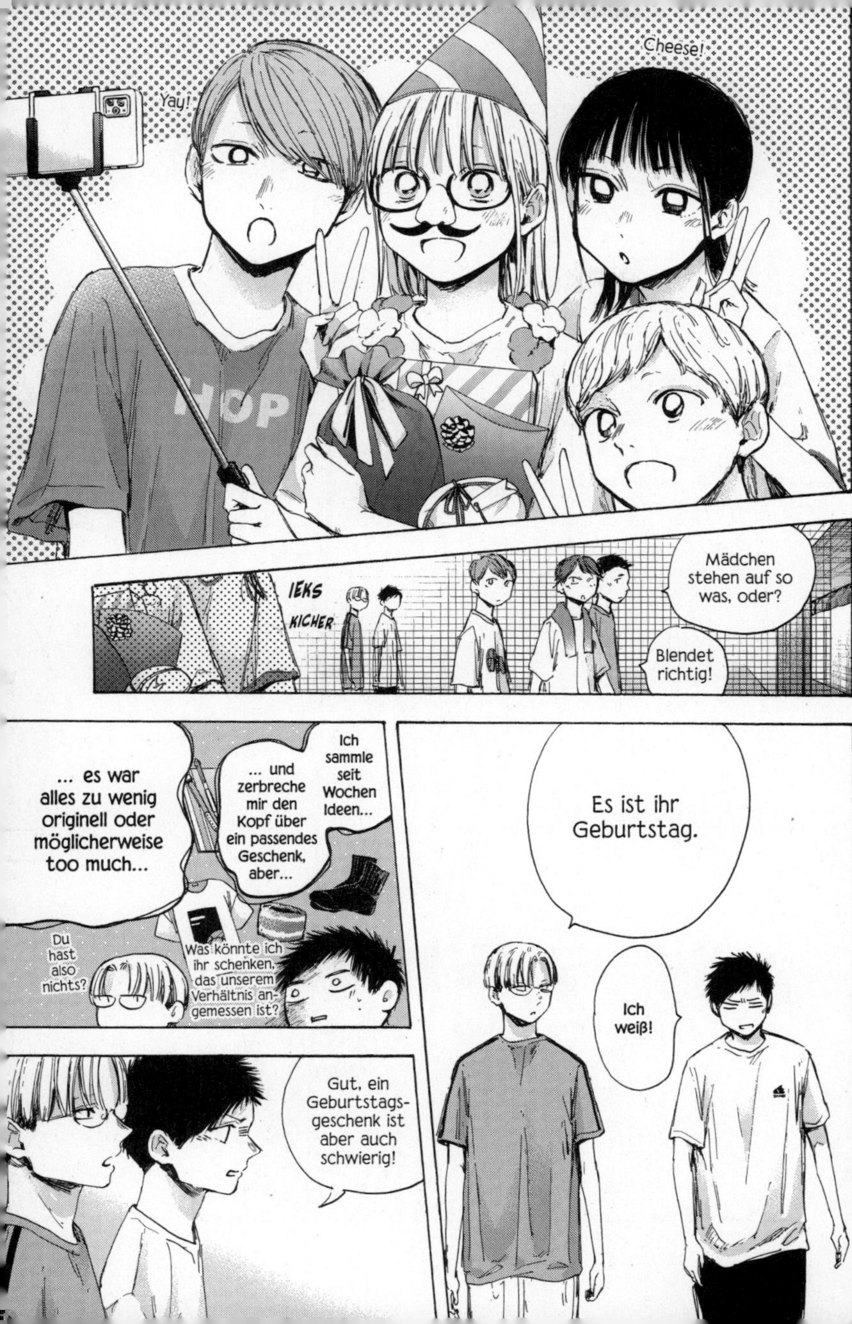
Cheese!
Yay!
Mädchen stehen auf so was, oder?
Blendet richtig!
IEKS
KICHER
Es ist ihr Geburtstag.
Ich sammle seit Wochen Ideen...
... und zerbreche mir den Kopf über ein passendes Geschenk, aber...
... es war alles zu wenig originell oder möglicherweise too much...
Was könnte ich ihr schenken, das unserem Verhältnis angemessen ist?
Du hast also nichts?
Ich weiß!
Gut, ein Geburtstagsgeschenk ist aber auch schwierig!

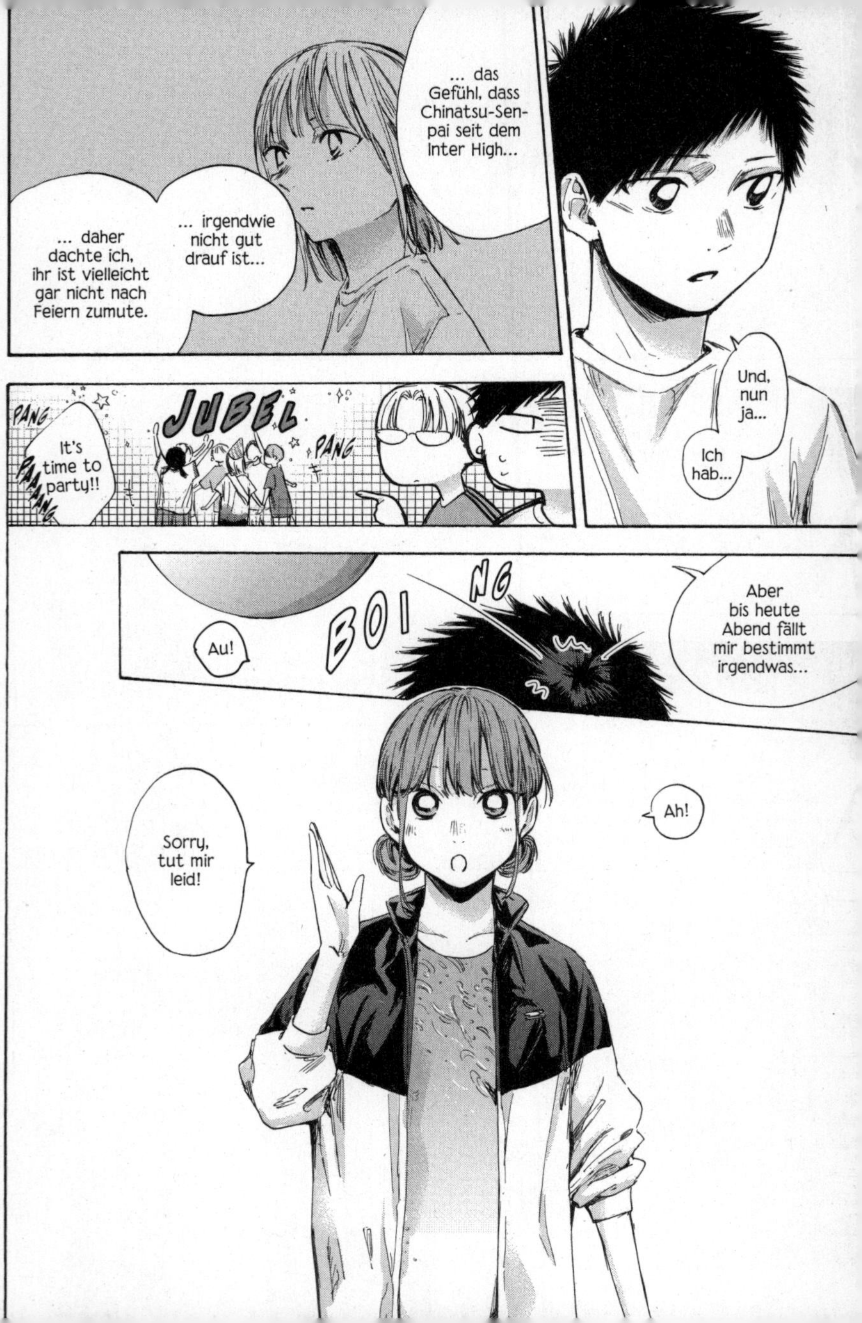
... das Gefühl, dass Chinatsu-Senpai seit dem Inter High...
... irgendwie nicht gut drauf ist...
... daher dachte ich, ihr ist vielleicht gar nicht nach Feiern zumute.
Und, nun ja...
Ich hab...
JUBEL
PANG
PANG
It's time to party!!
PAAAANG
Aber bis heute Abend fällt mir bestimmt irgendwas...
BOING
Au!
Ah!
Sorry, tut mir leid!

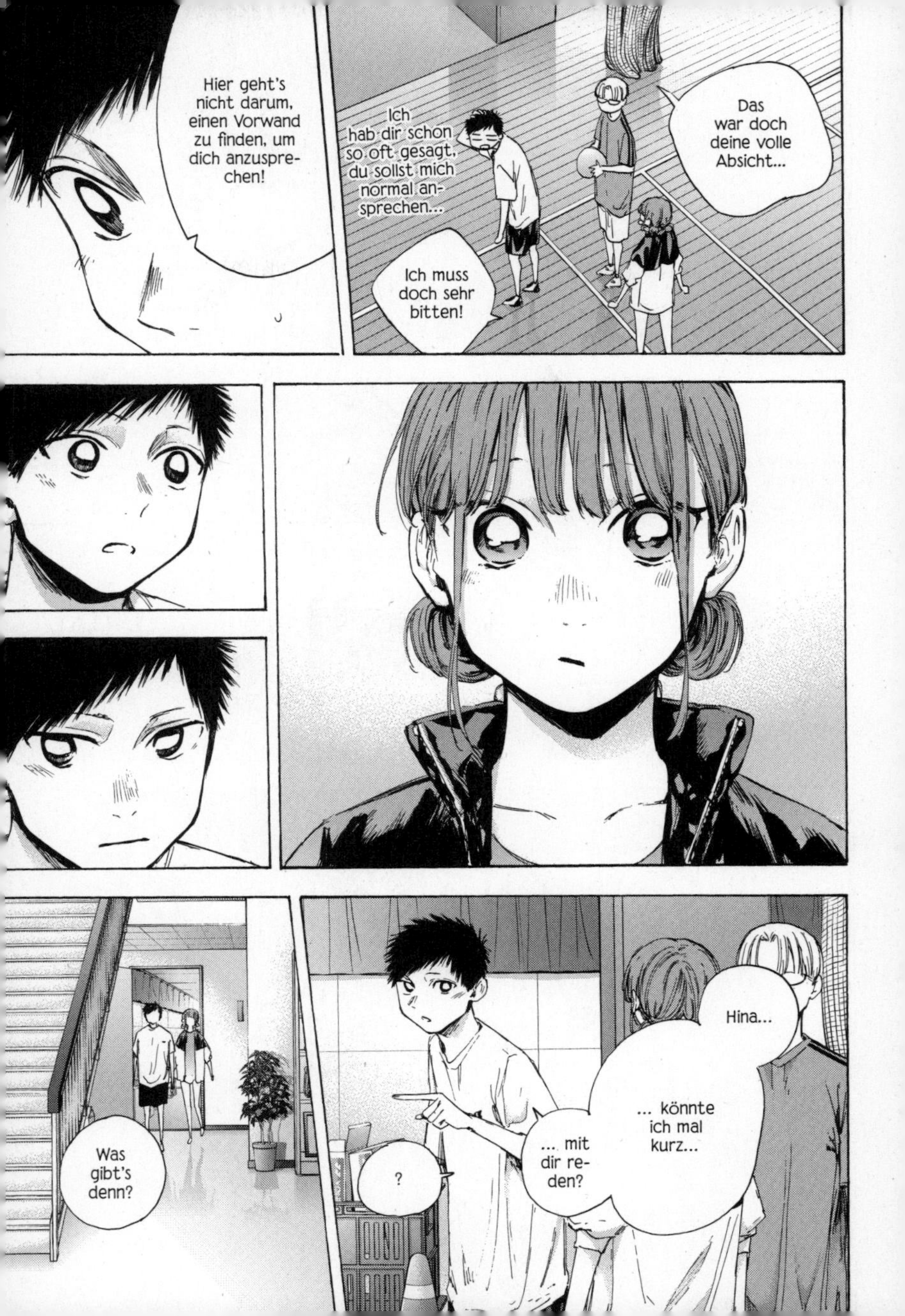
Das war doch deine volle Absicht...
Ich hab dir schon so oft gesagt, du sollst mich normal ansprechen...
Ich muss doch sehr bitten!
Hier geht's nicht darum, einen Vorwand zu finden, um dich anzusprechen!
Hina...
... könnte ich mal kurz...
... mit dir reden?
?
Was gibt's denn?

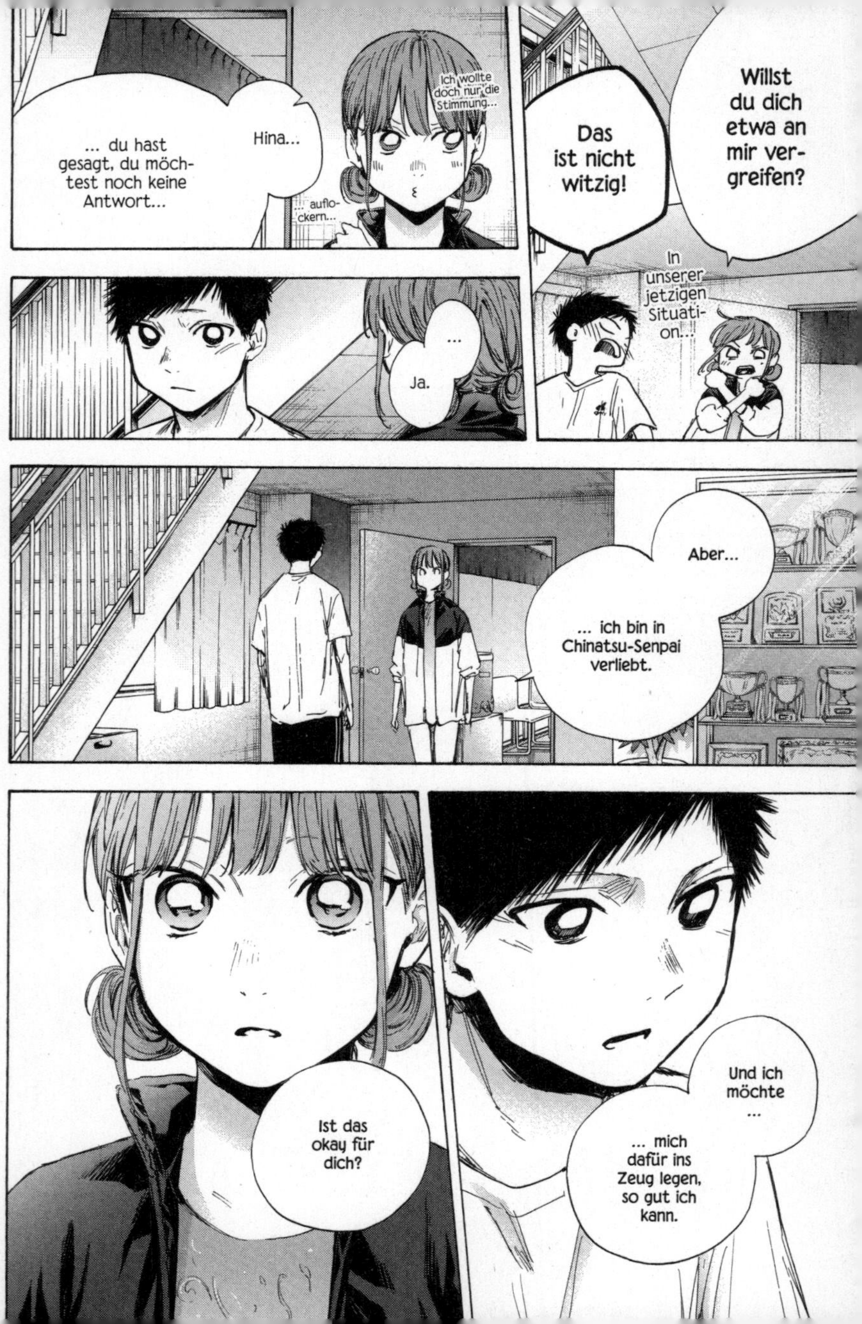
Willst du dich etwa an mir vergreifen?
Das ist nicht witzig!
In unserer jetzigen Situation...!
Ich wollte doch nur die Stimmung...
... auflockern...
Hina...
... du hast gesagt, du möchtest noch keine Antwort...
...
Ja.
Aber...
... ich bin in Chinatsu-Senpai verliebt.
Und ich möchte ...
... mich dafür ins Zeug legen, so gut ich kann.
Ist das okay für dich?

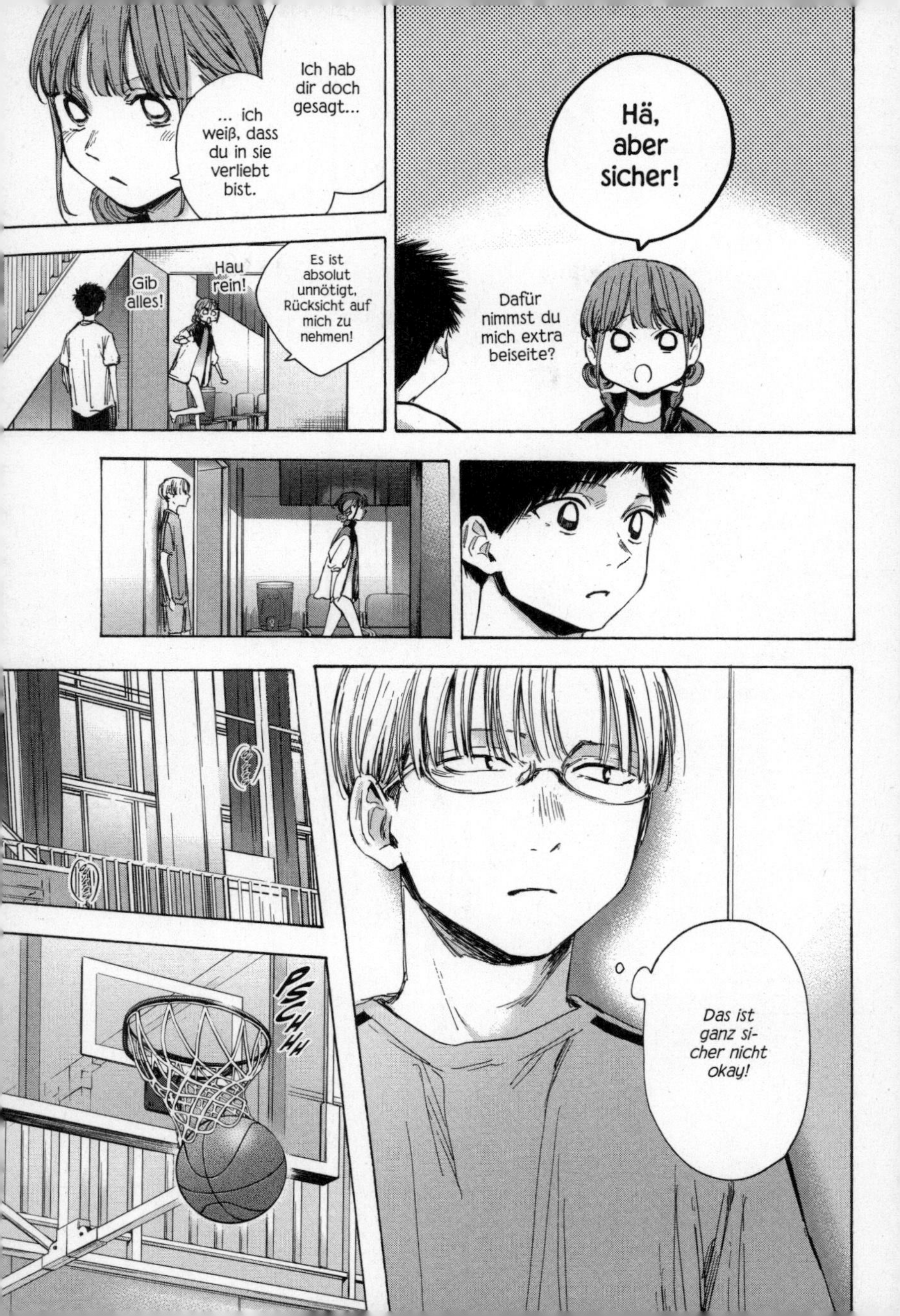

Hä, aber sicher!
Dafür nimmst du mich extra beiseite?
Ich hab dir doch gesagt...
... ich weiß, dass du in sie verliebt bist.
Es ist absolut unnötigt, Rücksicht auf mich zu nehmen!
Hau rein!
Gib alles!
Das ist ganz si-cher nicht okay!
PSCHHH

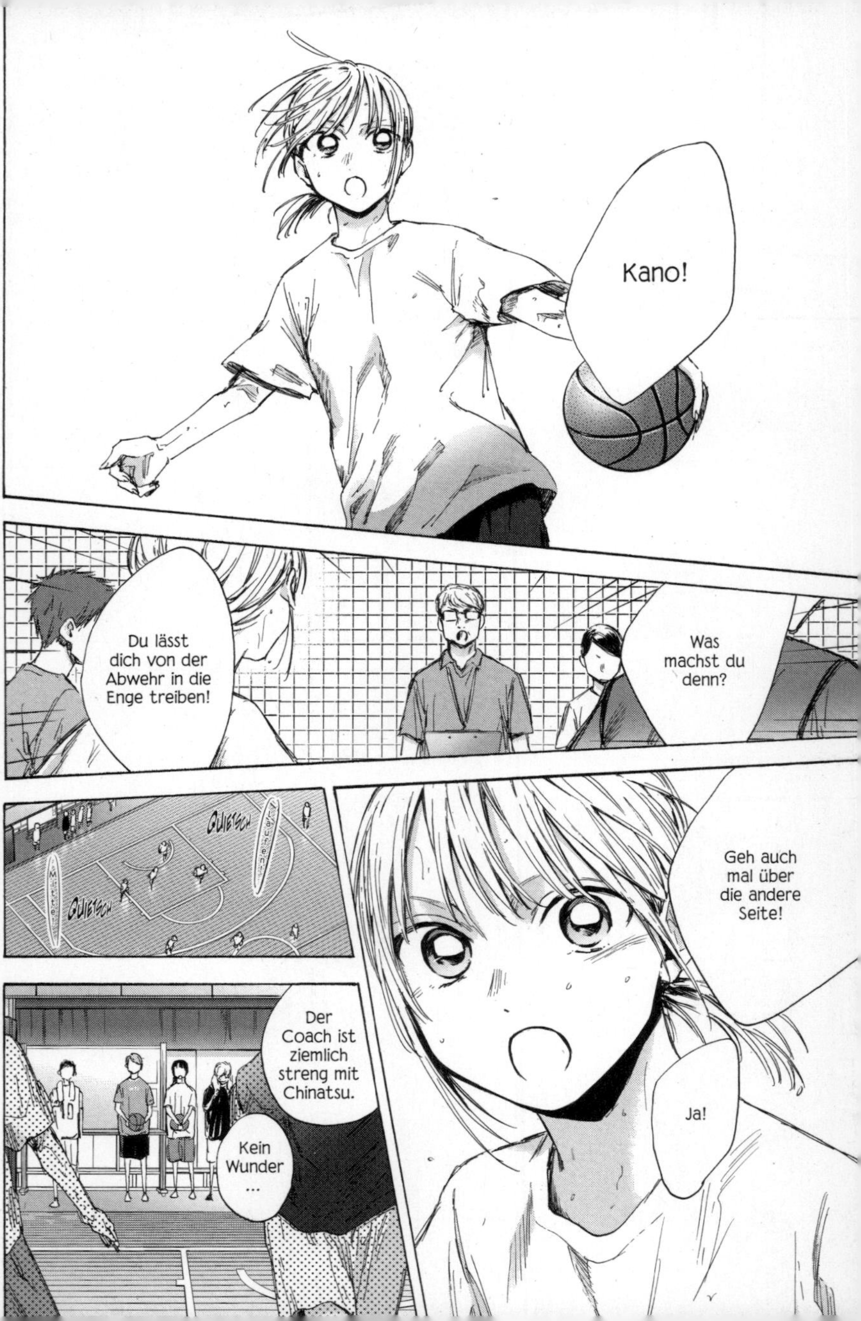
Kano!
Was machst du denn?
Du lässt dich von der Abwehr in die Enge treiben!
Laufen!
QUIETSCH
Mitte!
QUIETSCH
Geh auch mal über die andere Seite!
Ja!
Der Coach ist ziemlich streng mit Chinatsu.
Kein Wunder ...

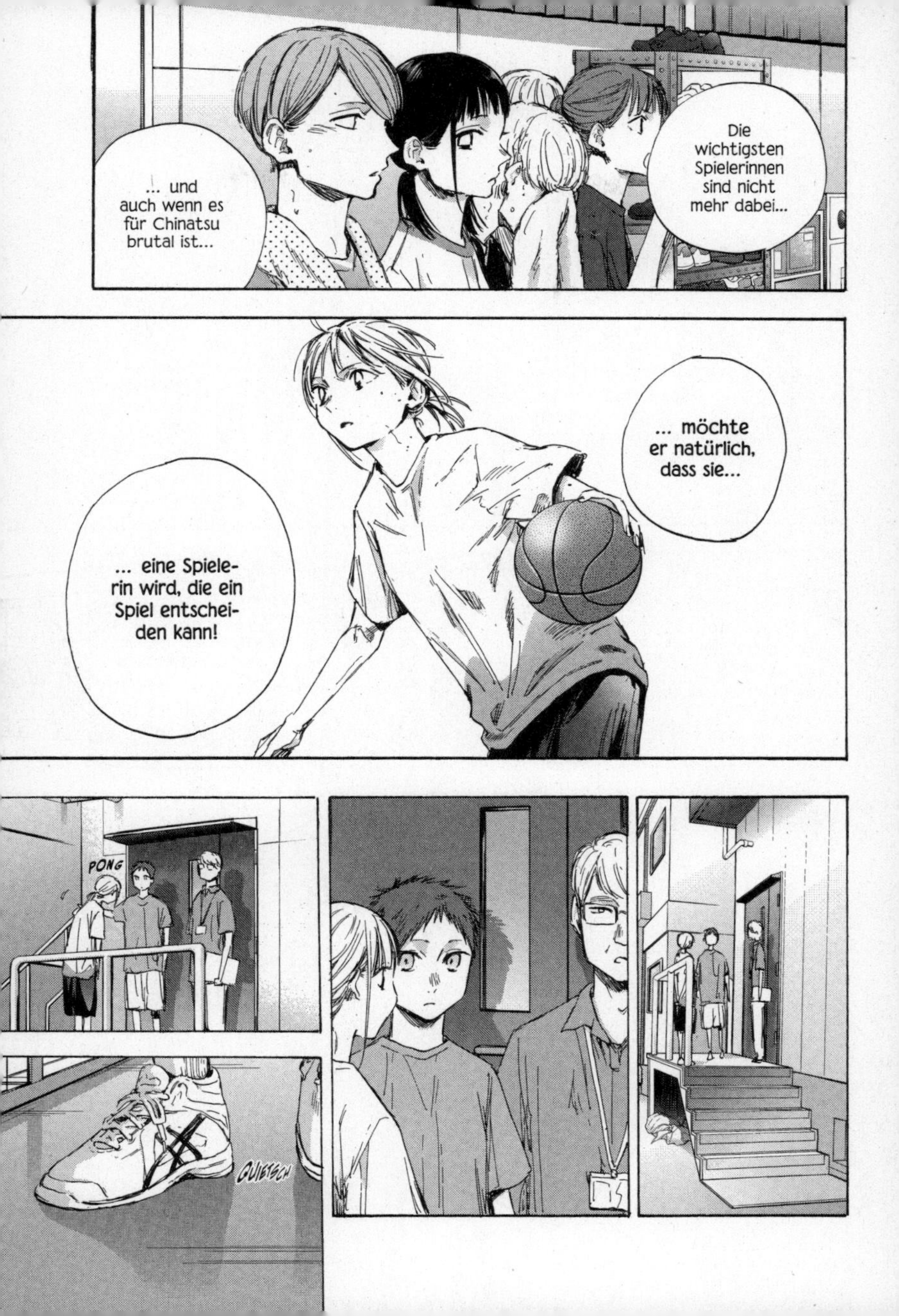
Die wichtigsten Spielerinnen sind nicht mehr dabei...
... und auch wenn es für Chinatsu brutal ist...
... möchte er natürlich, dass sie...
... eine Spielerin wird, die ein Spiel entscheiden kann!
PONG
QUIETSCH

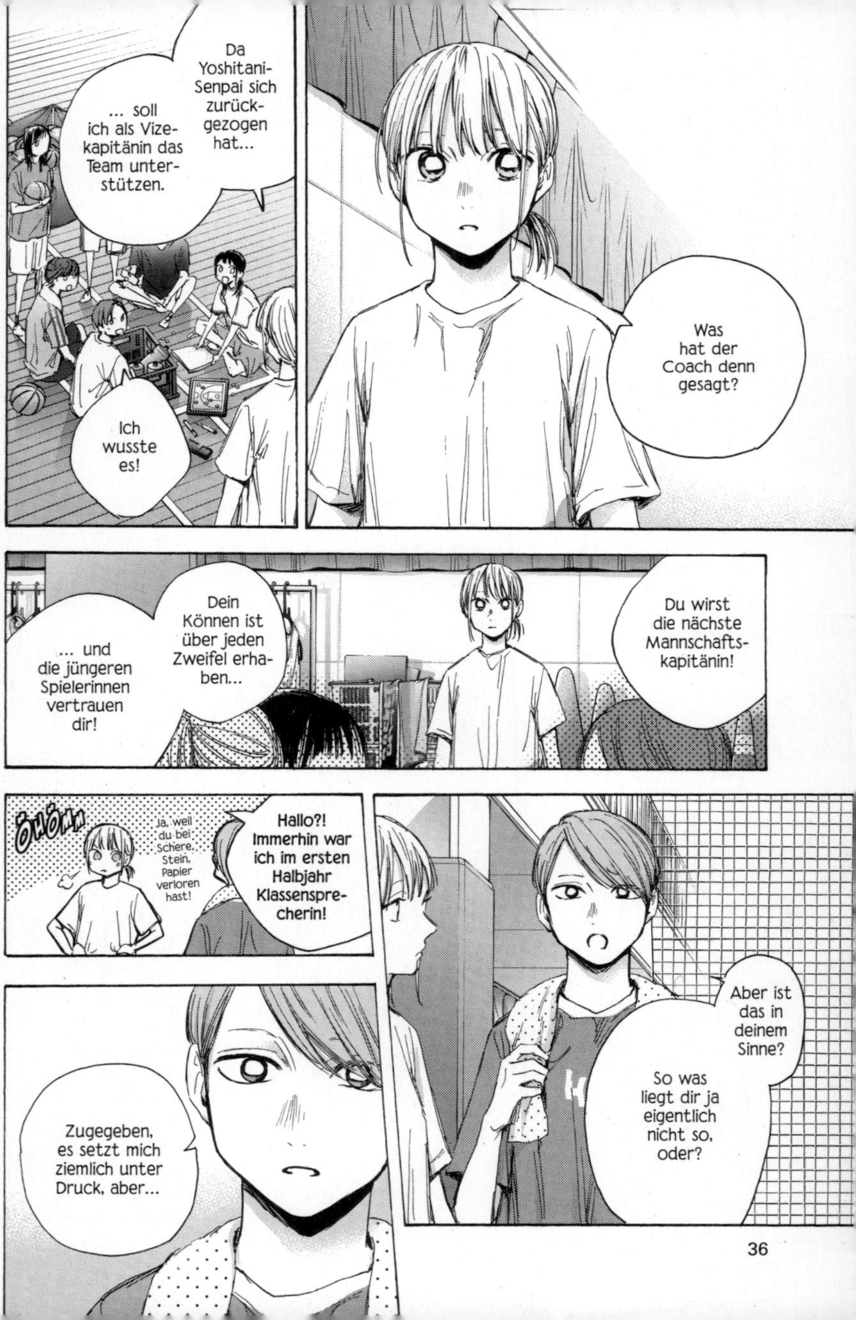

Was hat der Coach denn gesagt?
Da Yoshitani-Senpai sich zurückgezogen hat...
... soll ich als Vizekapitänin das Team unterstützen.
Ich wusste es!
Du wirst die nächste Mannschaftskapitänin!
Dein Können ist über jeden Zweifel erhaben...
... und die jüngeren Spielerinnen vertrauen dir!
Aber ist das in deinem Sinne?
So was liegt dir ja eigentlich nicht so, oder?
Hallo?! Immerhin war ich im ersten Halbjahr Klassensprecherin!
Ja, weil du bei Schere, Stein, Papier verloren hast!
ÖHÖMM
Zugegeben, es setzt mich ziemlich unter Druck, aber...

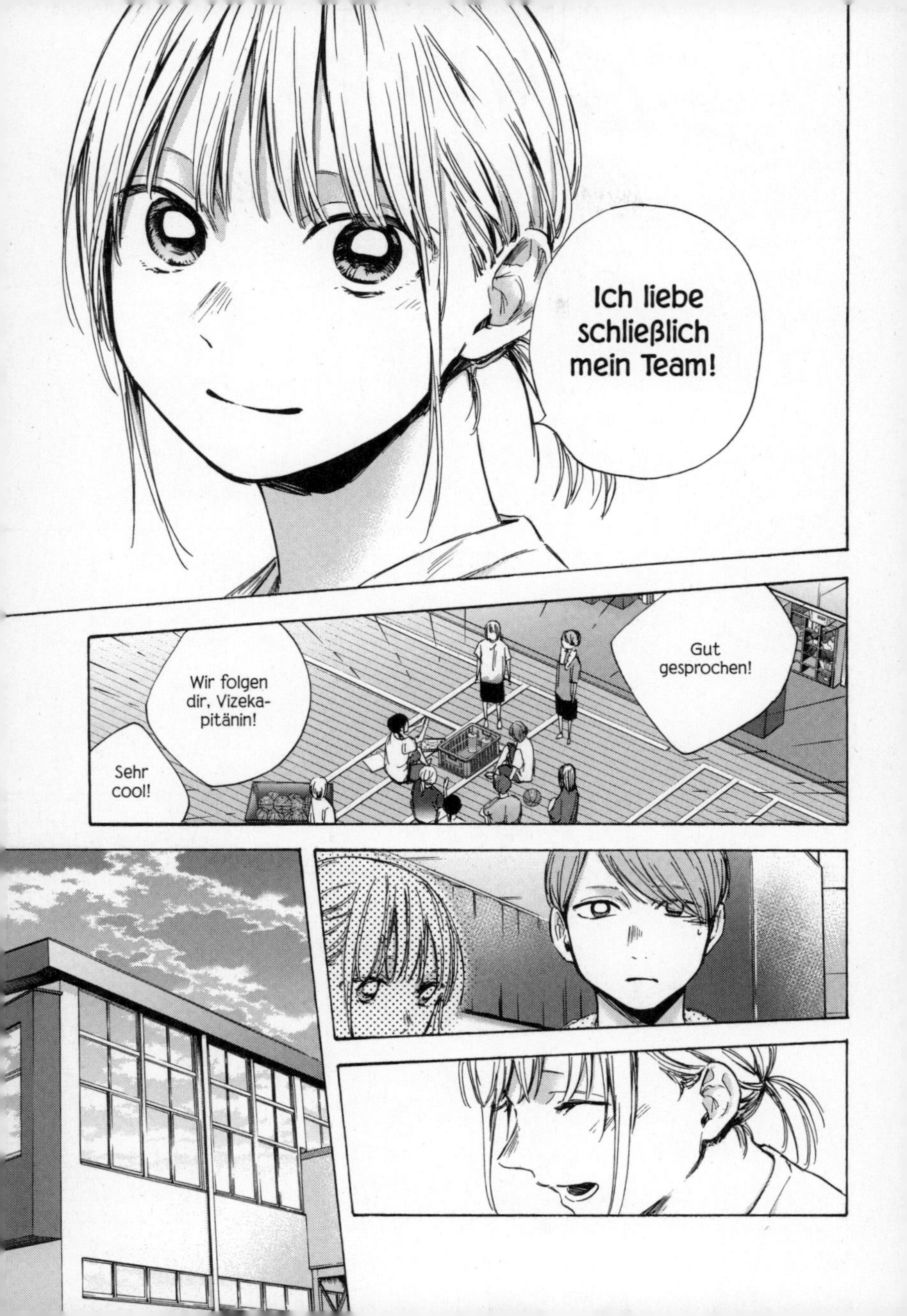
Ich liebe schließlich mein Team!
Gut gesprochen!
Wir folgen dir, Vizekapitänin!
Sehr cool!

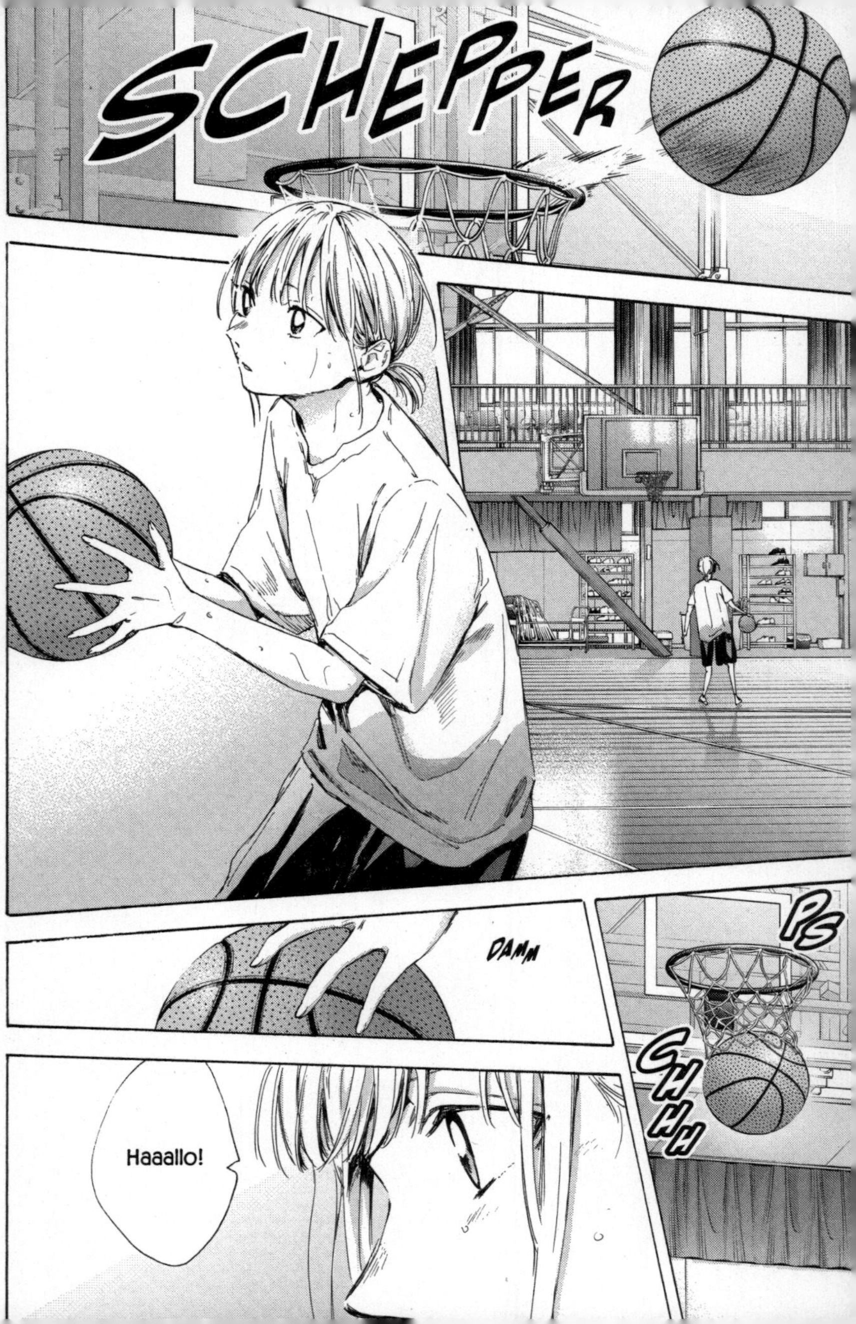
SCHEPPER
PS
CHHHH
DAMM
Haaallo!

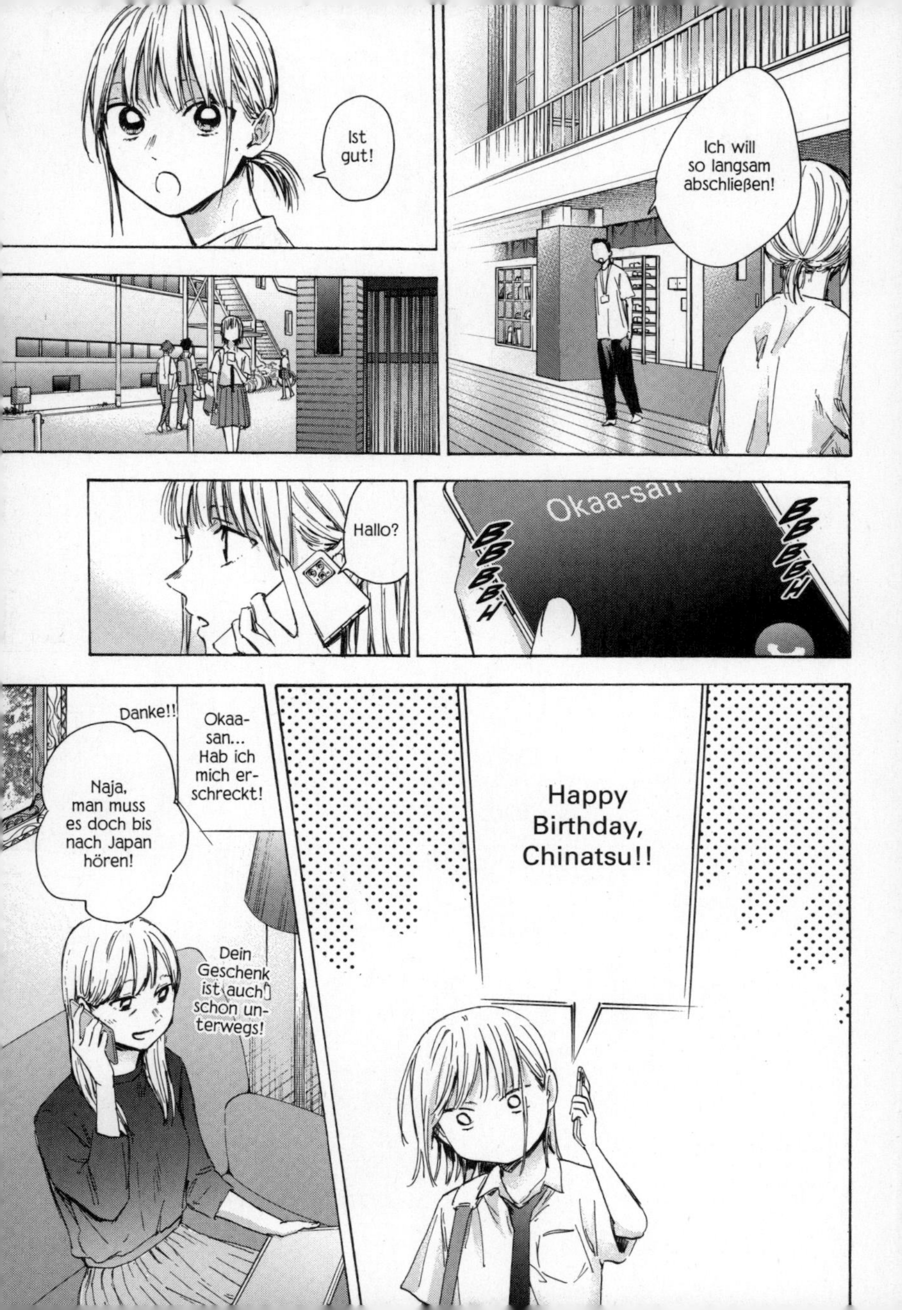
Ich will so langsam abschließen!
Ist gut!
Okaa-san
BBBBH
BBBBH
Hallo?
Happy Birthday, Chinatsu!!
Okaa-san... Hab ich mich erschreckt!
Danke!!
Naja, man muss es doch bis nach Japan hören!
Dein Geschenk ist auch schon unterwegs!

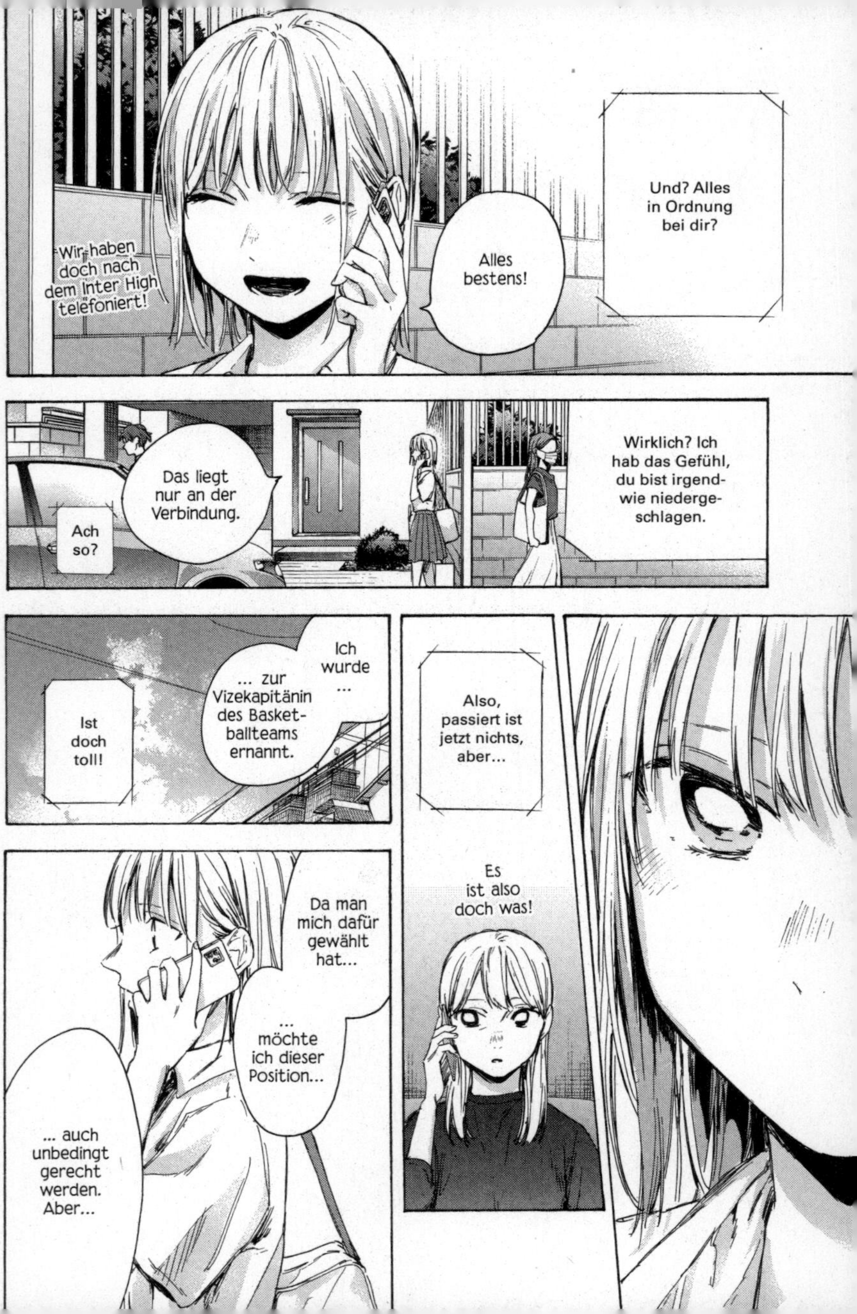

Und? Alles in Ordnung bei dir?
Alles bestens!
Wir haben doch nach dem Inter High telefoniert!
Wirklich? Ich hab das Gefühl, du bist irgendwie niedergeschlagen.
Das liegt nur an der Verbindung.
Ach so?
Also, passiert ist jetzt nichts, aber...
Ich wurde ...
... zur Vizekapitänin des Basketballteams ernannt.
Ist doch toll!
Es ist also doch was!
Da man mich dafür gewählt hat...
... möchte ich dieser Position...
... auch unbedingt gerecht werden. Aber...

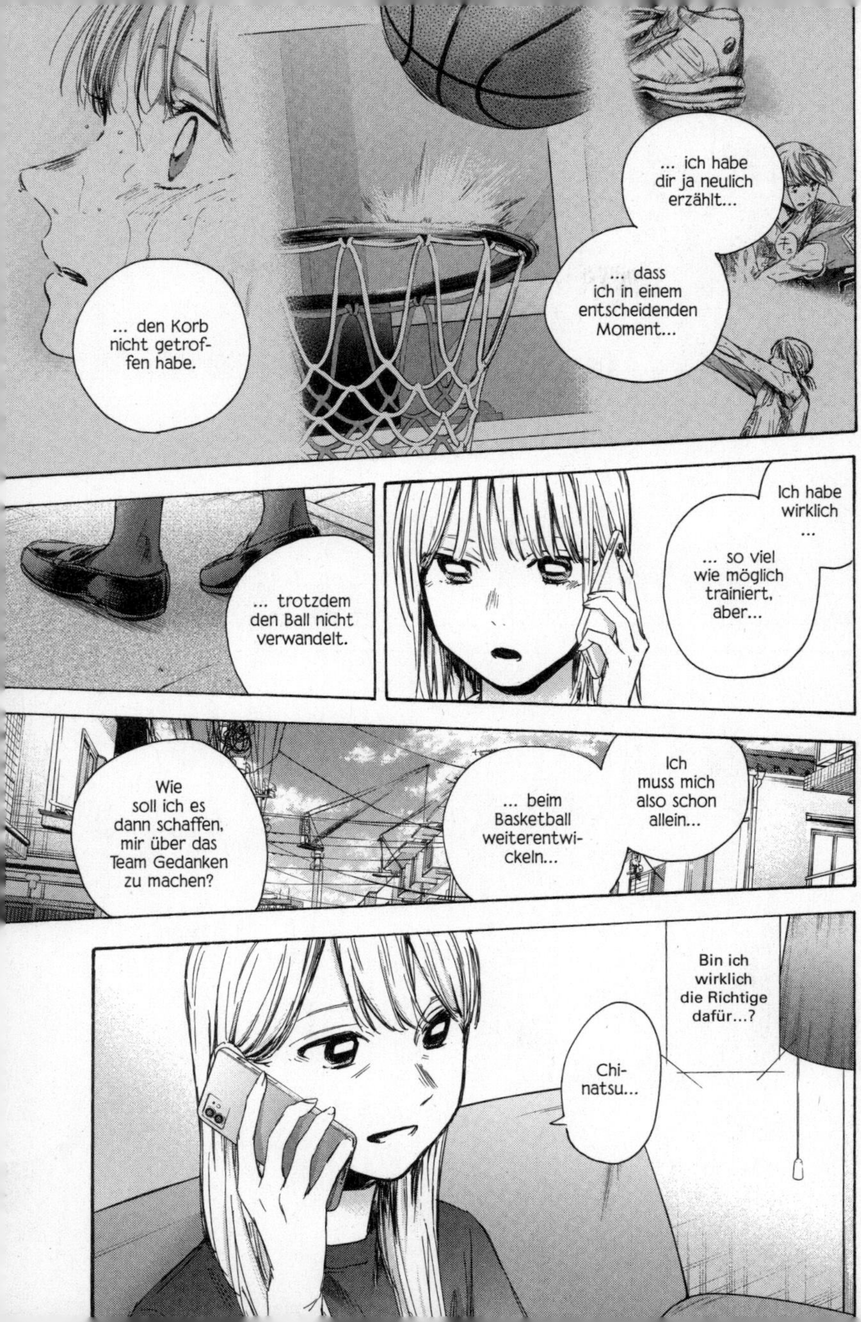
... ich habe dir ja neulich erzählt...
... dass ich in einem entscheidenden Moment...
... den Korb nicht getroffen habe.
Ich habe wirklich ...
... so viel wie möglich trainiert, aber...
... trotzdem den Ball nicht verwandelt.
Ich muss mich also schon allein...
... beim Basketball weiterentwickeln...
Wie soll ich es dann schaffen, mir über das Team Gedanken zu machen?
Bin ich wirklich die Richtige dafür...?
Chinatsu...

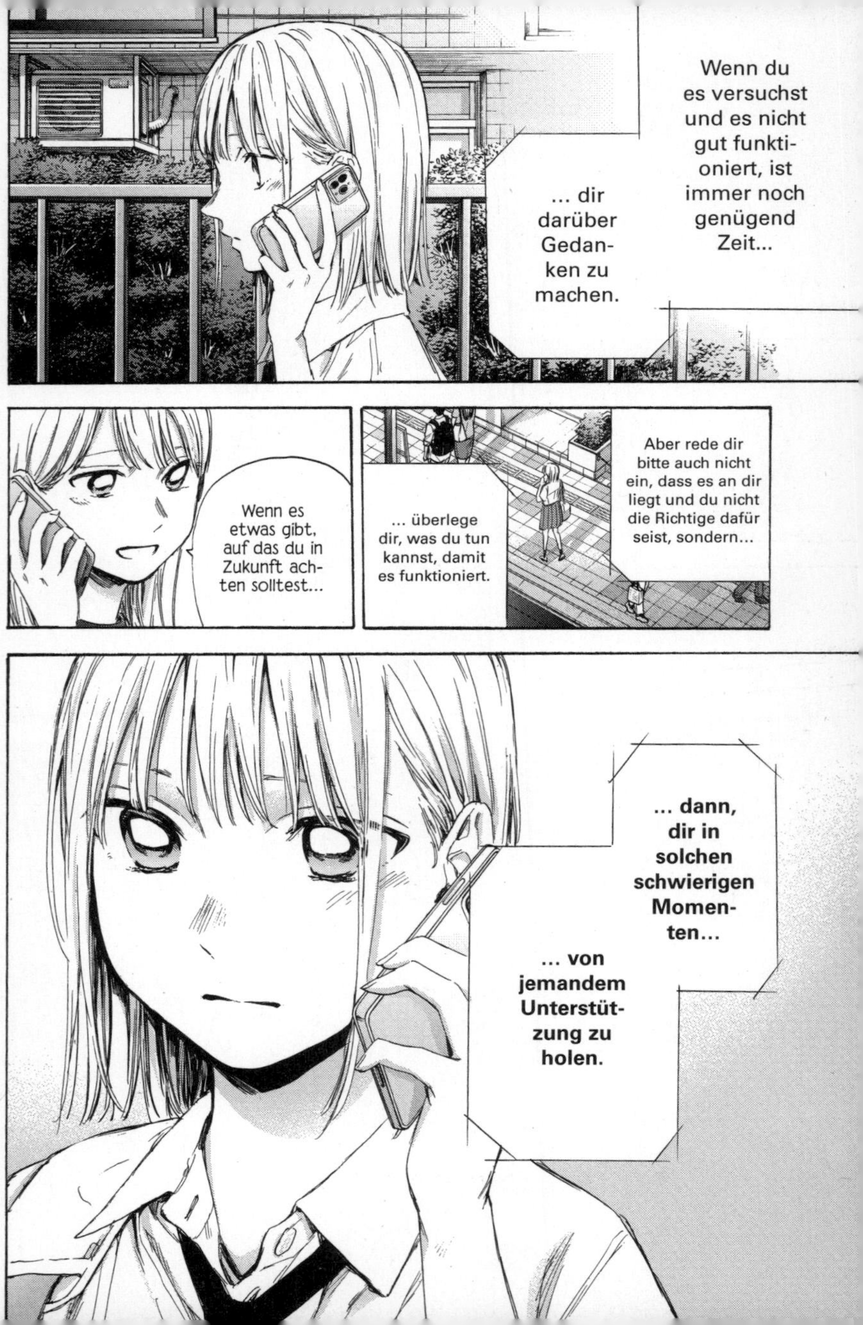
Wenn du es versuchst und es nicht gut funktioniert, ist immer noch genügend Zeit...
... dir darüber Gedanken zu machen.
Aber rede dir bitte auch nicht ein, dass es an dir liegt und du nicht die Richtige dafür seist, sondern...
... überlege dir, was du tun kannst, damit es funktioniert.
Wenn es etwas gibt, auf das du in Zukunft achten solltest...
... dann, dir in solchen schwierigen Momenten...
... von jemandem Unterstützung zu holen.

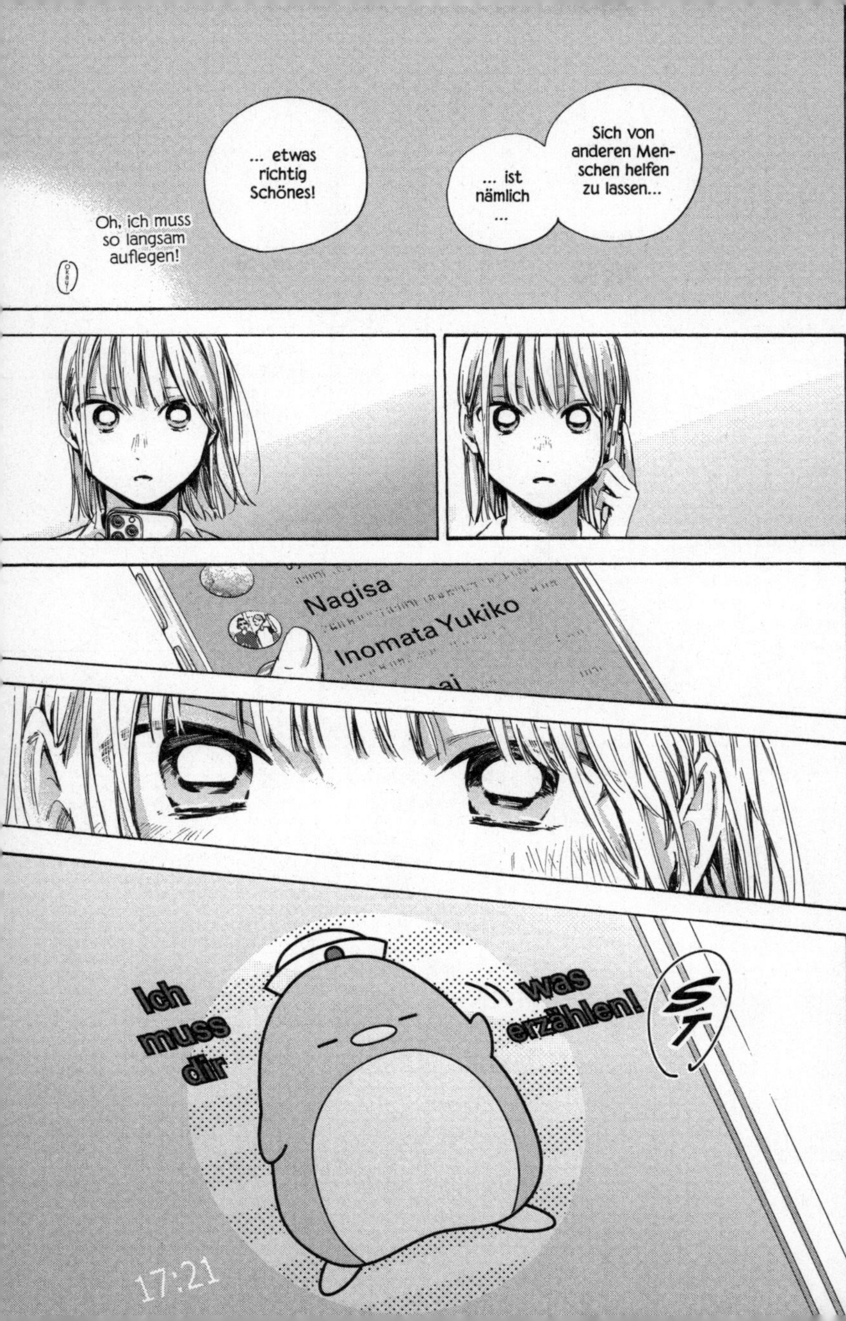
Sich von anderen Menschen helfen zu lassen...
... ist nämlich ...
... etwas richtig Schönes!
Oh, ich muss so langsam auflegen!
Okay!
Nagisa
Inomata Yukiko
Ich muss dir was erzählen!
ST
17:21

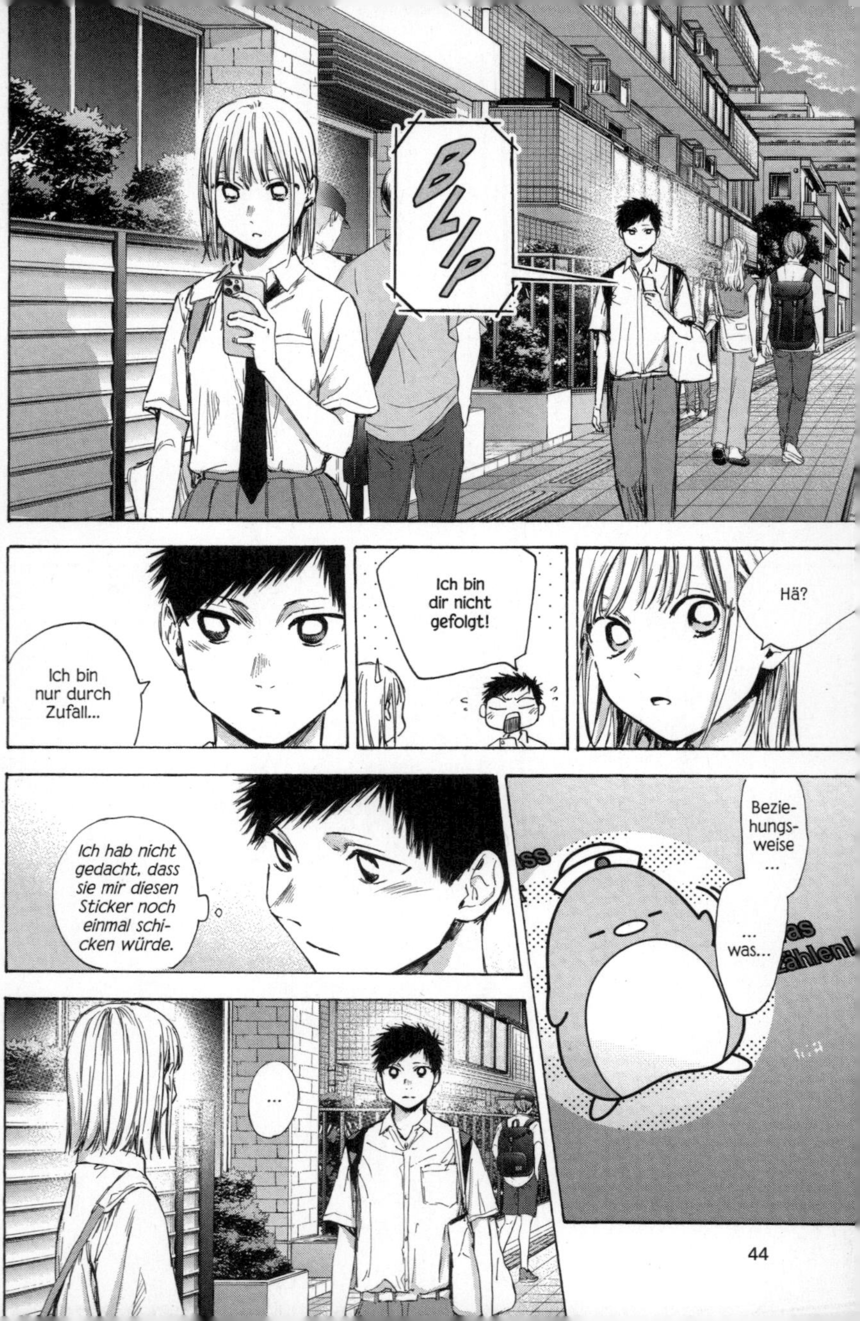
BLIP
Hä?
Ich bin dir nicht gefolgt!
Ich bin nur durch Zufall...
Beziehungsweise ...
... was...
Ich hab nicht gedacht, dass sie mir diesen Sticker noch einmal schicken würde.
...

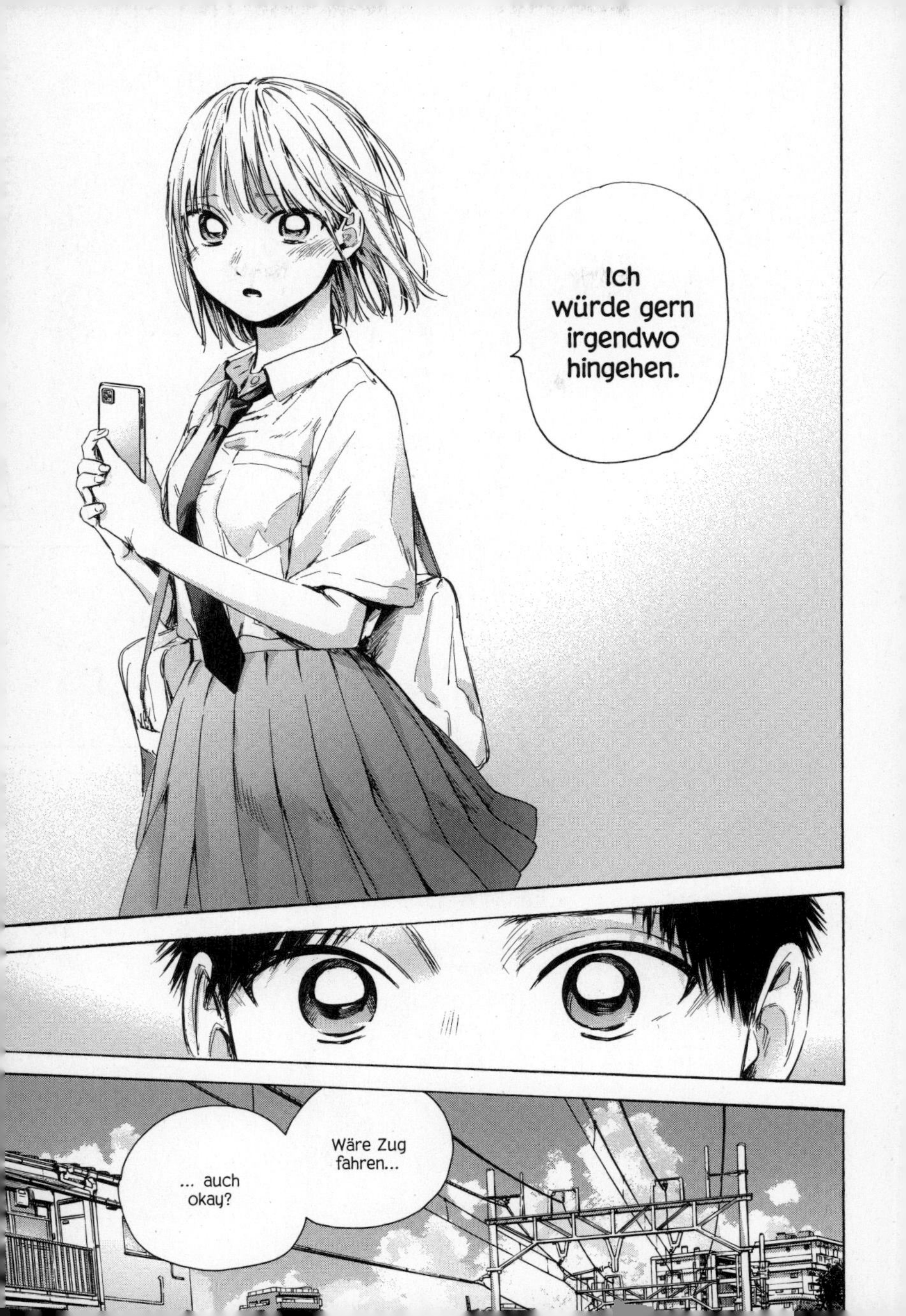
Ich würde gern irgendwo hingehen.
Wäre Zug fahren...
... auch okay?

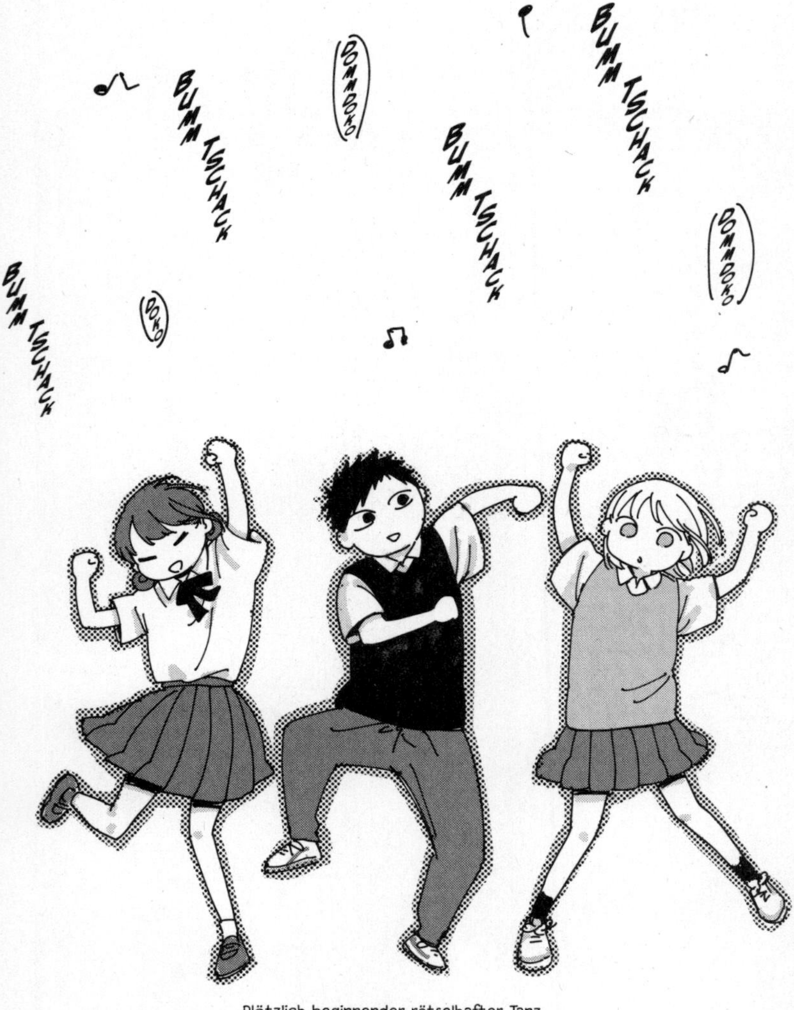

Plötzlich beginnender rätselhafter Tanz

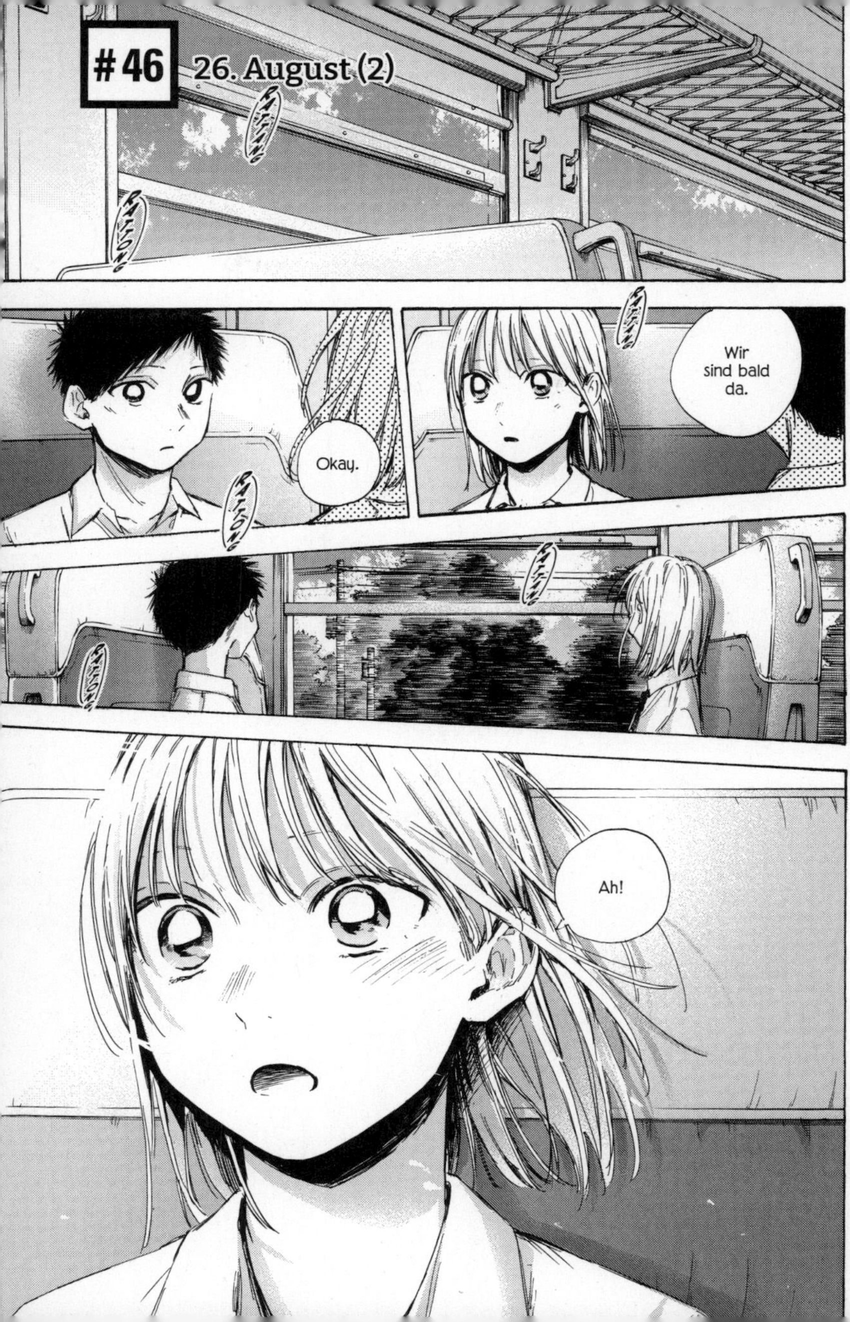

#46
26. August (2)
RATTANG
RATTONG
RATTANG
Wir sind bald da.
Okay.
RATTONG
RATTANG
RATTONG
Ah!

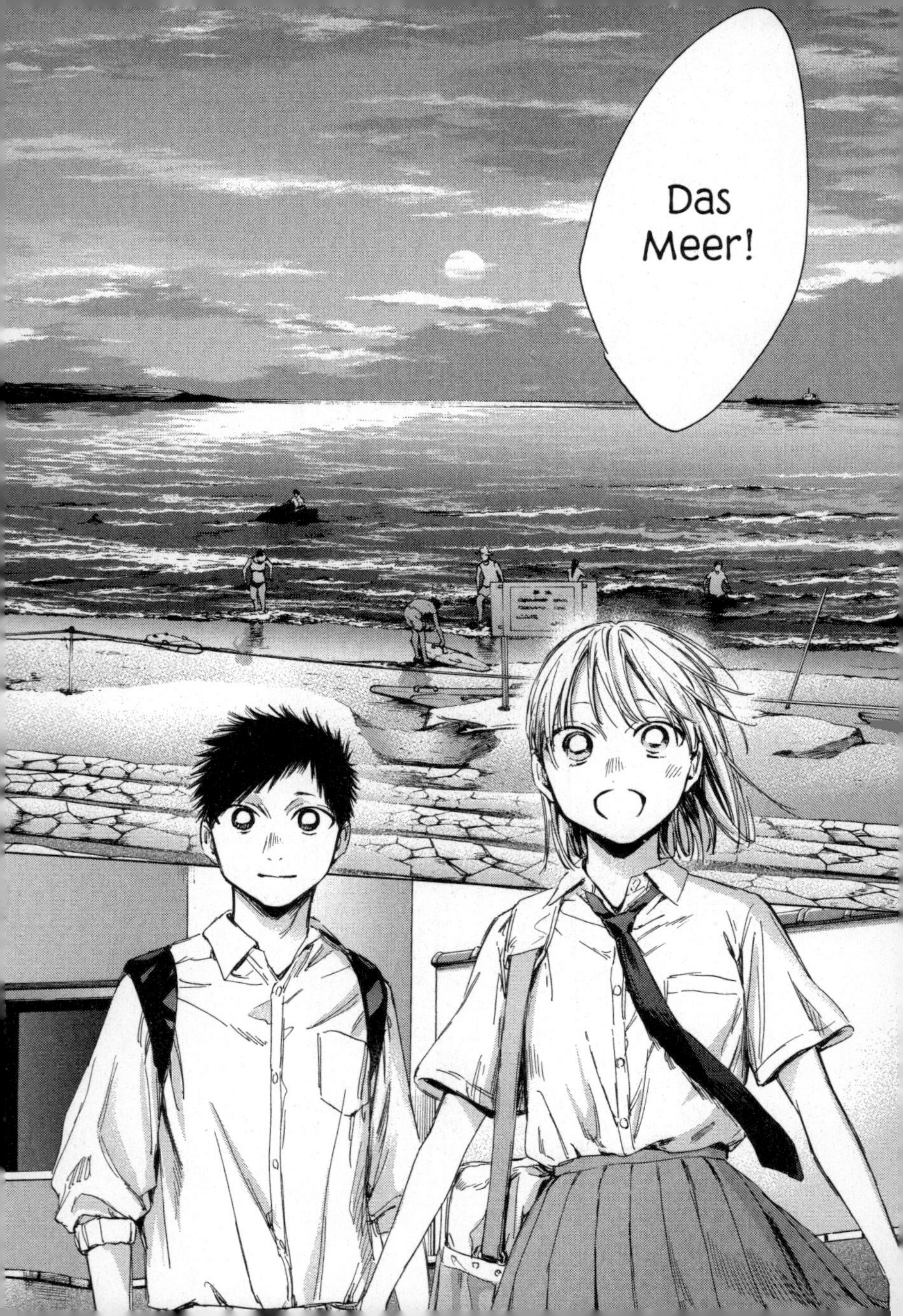
Das Meer!

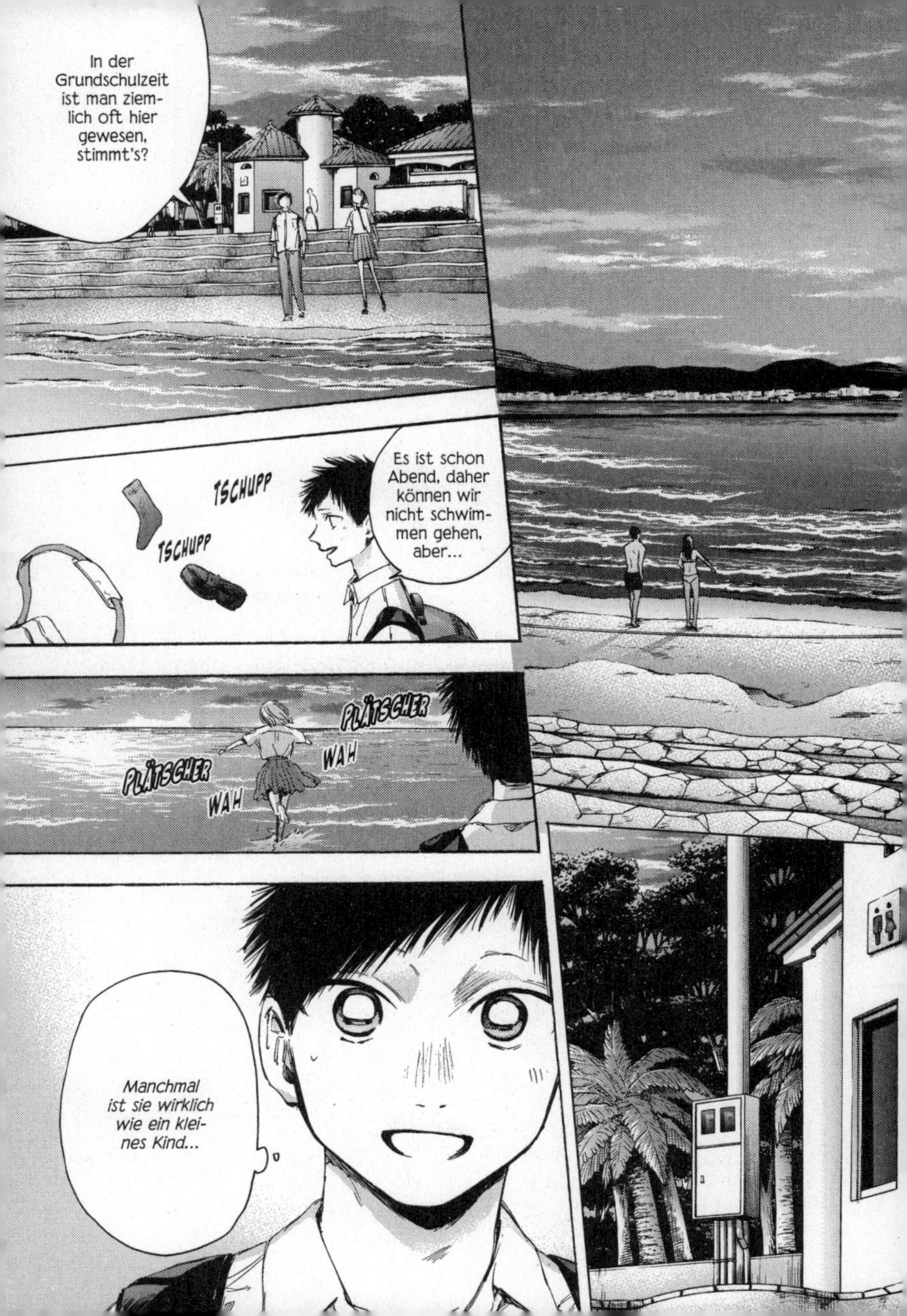
In der Grundschulzeit ist man ziemlich oft hier gewesen, stimmt's?
Es ist schon Abend, daher können wir nicht schwimmen gehen, aber...
TSCHUPP
TSCHUPP
PLÄTSCHER
WAH
PLÄTSCHER
WAH
Manchmal ist sie wirklich wie ein kleines Kind...

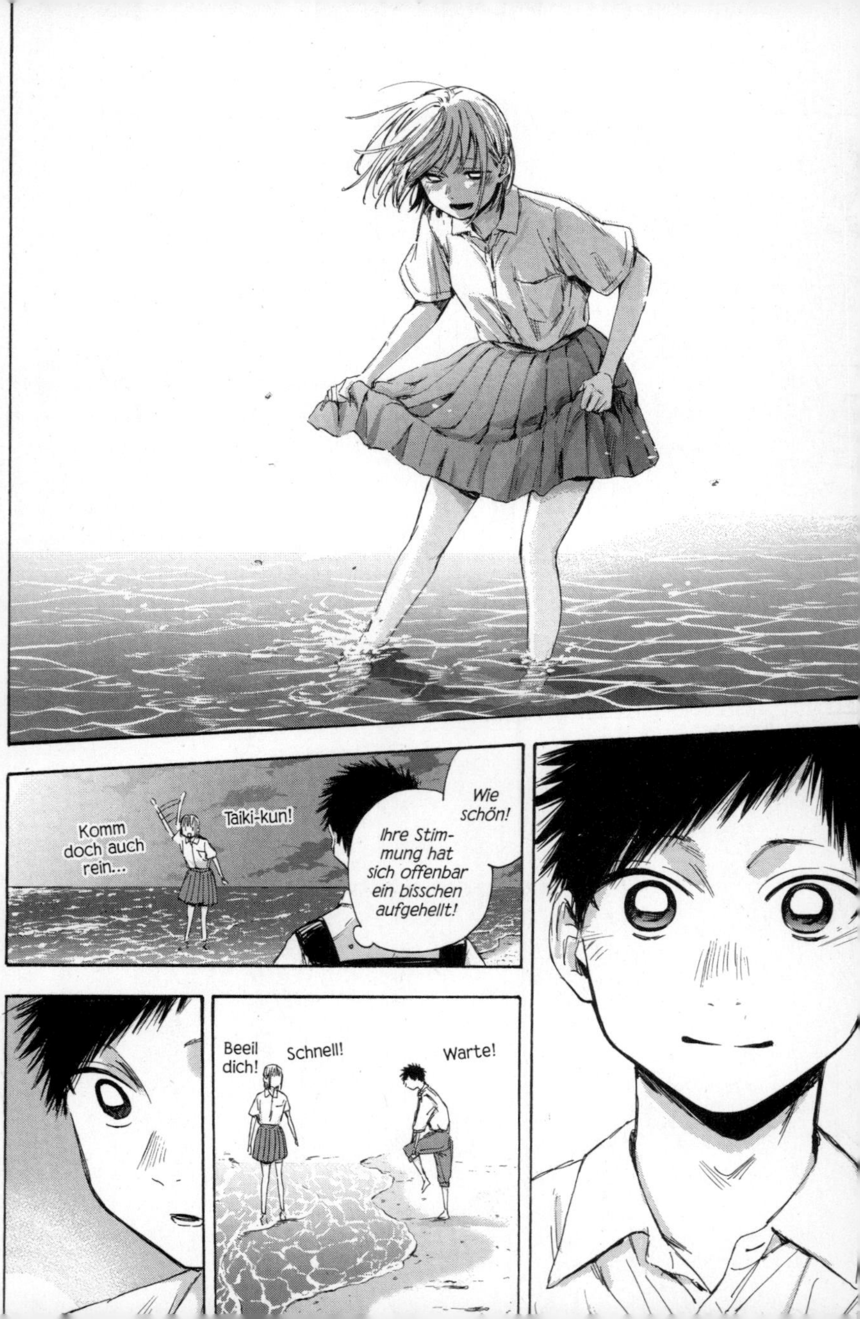
Wie schön!
Ihre Stimmung hat sich offenbar ein bisschen aufgehellt!
Taiki-kun!
Komm doch auch rein...
Warte!
Schnell!
Beeil dich!

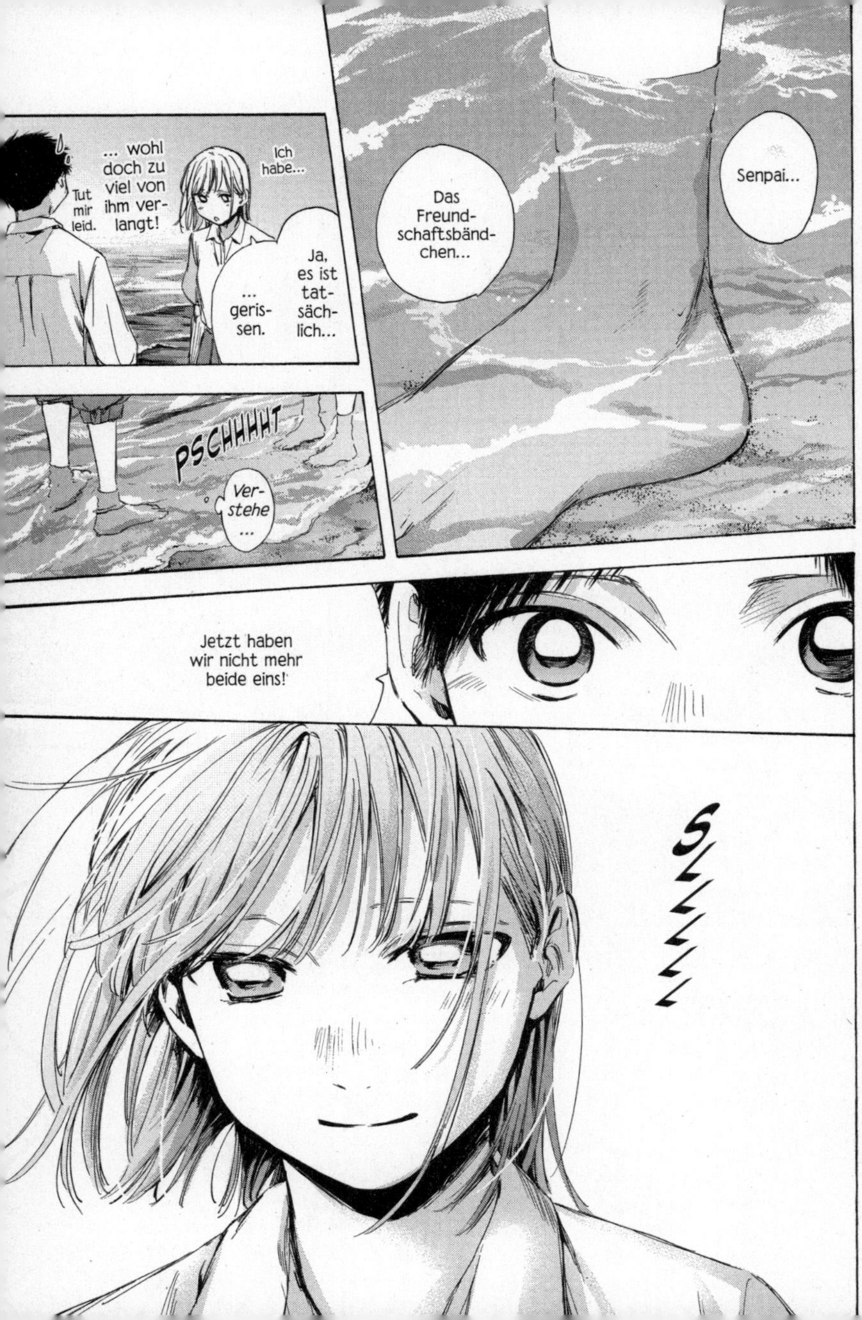

Senpai...
Das Freundschaftsbändchen...
Ja, es ist tatsächlich...
... gerissen.
Ich habe...
... wohl doch zu viel von ihm verlangt!
Tut mir leid.
PSCHHHHT
Verstehe ...
Jetzt haben wir nicht mehr beide eins!
SLLLLL

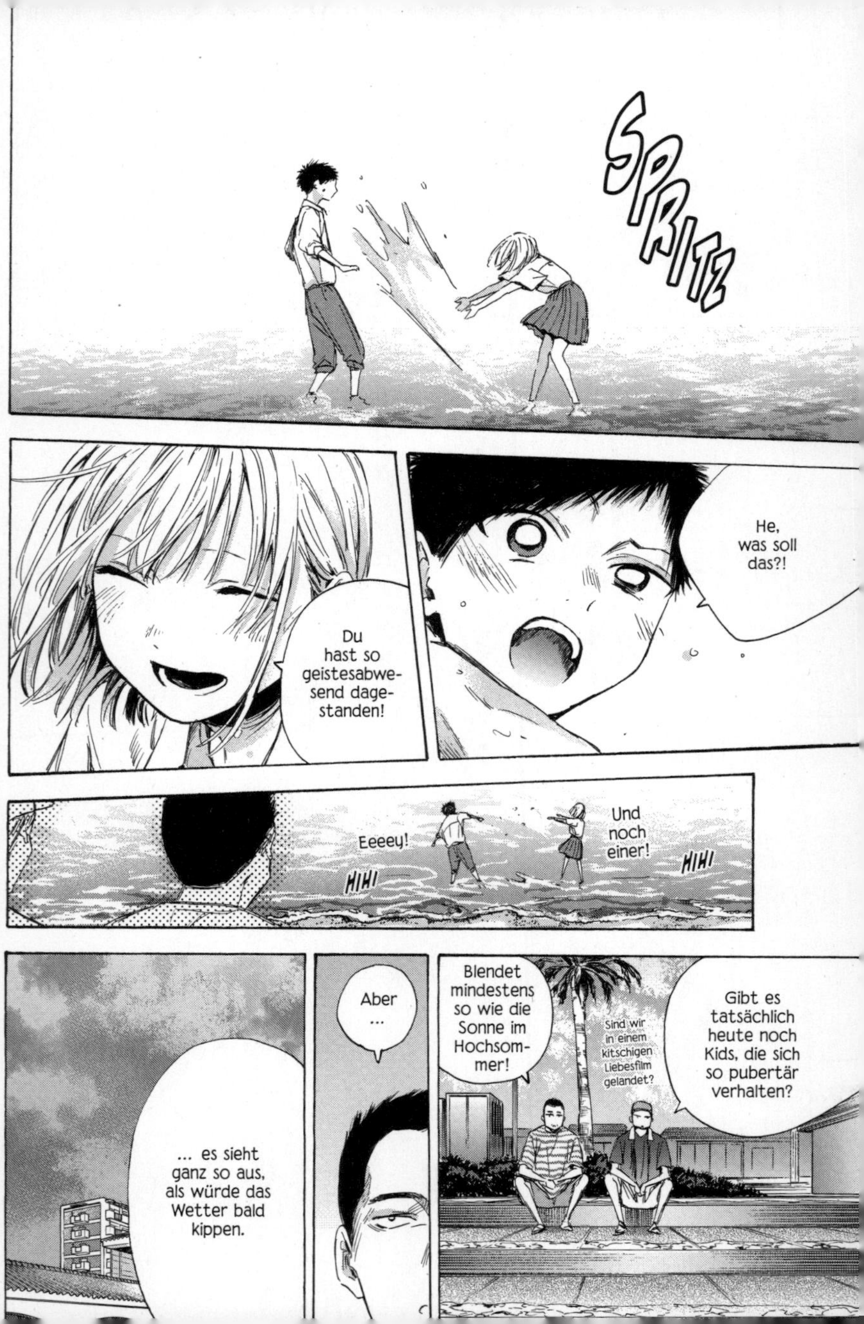
SPRITZ
He, was soll das?!
Du hast so geistesabwesend dagestanden!
Und noch einer!
HIHI
Eeeey!
HIHI
Gibt es tatsächlich heute noch Kids, die sich so pubertär verhalten?
Sind wir in einem kitschigen Liebesfilm gelandet?
Blendet mindestens so wie die Sonne im Hochsommer!
Aber ...
... es sieht ganz so aus, als würde das Wetter bald kippen.

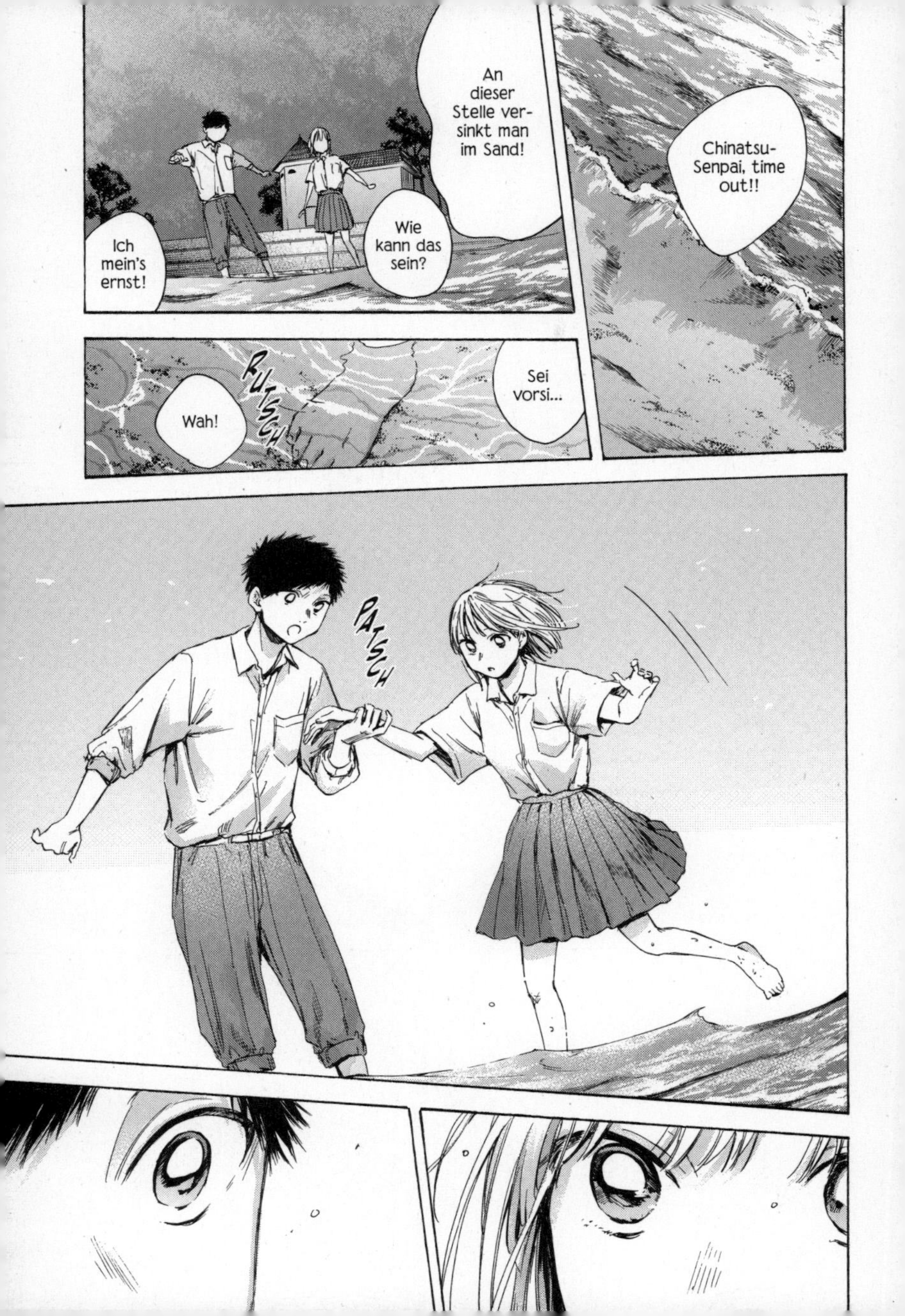
An dieser Stelle versinkt man im Sand!
Wie kann das sein?
Ich mein's ernst!
Chinatsu-Senpai, time out!!
Sei vorsi...
RUTSCH
Wah!
PATSCH

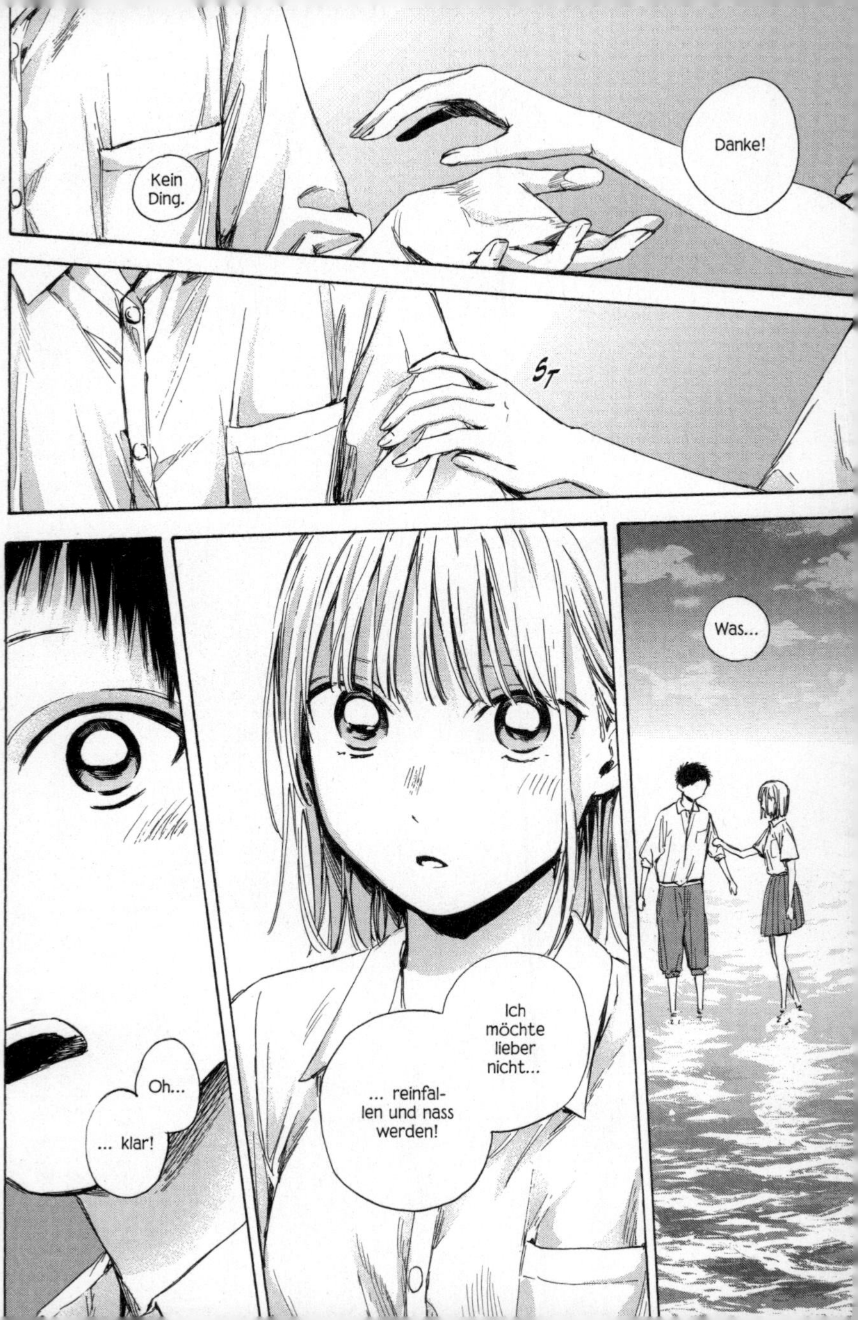
Danke!
Kein Ding.
ST
Was...
Ich möchte lieber nicht...
... reinfal-
len und nass
werden!
Oh...
... klar!

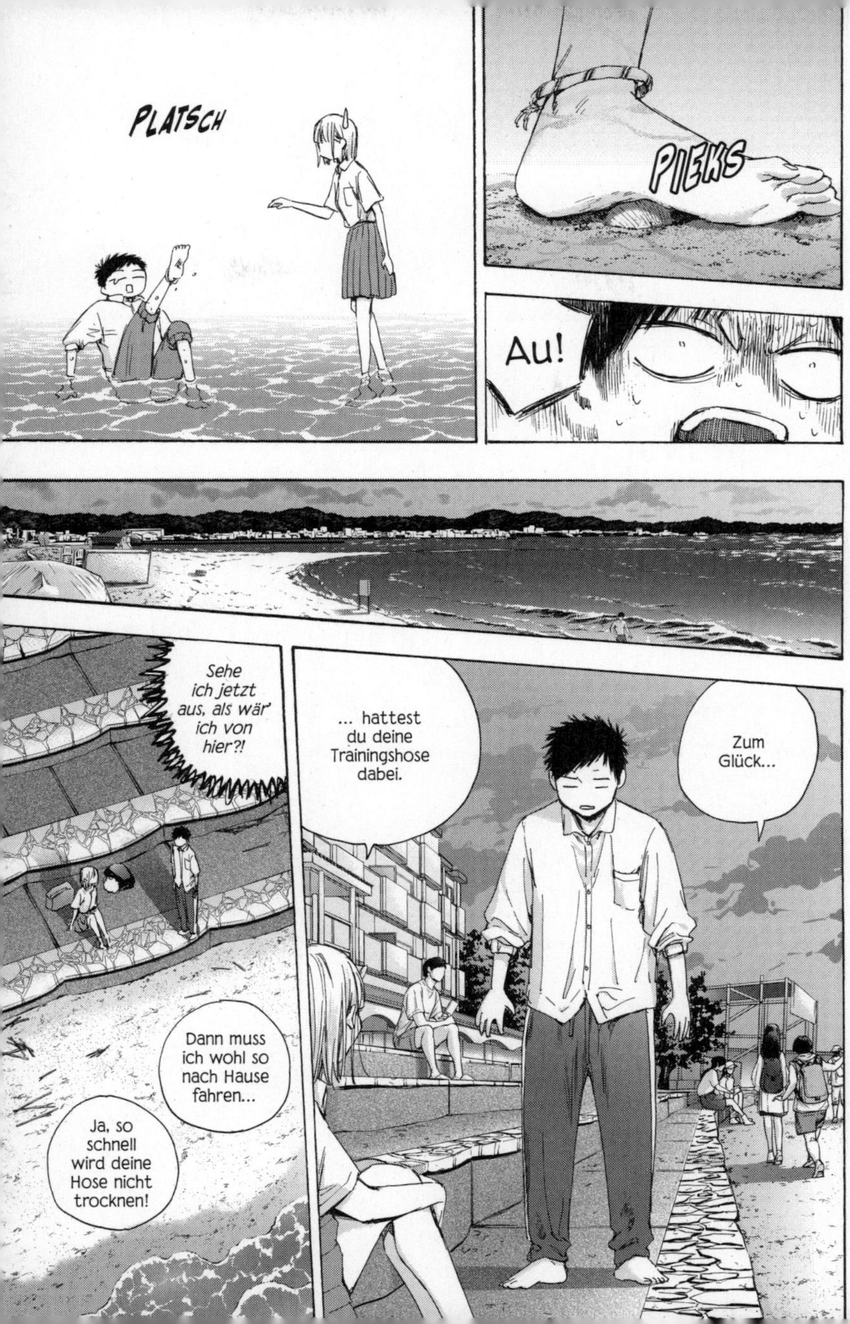
PIEKS
Au!
PLATSCH
Zum Glück...
... hattest du deine Trainingshose dabei.
Dann muss ich wohl so nach Hause fahren...
Ja, so schnell wird deine Hose nicht trocknen!
Sehe ich jetzt aus, als wär' ich von hier?!

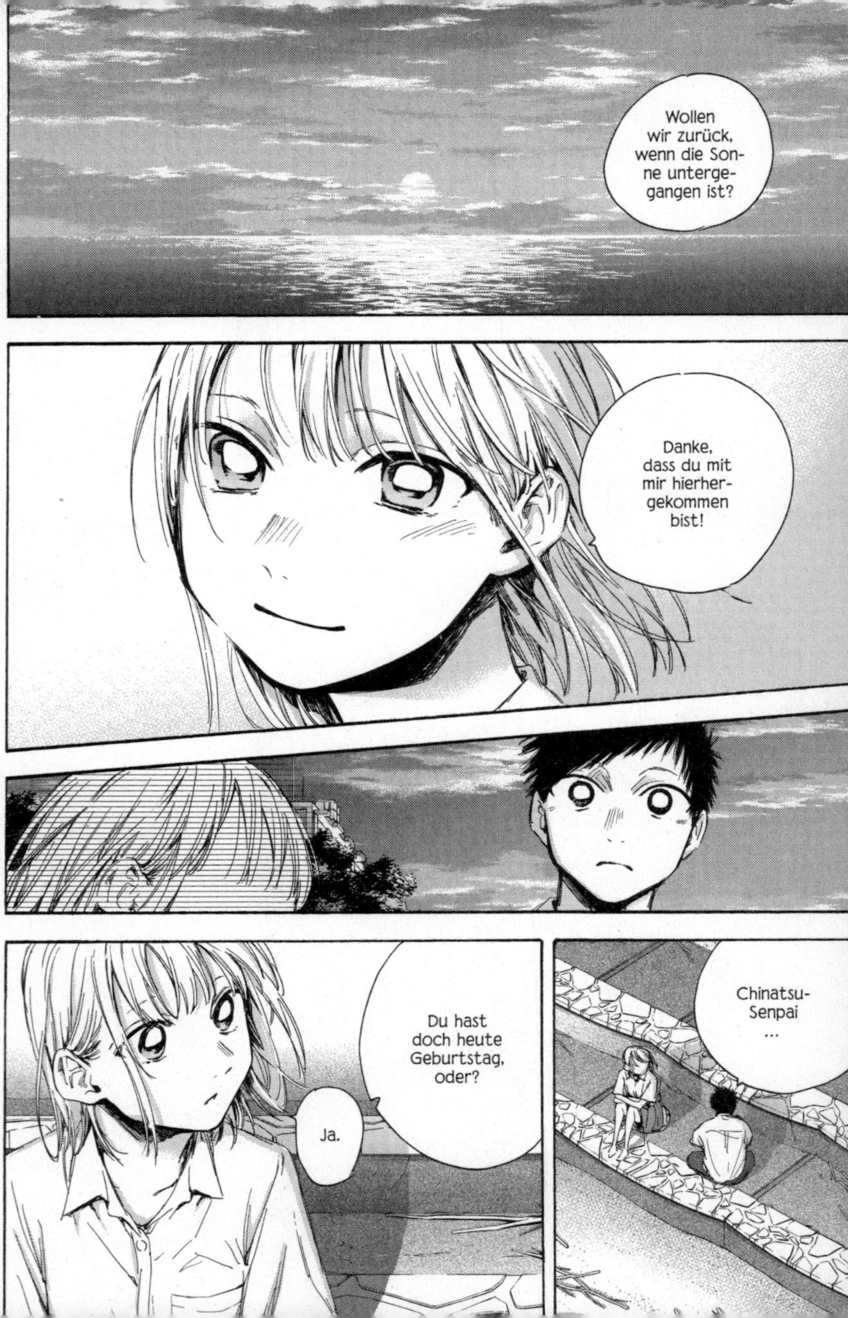
Wollen wir zurück, wenn die Sonne untergegangen ist?
Danke, dass du mit mir hierhergekommen bist!
Chinatsu-Senpai ...
Du hast doch heute Geburtstag, oder?
Ja.

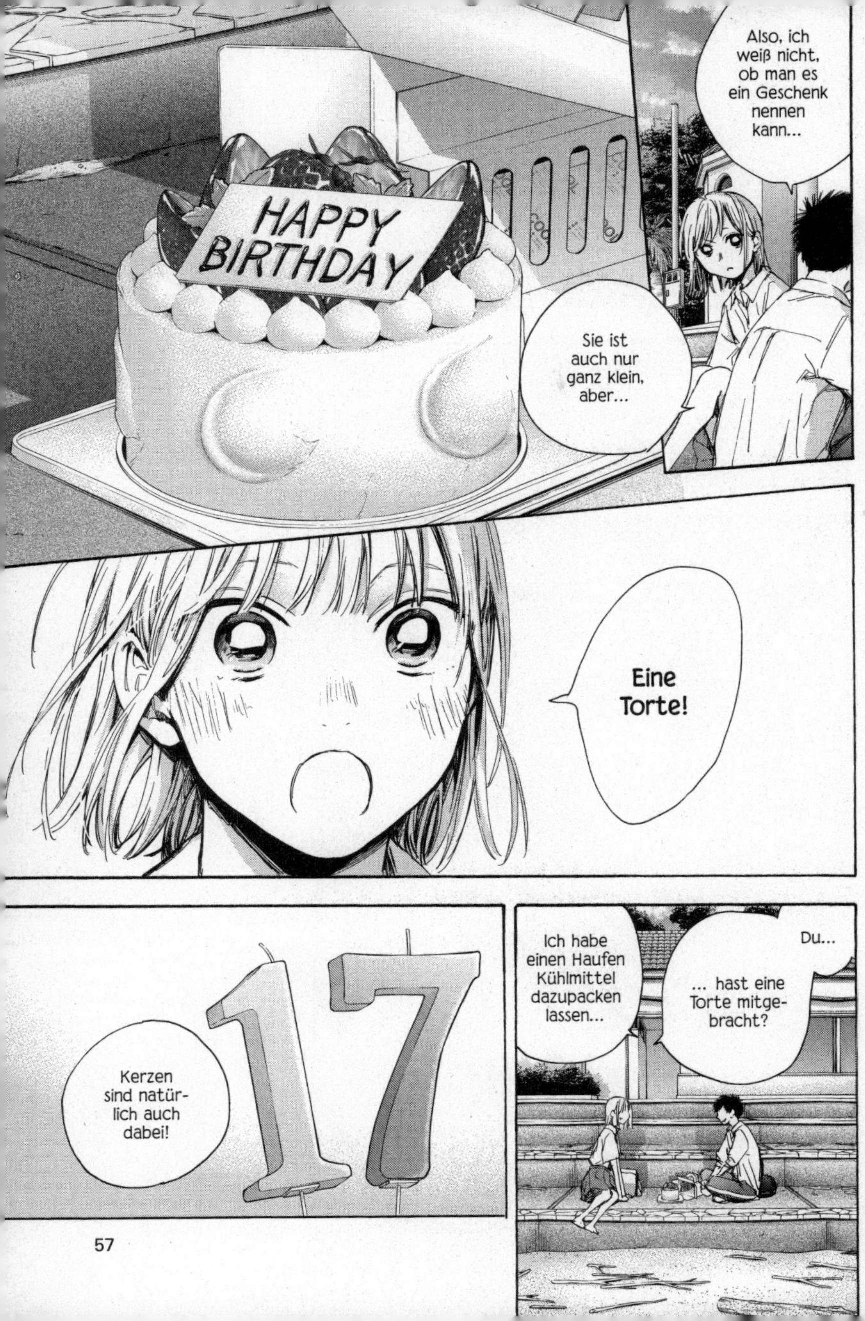
Also, ich weiß nicht, ob man es ein Geschenk nennen kann...
HAPPY BIRTHDAY
Sie ist auch nur ganz klein, aber...
Eine Torte!
Du...
... hast eine Torte mitgebracht?
Ich habe einen Haufen Kühlmittel dazupacken lassen...
17
Kerzen sind natürlich auch dabei!

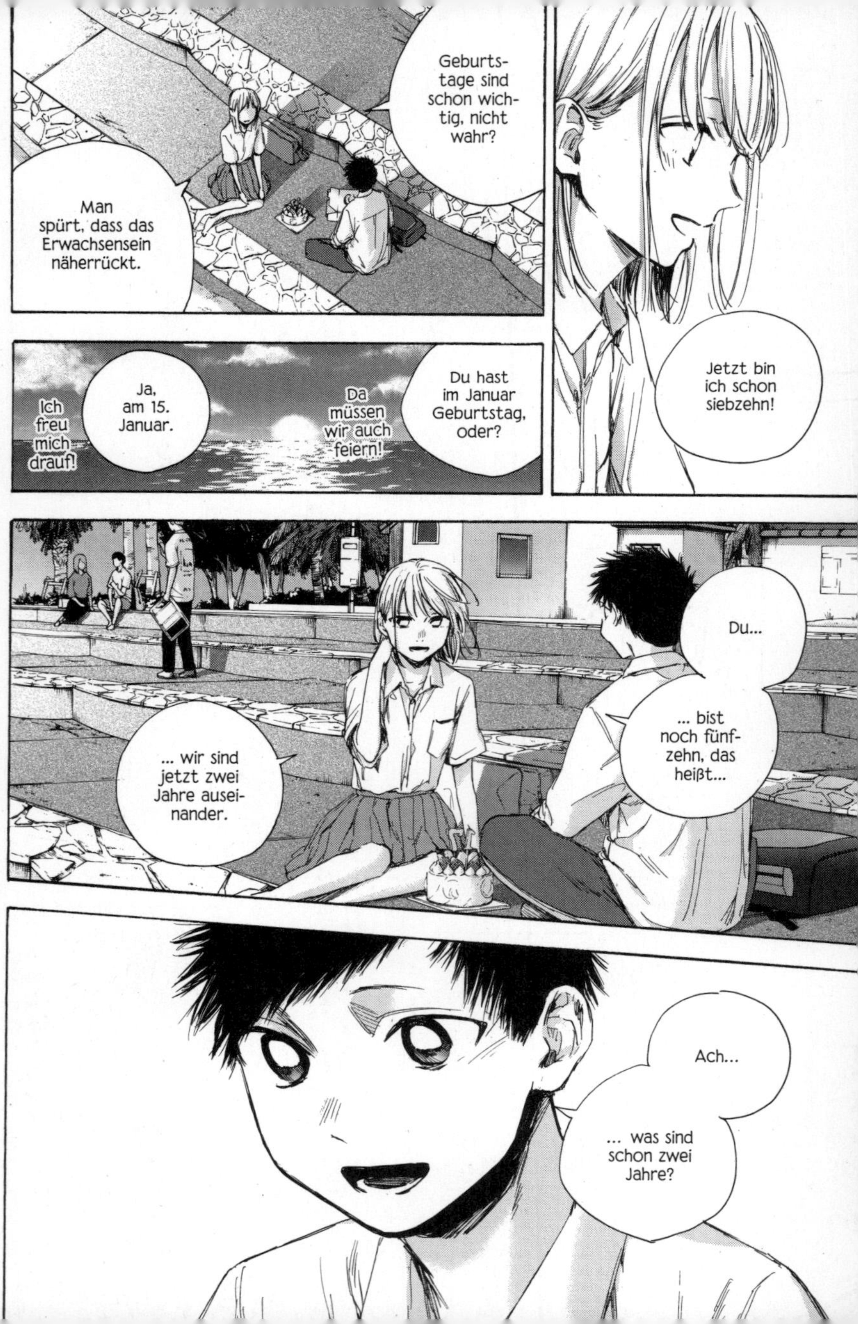
Geburtstage sind schon wichtig, nicht wahr?
Man spürt, dass das Erwachsensein näherrückt.
Jetzt bin ich schon siebzehn!
Du hast im Januar Geburtstag, oder?
Da müssen wir auch feiern!
Ja, am 15. Januar.
Ich freu mich drauf!
Du...
... bist noch fünfzehn, das heißt...
... wir sind jetzt zwei Jahre auseinander.
Ach...
... was sind schon zwei Jahre?

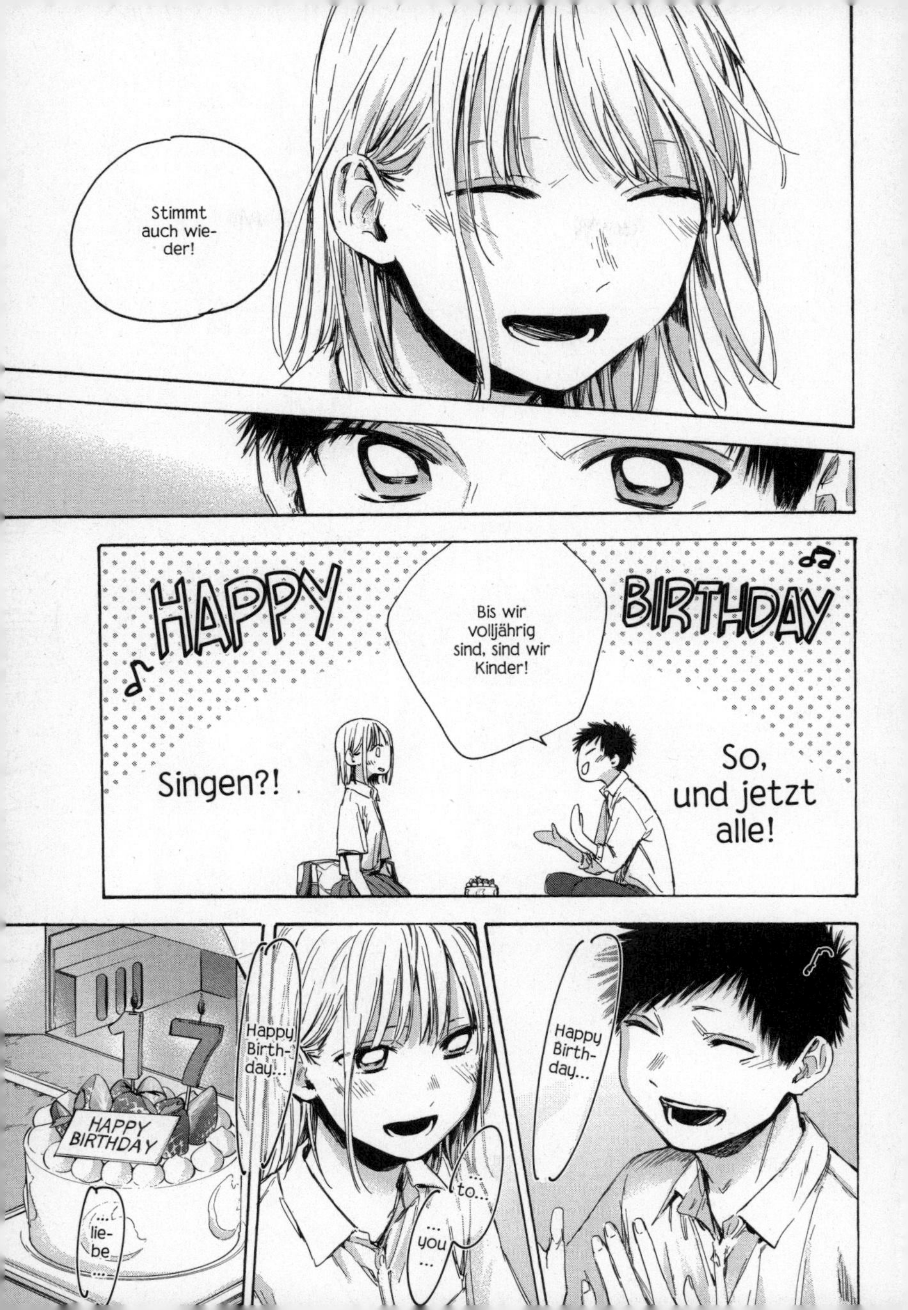
Stimmt auch wieder!
HAPPY
BIRTHDAY
Bis wir volljährig sind, sind wir Kinder!
So, und jetzt alle!
Singen?!
Happy Birthday...
Happy Birthday...
... to...
... you ...
HAPPY BIRTHDAY
... liebe ...

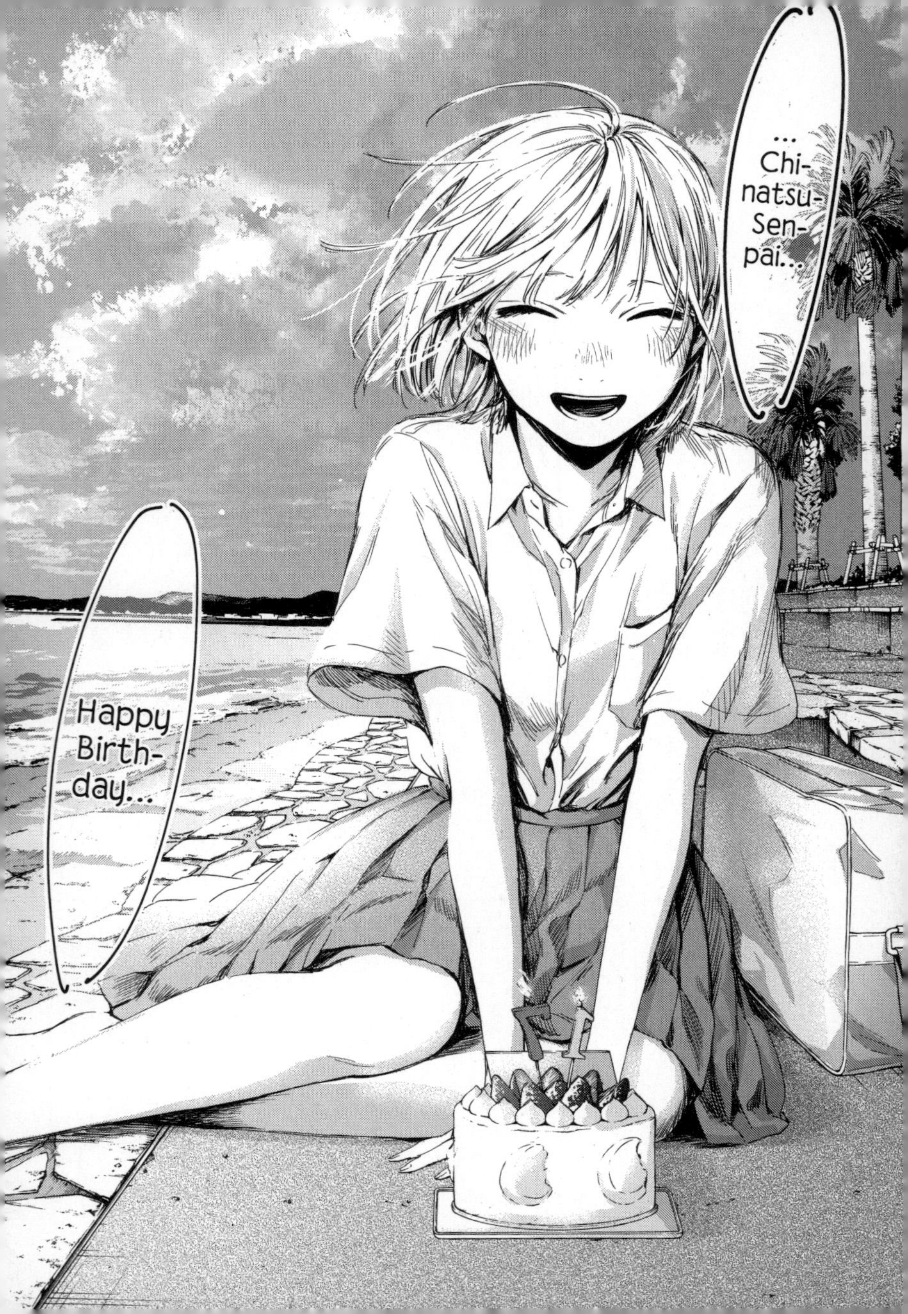
... Chi-natsu-Sen-pai...
Happy Birth-day...

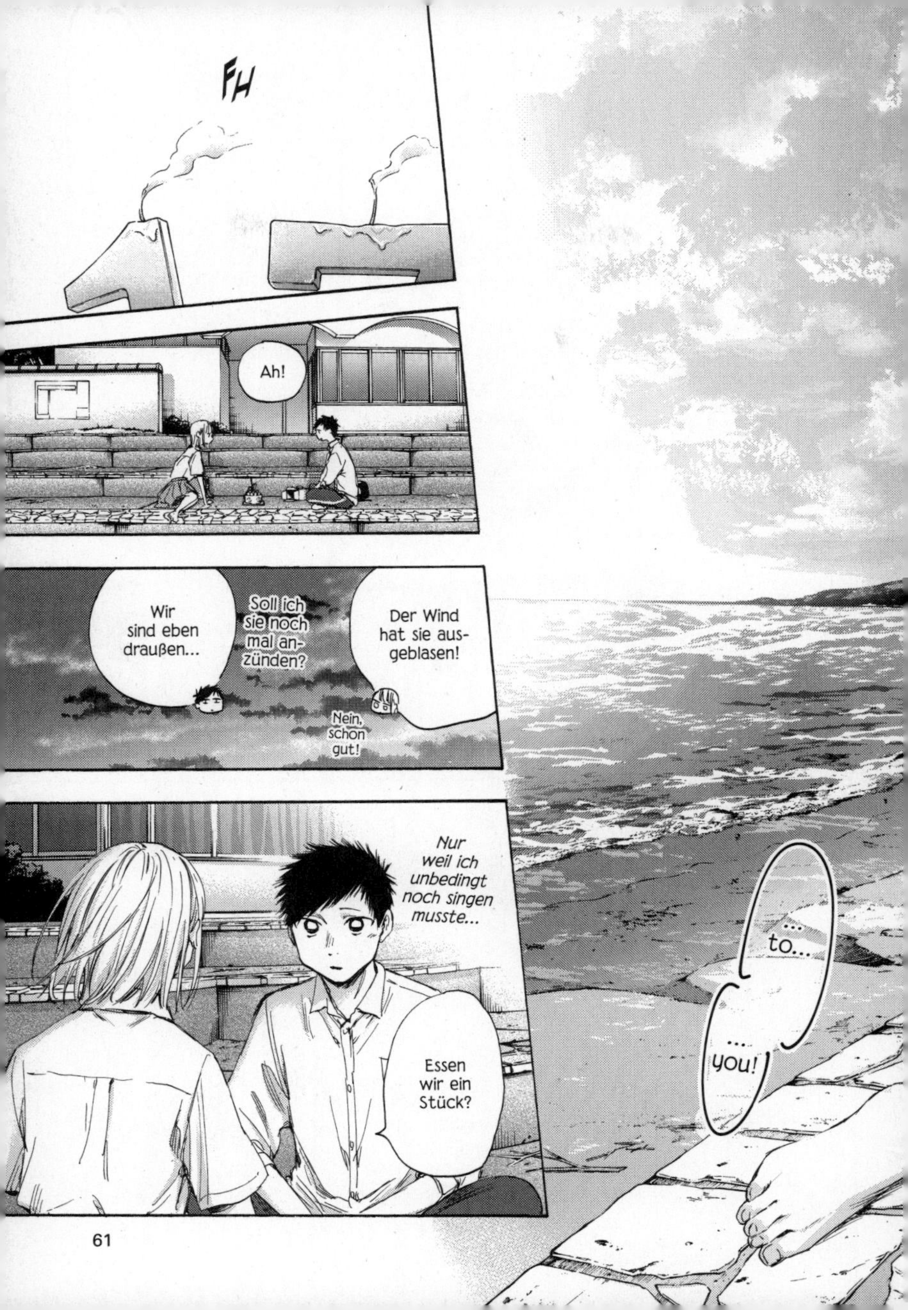
FH
Ah!
Der Wind hat sie ausgeblasen!
Soll ich sie noch mal anzünden?
Nein, schon gut!
Wir sind eben draußen...
... to...
... you!
Nur weil ich unbedingt noch singen musste...
Essen wir ein Stück?

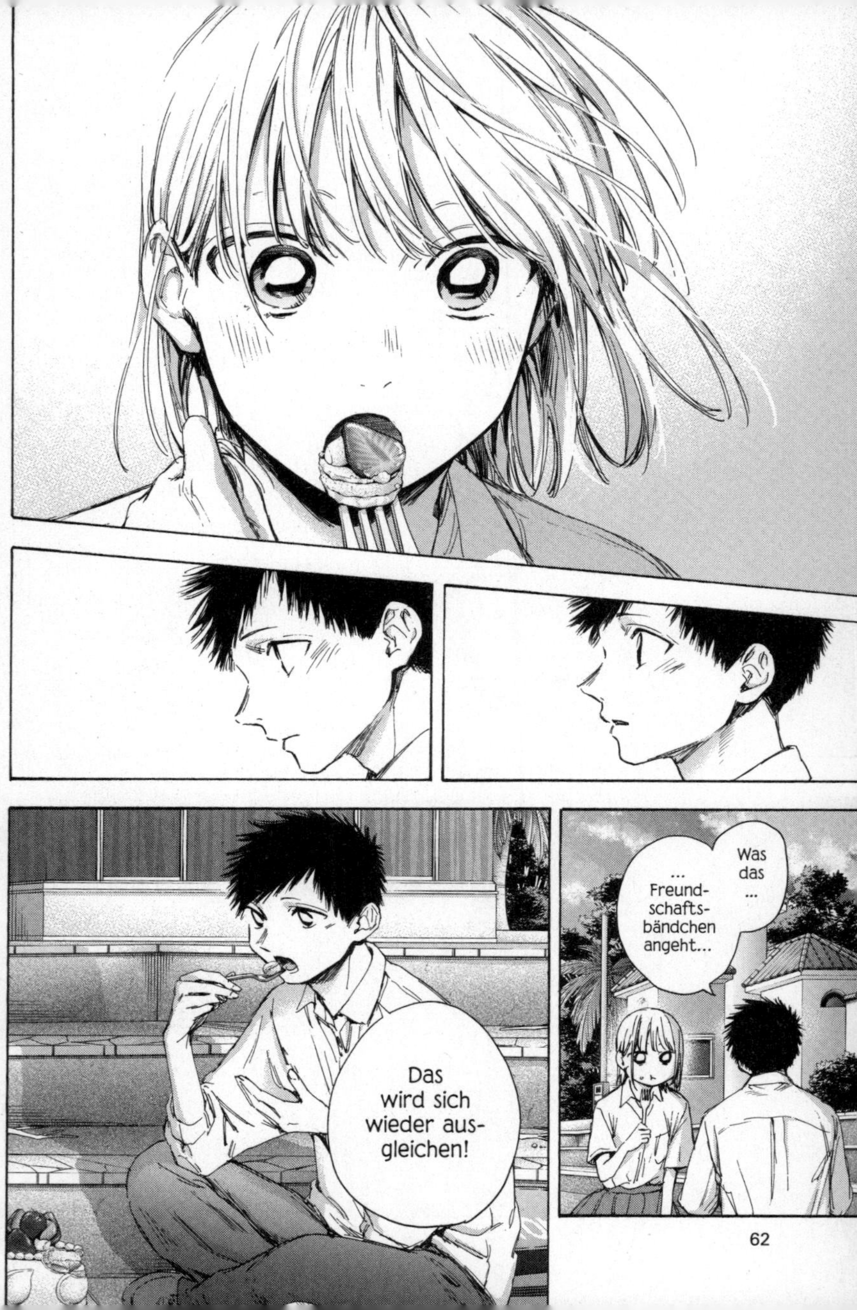
Was das ... ... Freundschaftsbändchen angeht...
Das wird sich wieder ausgleichen!

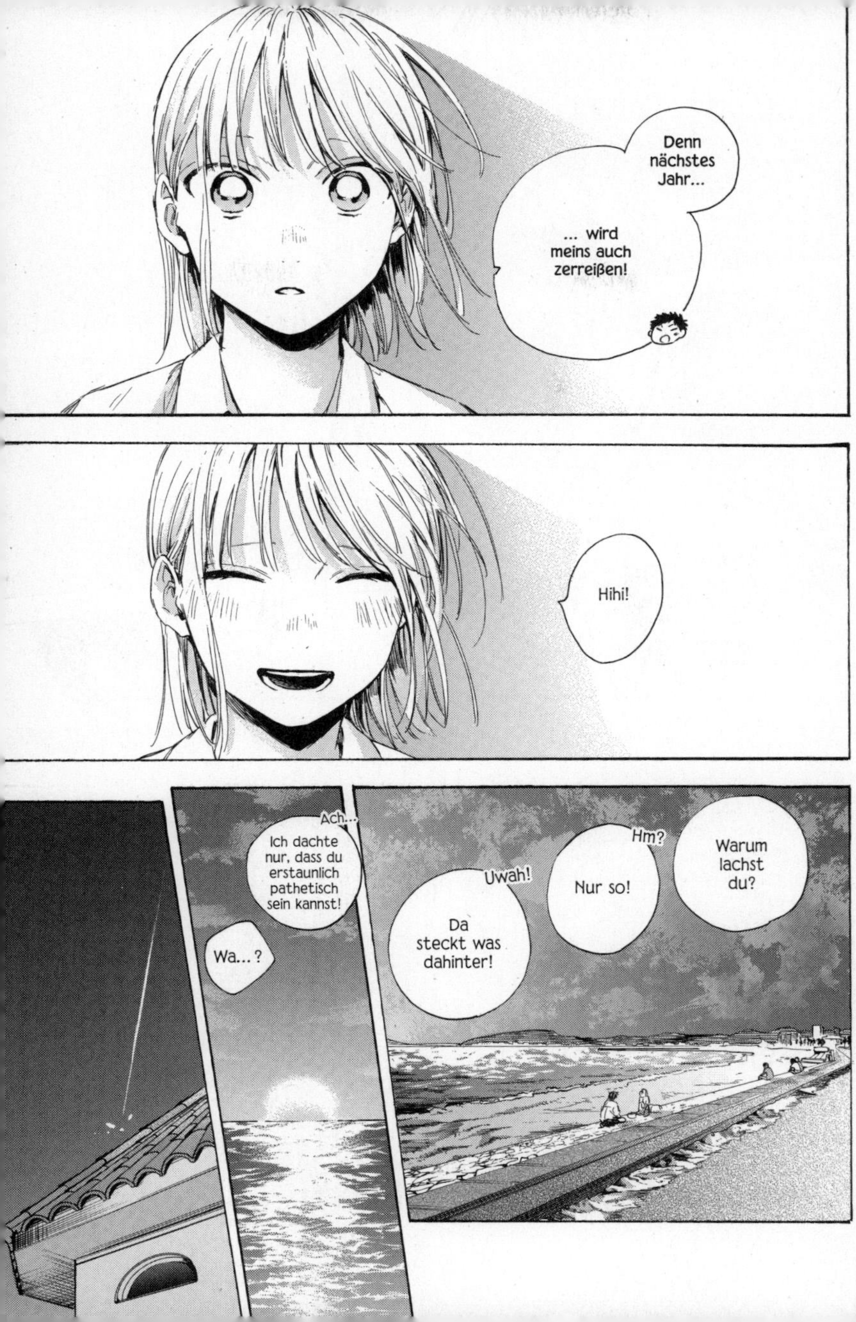
Denn nächstes Jahr...
... wird meins auch zerreißen!
Hihi!
Warum lachst du?
Hm?
Nur so!
Uwah!
Da steckt was dahinter!
Ach...
Ich dachte nur, dass du erstaunlich pathetisch sein kannst!
Wa...?

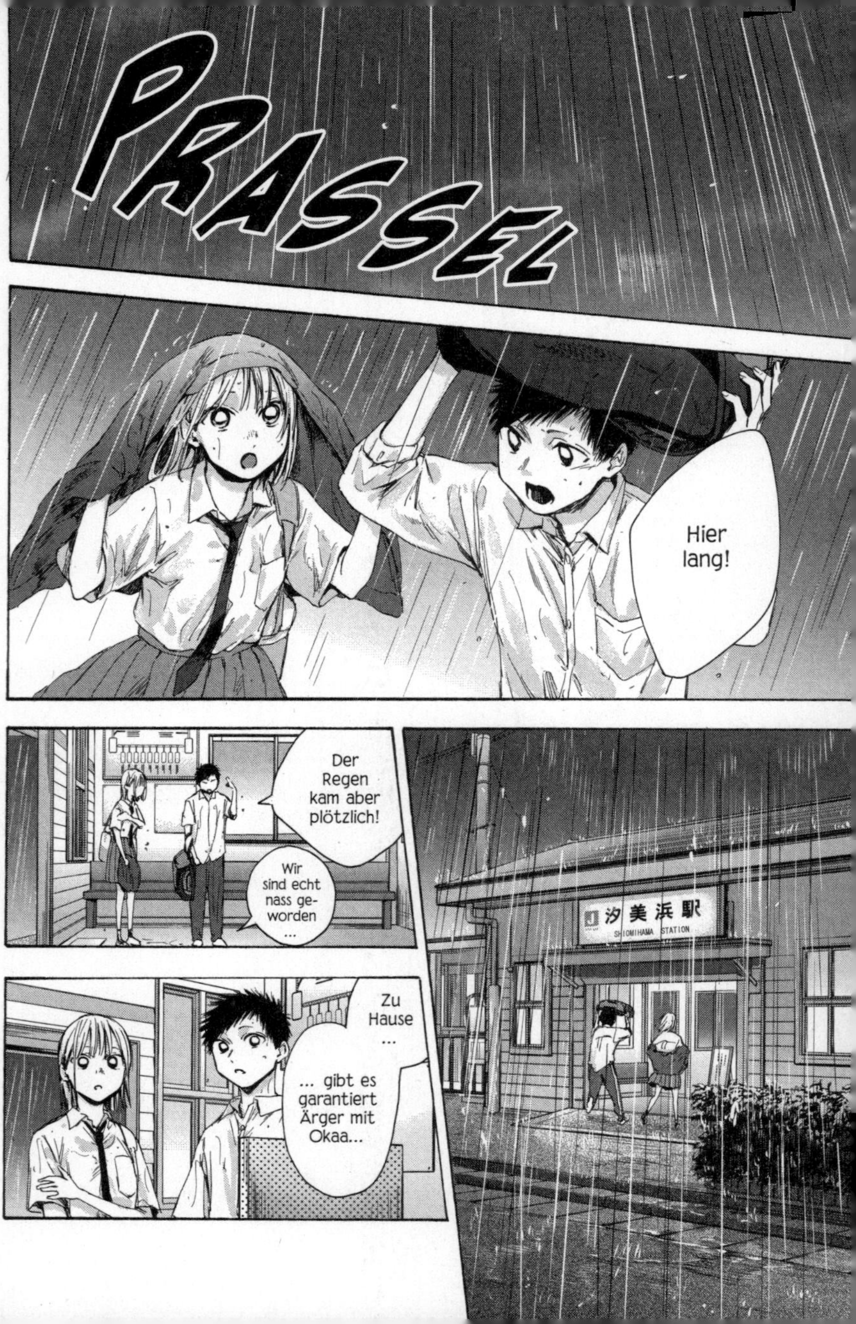
PRASSEL
Hier lang!
汐美浜駅
SHIOMIHAMA STATION
Der Regen kam aber plötzlich!
Wir sind echt nass geworden ...
Zu Hause ...
... gibt es garantiert Ärger mit Okaa...

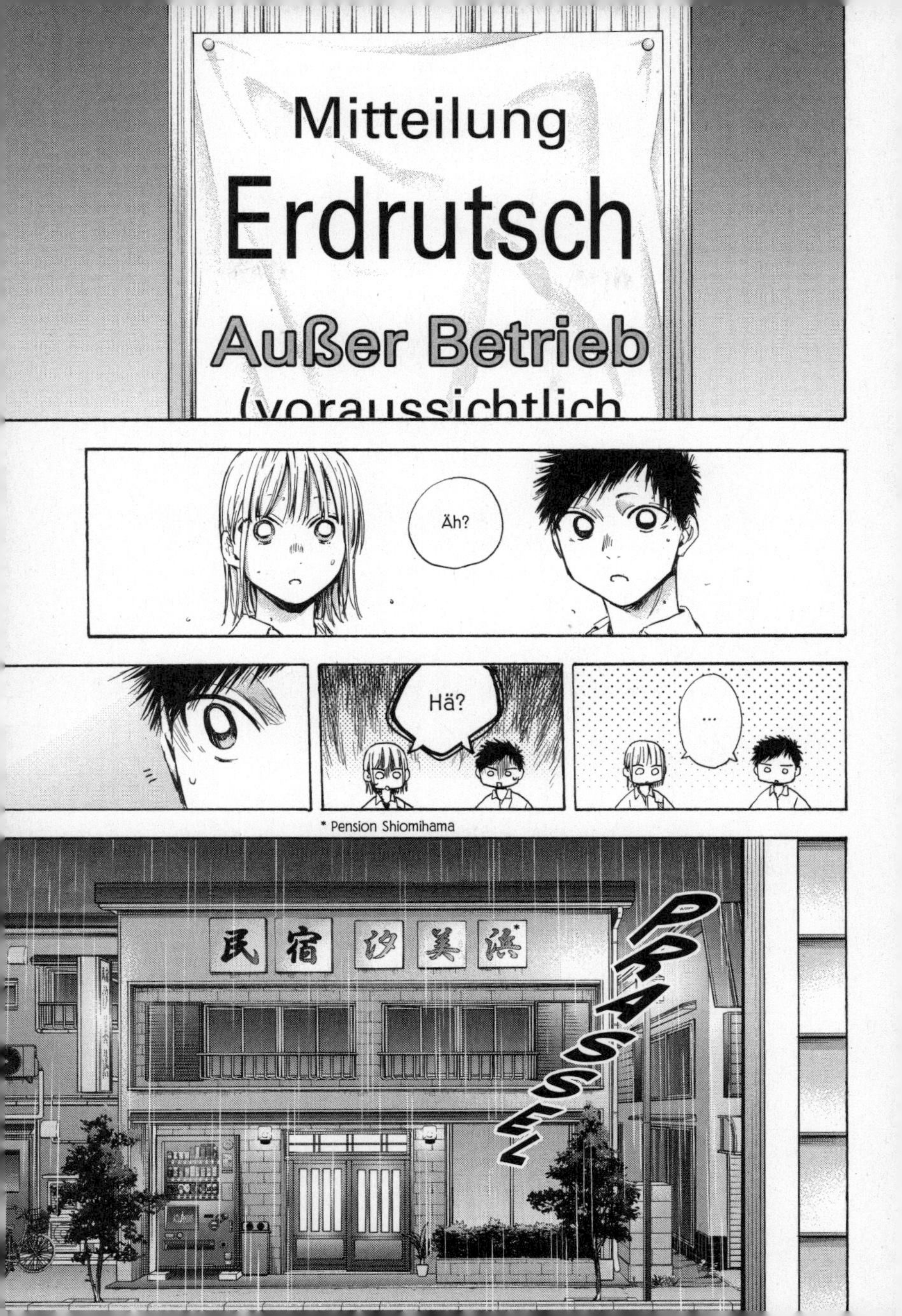
Mitteilung
Erdrutsch
Außer Betrieb
(voraussichtlich
Äh?
Hä?
...
* Pension Shiomihama
民宿汐美浜*
PRASSEL

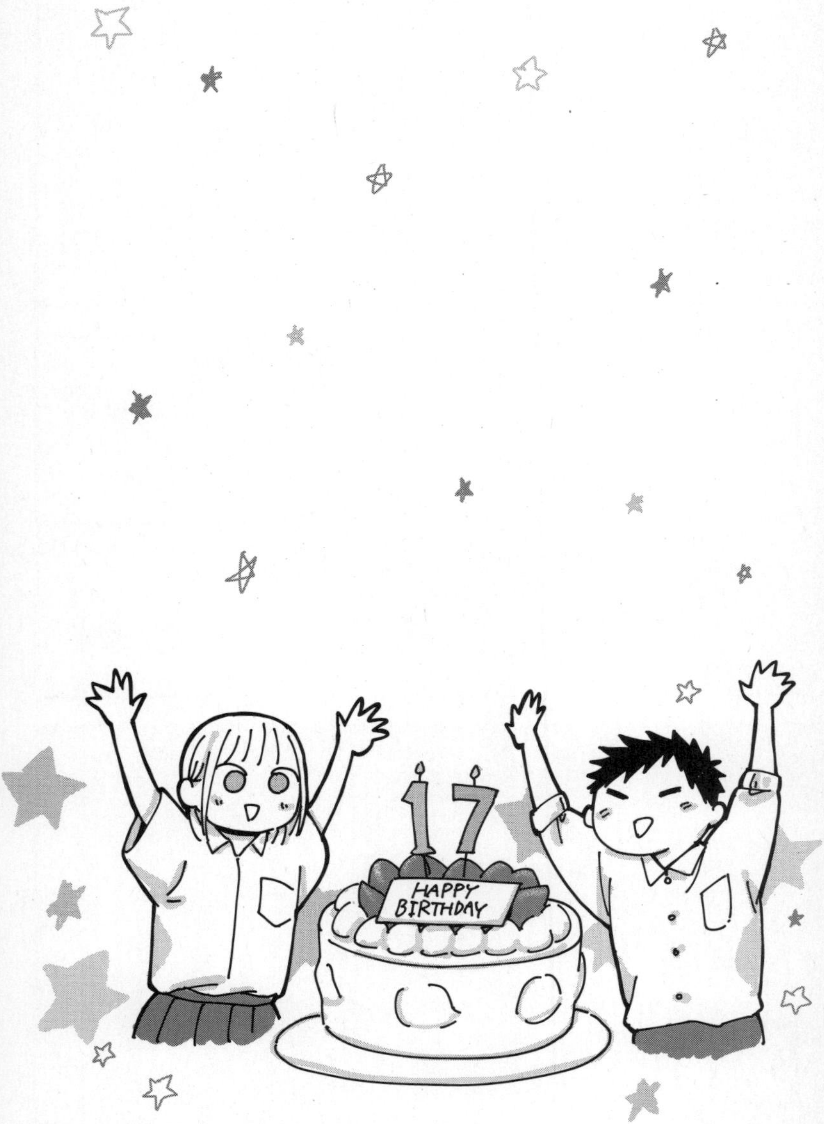
17
HAPPY
BIRTHDAY

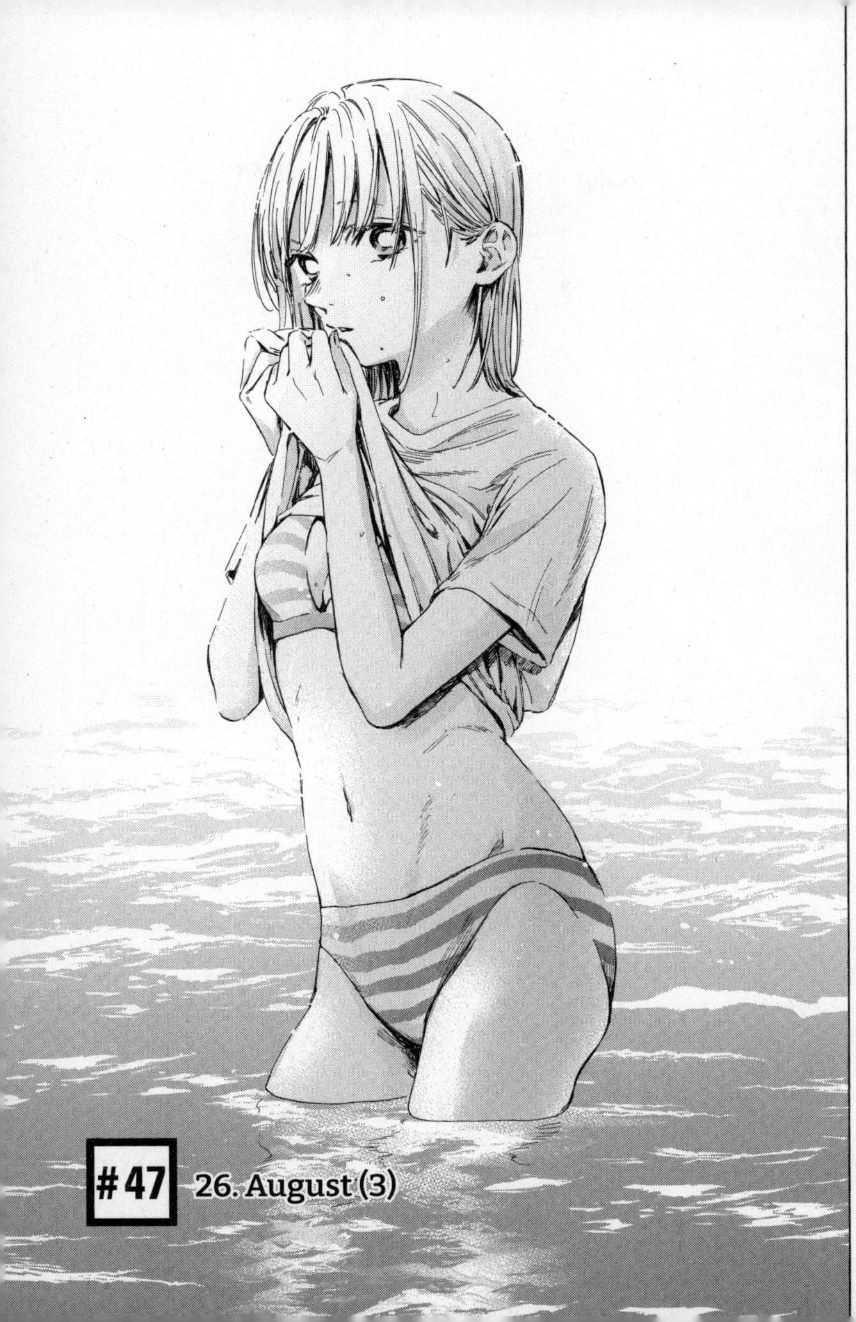

47 26. August (3)

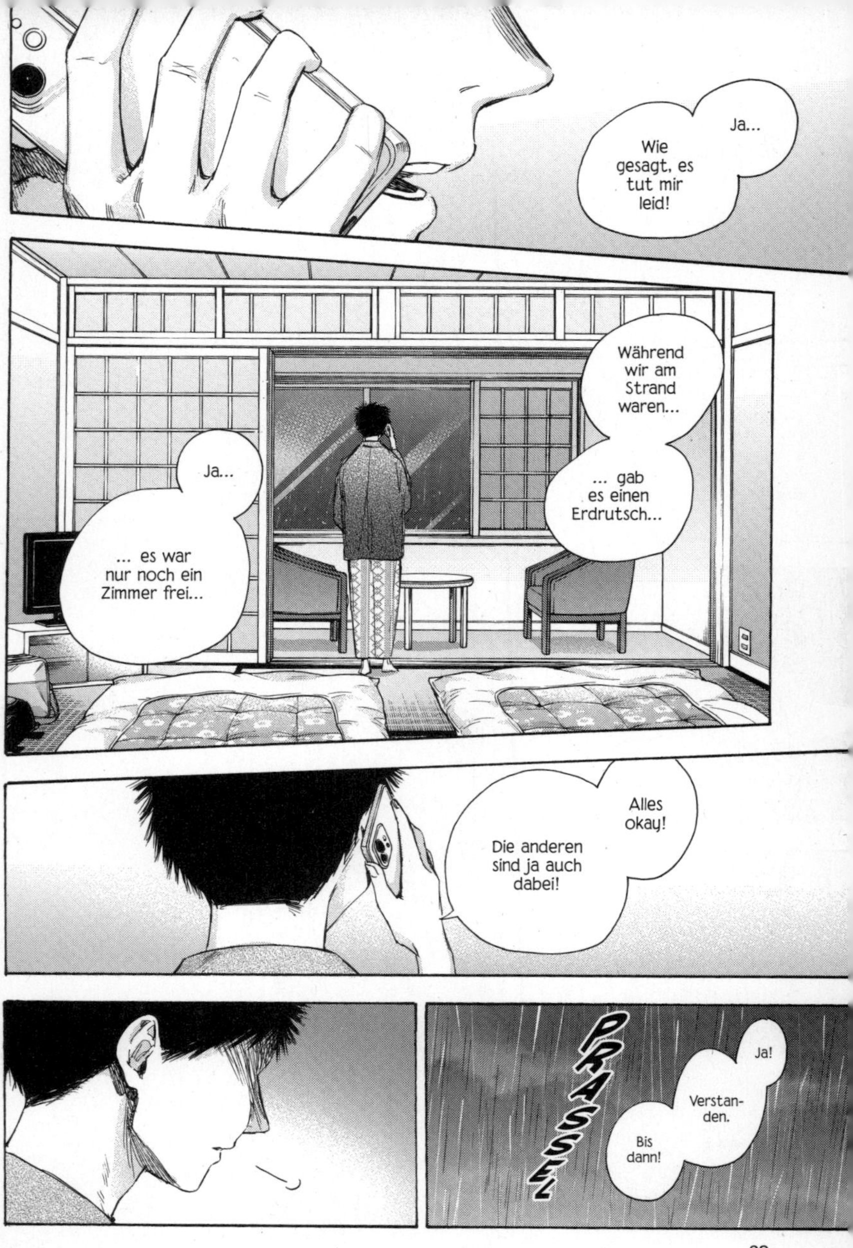
Ja...
Wie gesagt, es tut mir leid!
Während wir am Strand waren...
... gab es einen Erdrutsch...
Ja...
... es war nur noch ein Zimmer frei...
Alles okay!
Die anderen sind ja auch dabei!
PRASSEL
Ja!
Verstan-
den.
Bis dann!

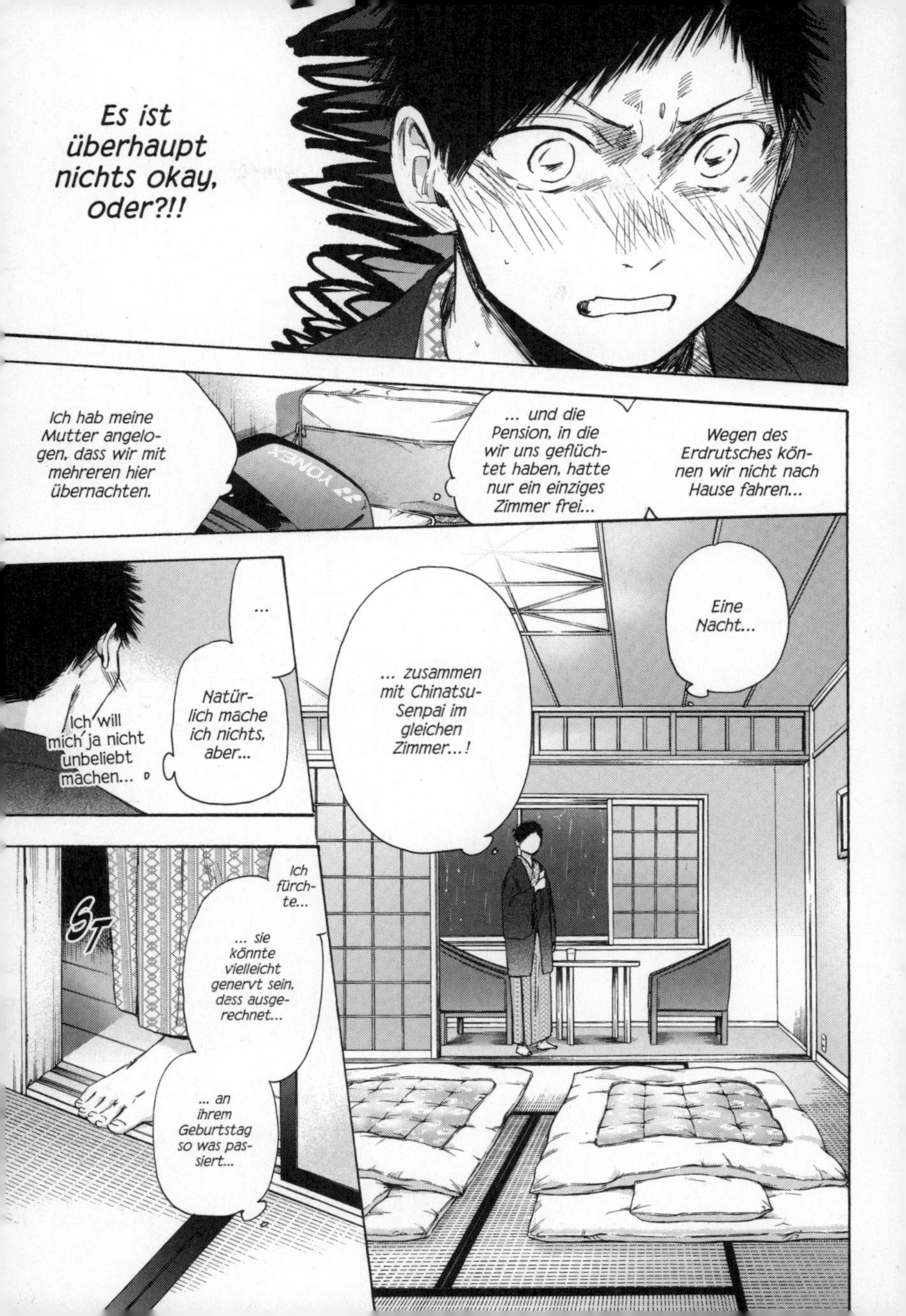
Es ist überhaupt nichts okay, oder?!!
Wegen des Erdrutsches können wir nicht nach Hause fahren...
... und die Pension, in die wir uns geflüchtet haben, hatte nur ein einziges Zimmer frei...
Ich hab meine Mutter angelogen, dass wir mit mehreren hier übernachten.
Eine Nacht...
... zusammen mit Chinatsu-Senpai im gleichen Zimmer...!
...
Natürlich mache ich nichts, aber...
Ich will mich ja nicht unbeliebt machen...
Ich fürchte...
... sie könnte vielleicht genervt sein, dass ausgerechnet...
... an ihrem Geburtstag so was passiert...
ST

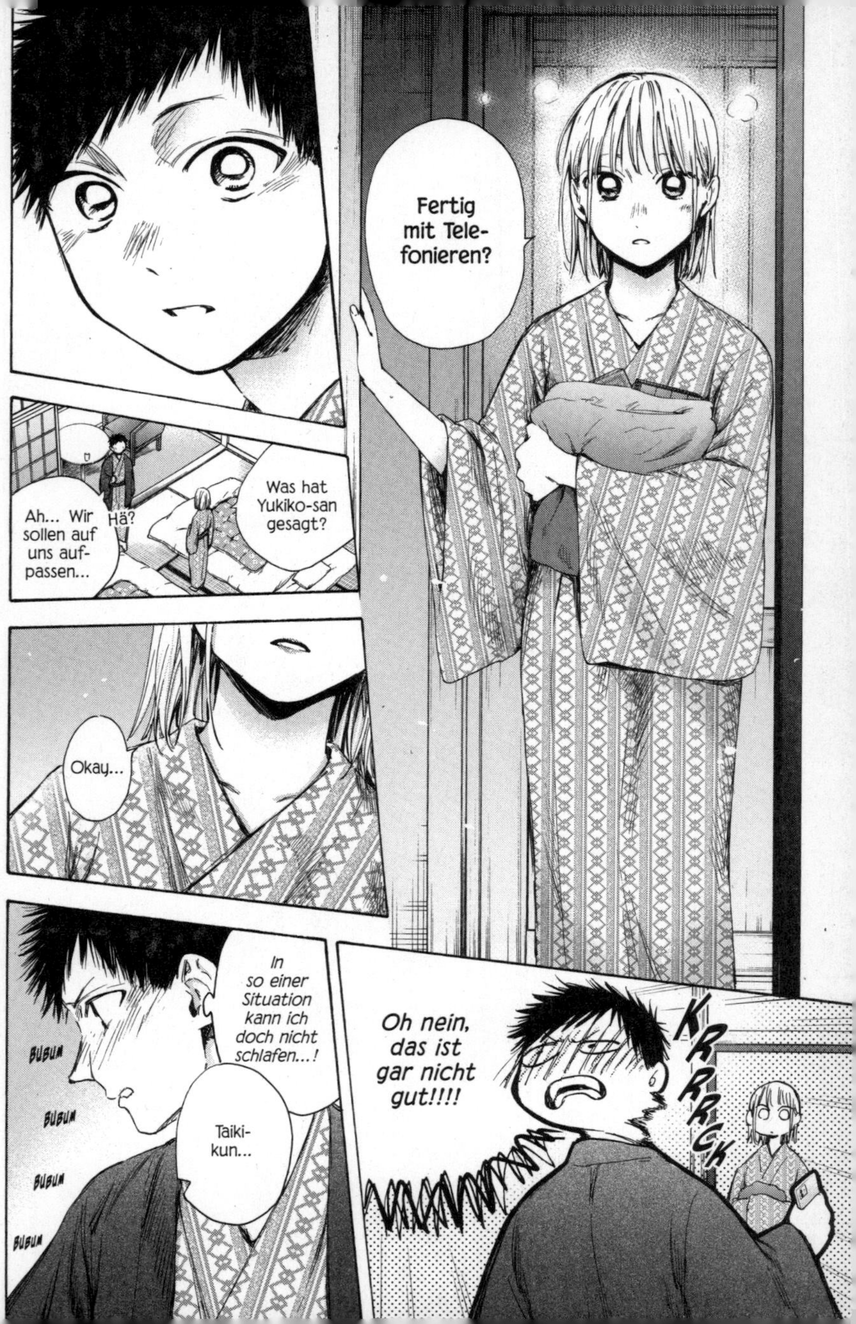

Fertig mit Telefonieren?
Was hat Yukiko-san gesagt?
Hä?
Ah... Wir sollen auf uns aufpassen...
Okay...
Oh nein, das ist gar nicht gut!!!!
KRRRCK
In so einer Situation kann ich doch nicht schlafen...!
BUBUM
BUBUM
BUBUM
BUBUM
Taiki-kun...

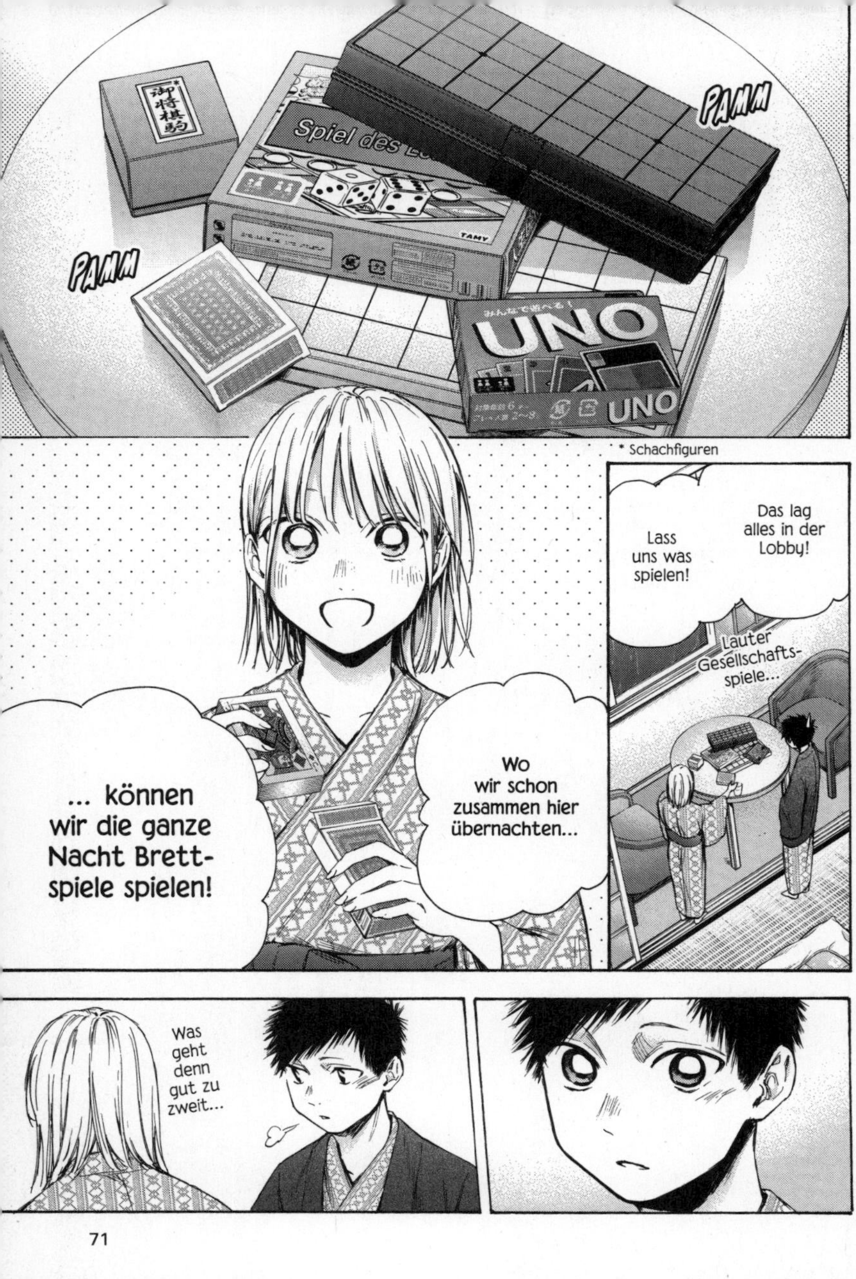
PAMM
PAMM
Spiel des Le
UNO
* Schachfiguren
Das lag alles in der Lobby!
Lass uns was spielen!
Lauter Gesellschafts-spiele...
Wo wir schon zusammen hier übernachten...
... können wir die ganze Nacht Brett-spiele spielen!
Was geht denn gut zu zweit...

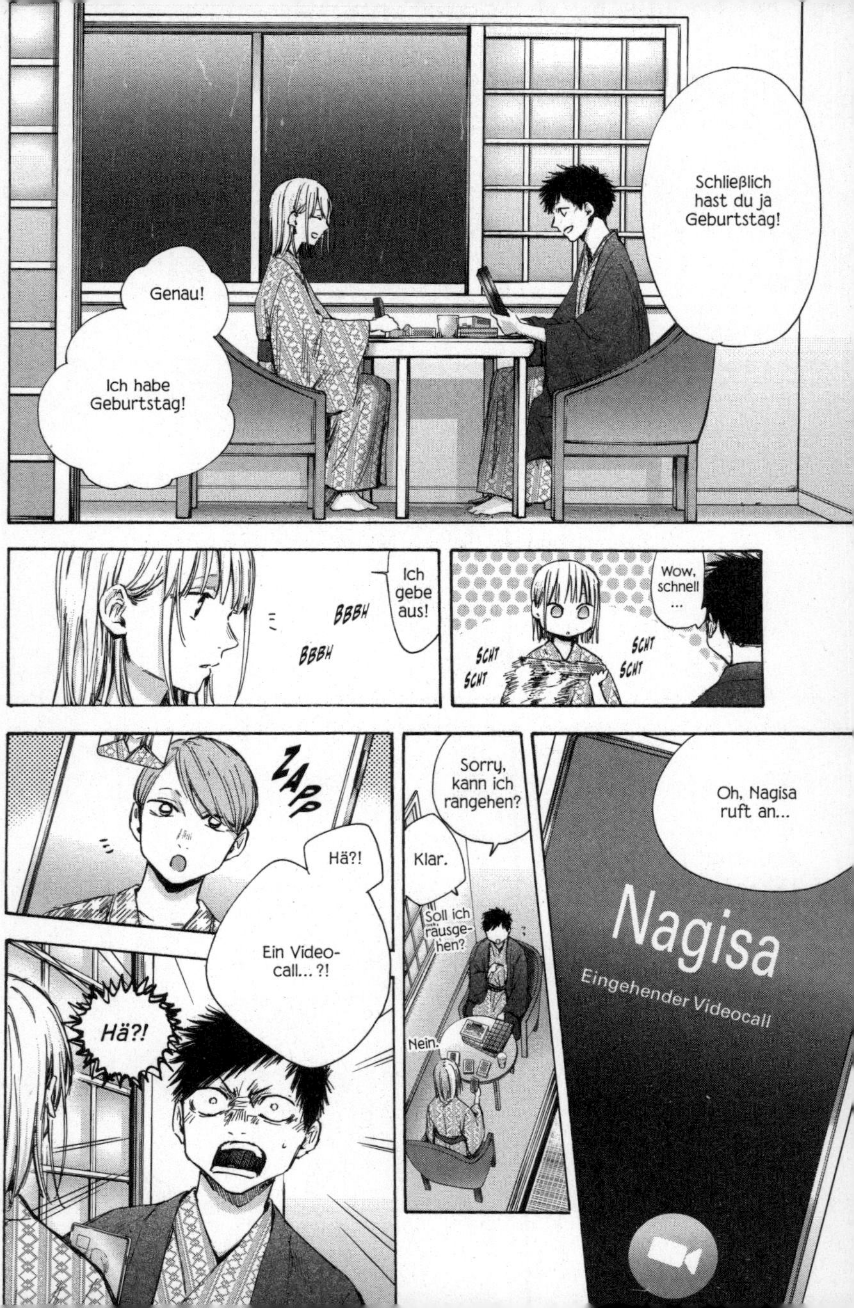
Schließlich hast du ja Geburtstag!
Genau!
Ich habe Geburtstag!
Wow, schnell ...
SCHT SCHT
SCHT SCHT
Ich gebe aus!
BBBH
BBBH
Oh, Nagisa ruft an...
Nagisa
Eingehender Videocall
Sorry, kann ich rangehen?
Klar.
Soll ich rausgehen?
Nein.
ZAPP
Hä?!
Ein Video-call... ?!
Hä?!

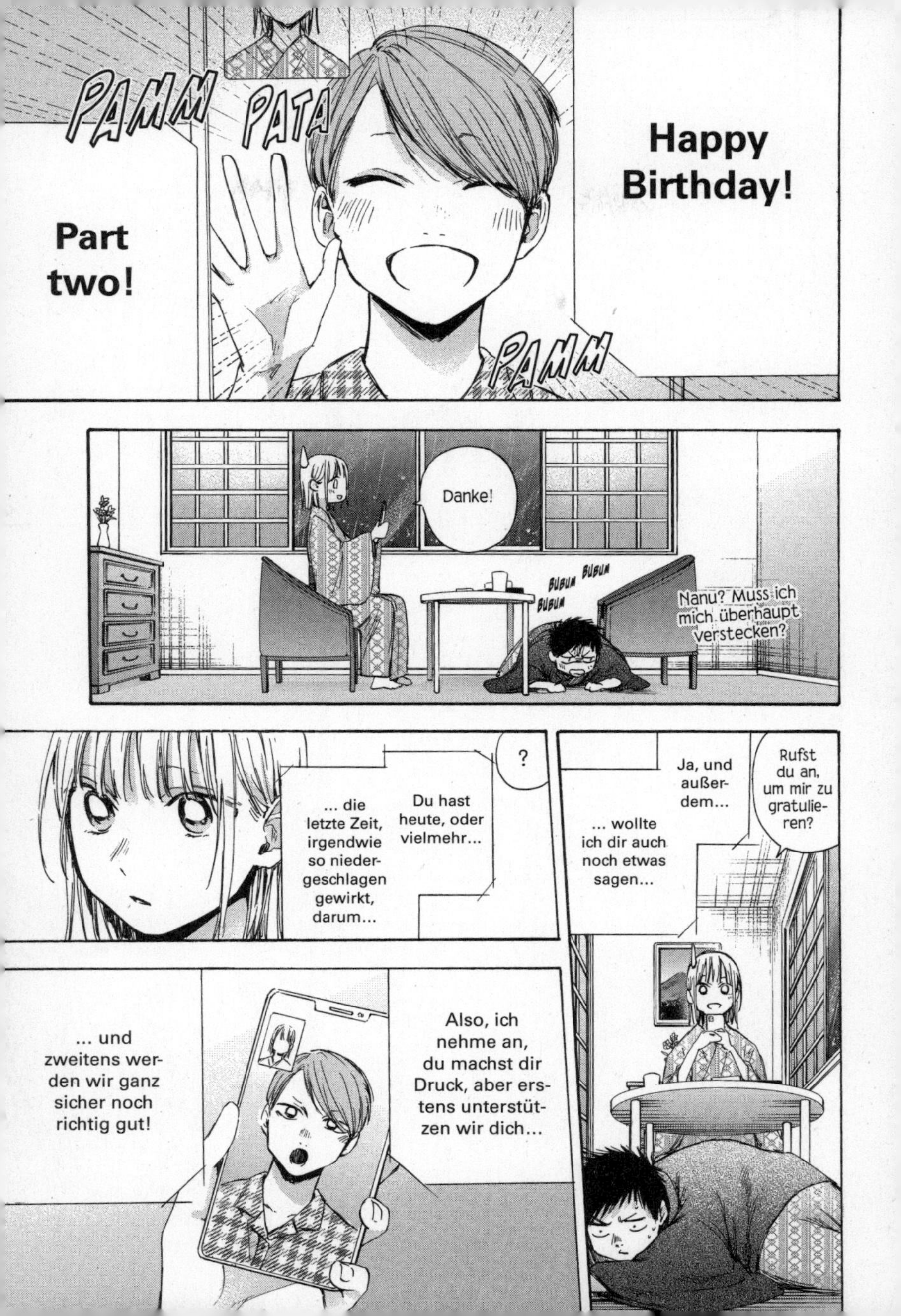

PAMM PATA
Happy Birthday!
Part two!
PAMM
Danke!
BUBUM BUBUM BUBUM
Nanu? Muss ich mich überhaupt verstecken?
Rufst du an, um mir zu gratulieren?
Ja, und außerdem…
… wollte ich dir auch noch etwas sagen…
?
Du hast heute, oder vielmehr…
… die letzte Zeit, irgendwie so niedergeschlagen gewirkt, darum…
Also, ich nehme an, du machst dir Druck, aber erstens unterstützen wir dich…
… und zweitens werden wir ganz sicher noch richtig gut!

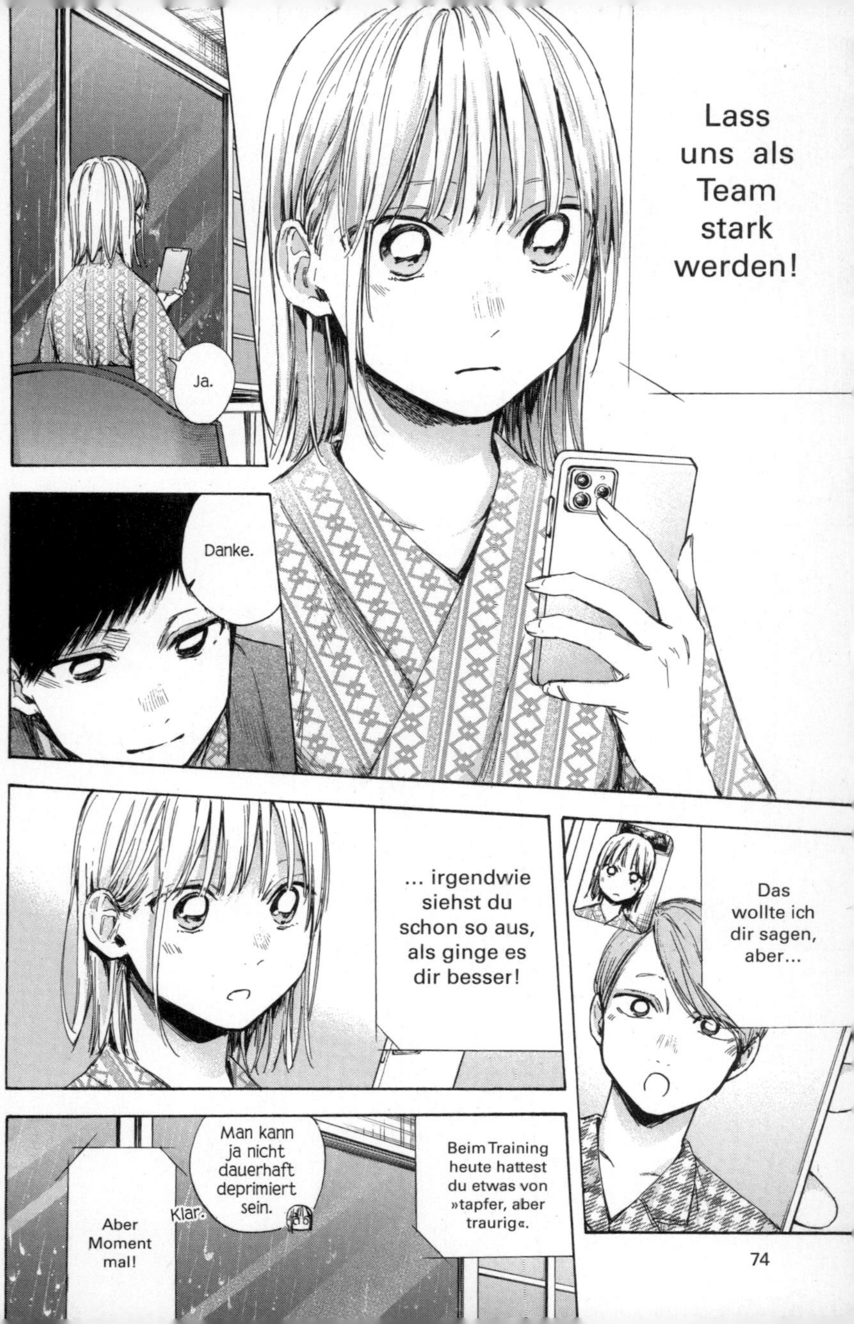
Lass uns als Team stark werden!
Ja.
Danke.
Das wollte ich dir sagen, aber...
... irgendwie siehst du schon so aus, als ginge es dir besser!
Beim Training heute hattest du etwas von »tapfer, aber traurig«.
Man kann ja nicht dauerhaft deprimiert sein.
Klar.
Aber Moment mal!

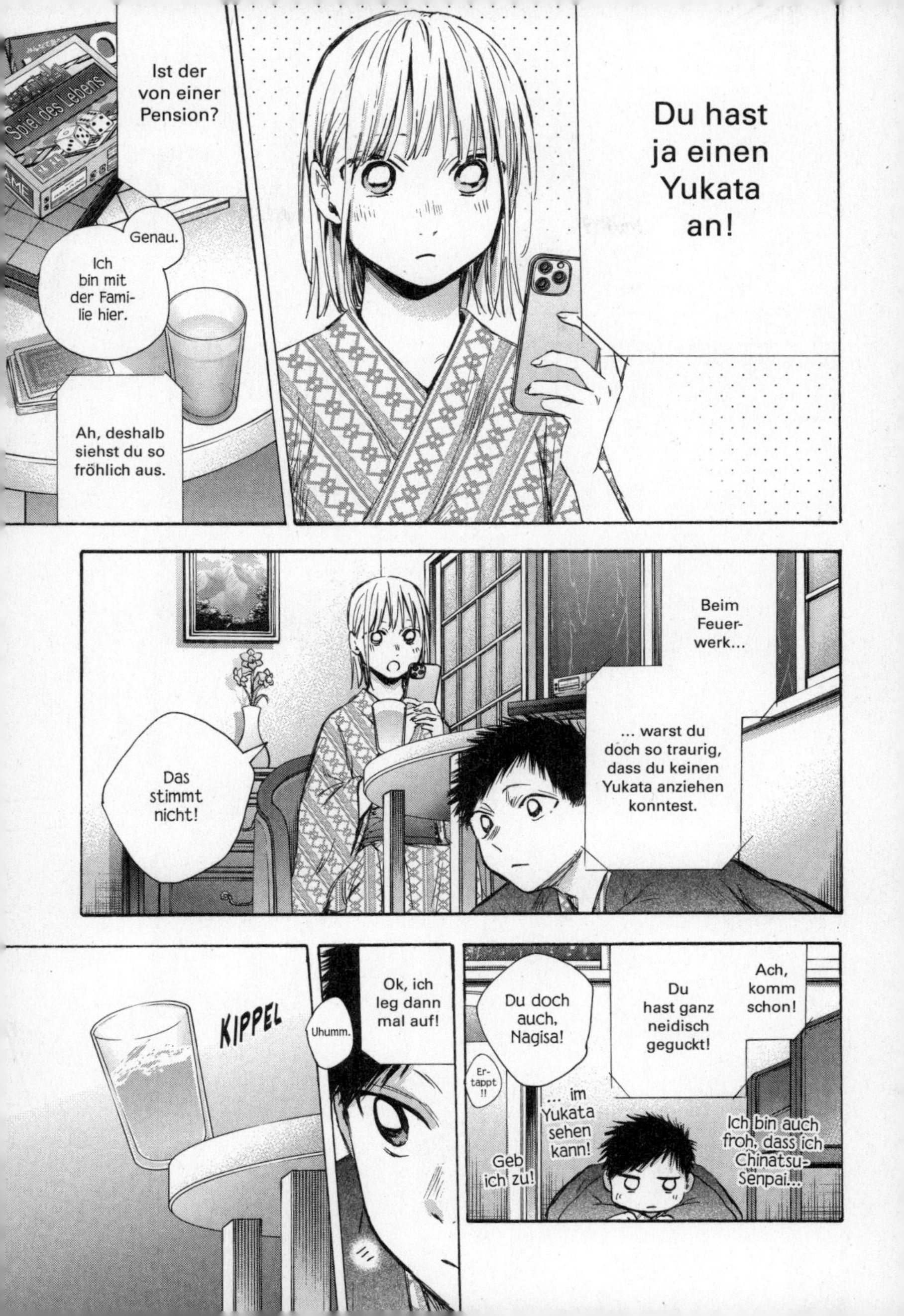
Du hast ja einen Yukata an!
Ist der von einer Pension?
Genau.
Ich bin mit der Familie hier.
Ah, deshalb siehst du so fröhlich aus.
Beim Feuerwerk...
... warst du doch so traurig, dass du keinen Yukata anziehen konntest.
Das stimmt nicht!
Ach, komm schon!
Du hast ganz neidisch geguckt!
Du doch auch, Nagisa!
Er-tappt!!
Ich bin auch froh, dass ich Chinatsu-Senpai...
... im Yukata sehen kann!
Geb ich zu!
Ok, ich leg dann mal auf!
Uhumm.
KIPPEL

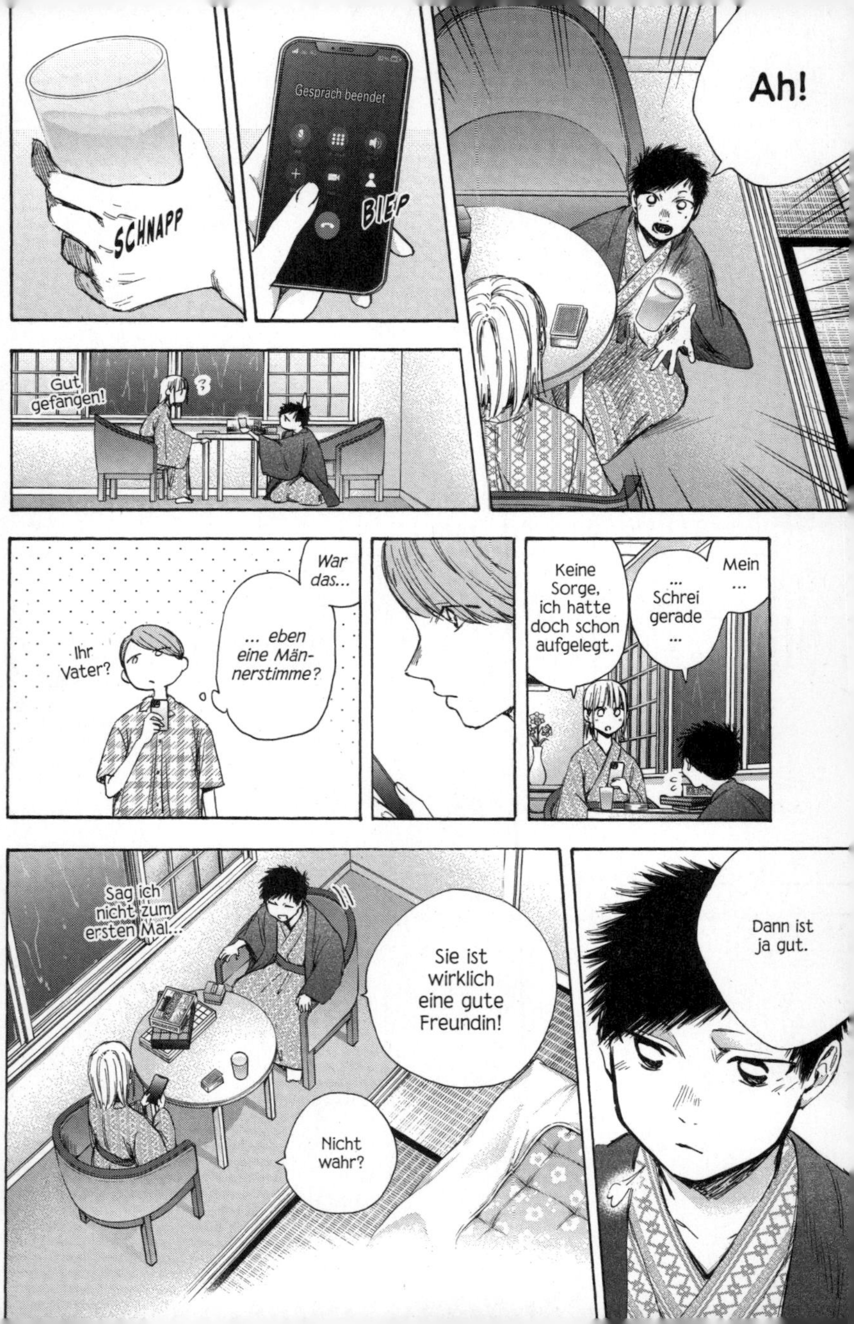
Ah!
Gesprach beendet
BIEP
SCHNAPP
Gut gefangen!
Mein ...
... Schrei gerade ...
Keine Sorge, ich hatte doch schon aufgelegt.
War das...
... eben eine Männerstimme?
Ihr Vater?
Dann ist ja gut.
Sie ist wirklich eine gute Freundin!
Nicht wahr?
Sag ich nicht zum ersten Mal...

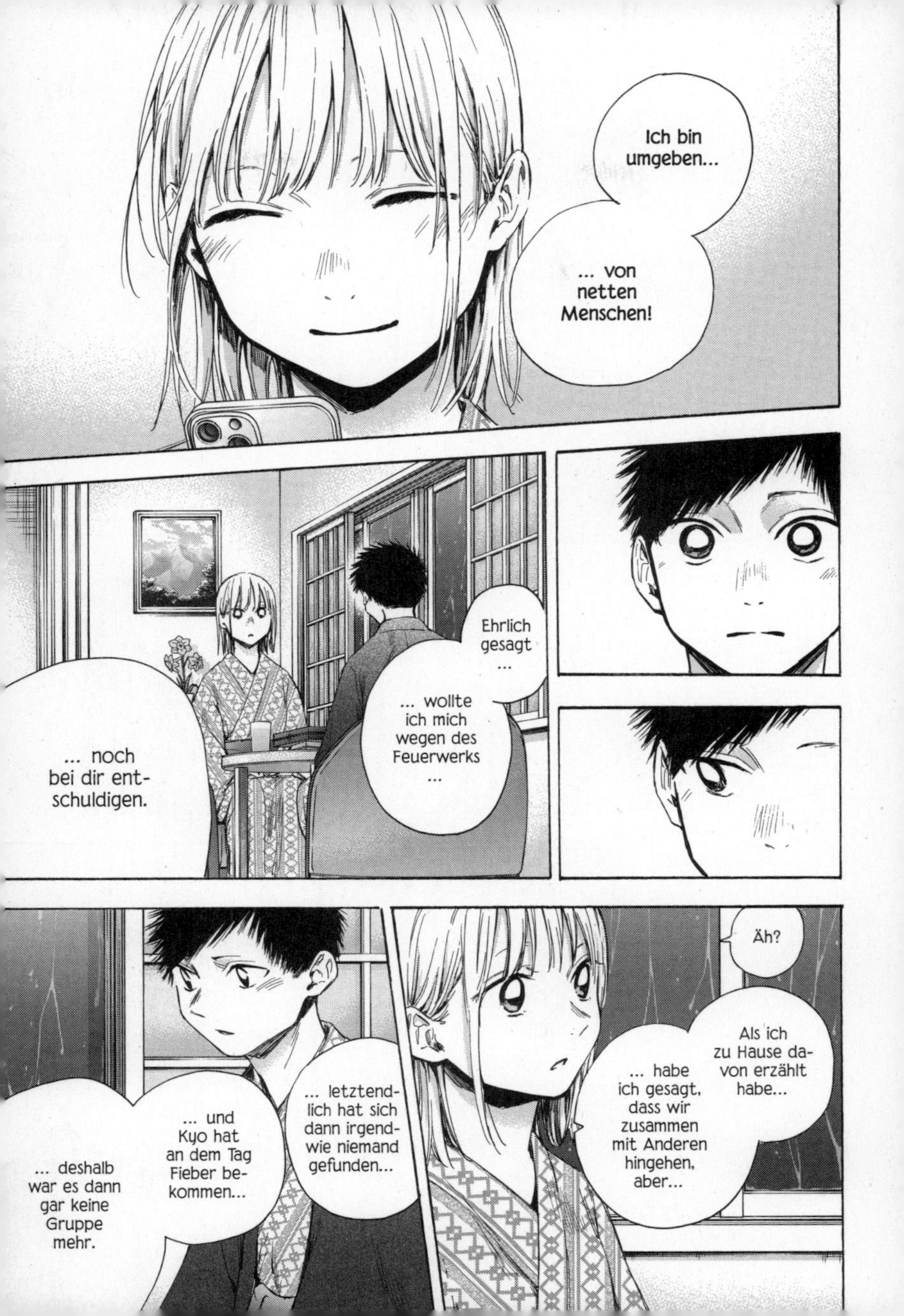
Ich bin umgeben...
... von netten Menschen!
Ehrlich gesagt ...
... wollte ich mich wegen des Feuerwerks ...
... noch bei dir entschuldigen.
Äh?
Als ich zu Hause davon erzählt habe...
... habe ich gesagt, dass wir zusammen mit Anderen hingehen, aber...
... letztendlich hat sich dann irgendwie niemand gefunden...
... und Kyo hat an dem Tag Fieber bekommen...
... deshalb war es dann gar keine Gruppe mehr.

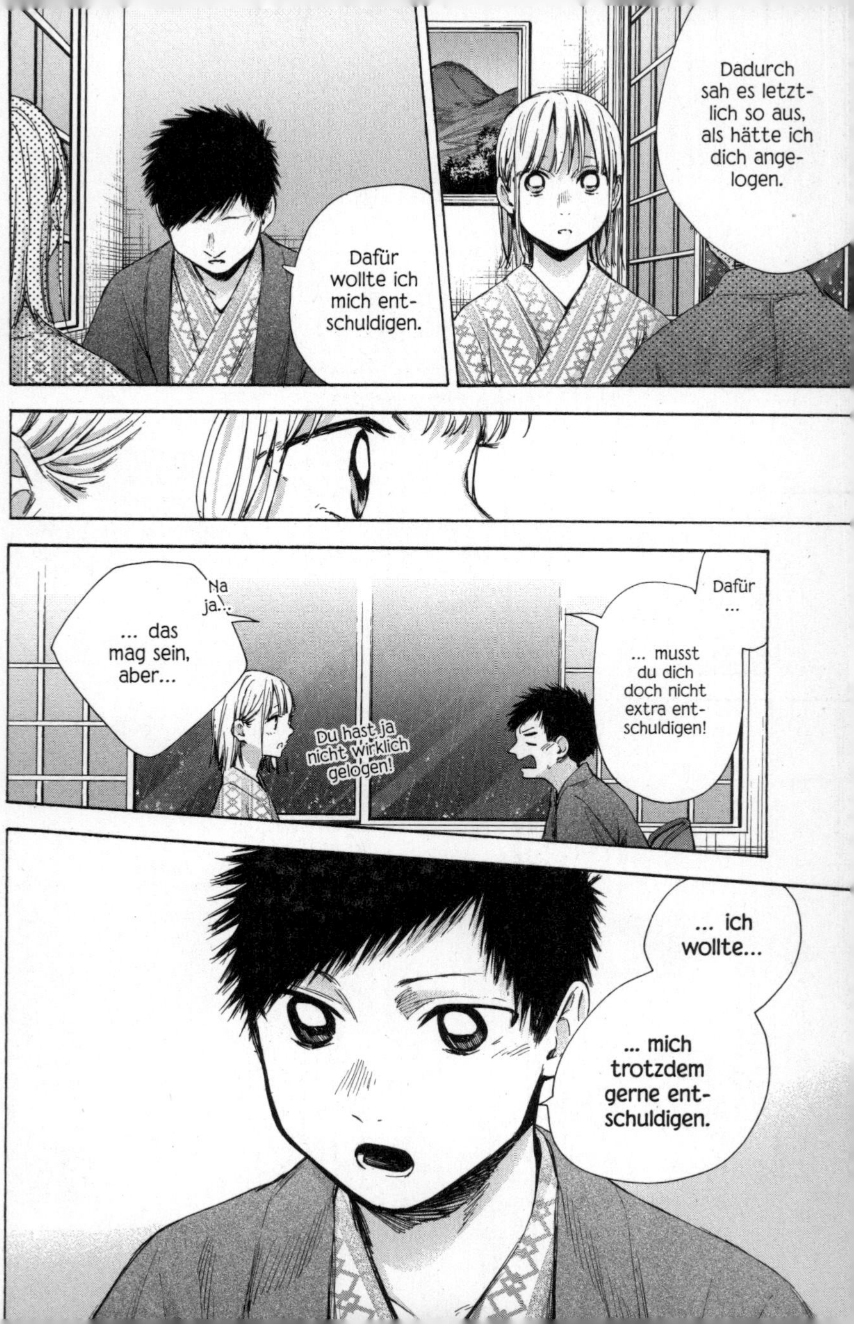
Dadurch sah es letztlich so aus, als hätte ich dich angelogen.
Dafür wollte ich mich entschuldigen.
Dafür ...
... musst du dich doch nicht extra entschuldigen!
Du hast ja nicht wirklich gelogen!
Na ja...
... das mag sein, aber...
... ich wollte...
... mich trotzdem gerne entschuldigen.

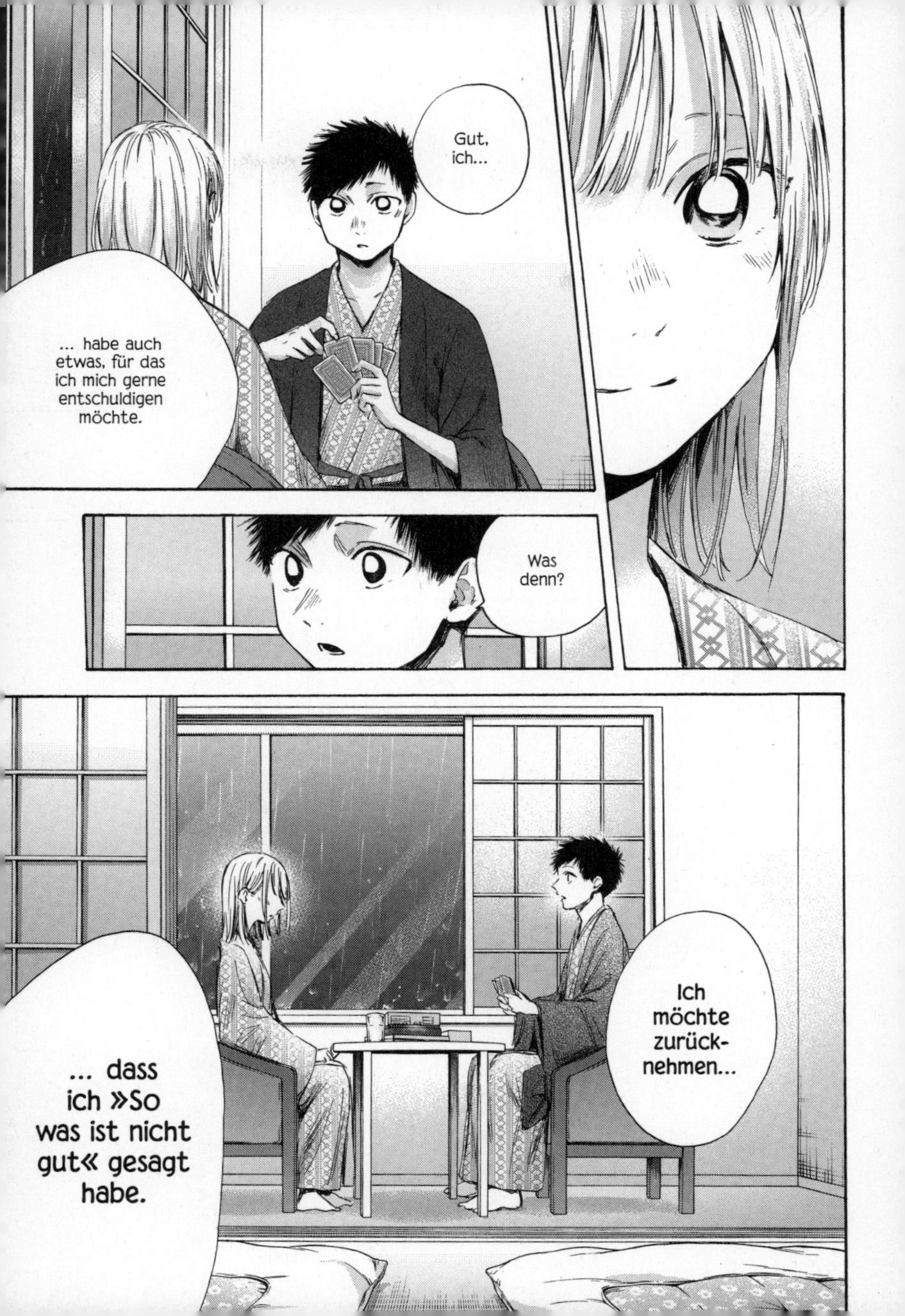
Gut, ich...
... habe auch etwas, für das ich mich gerne entschuldigen möchte.
Was denn?
Ich möchte zurücknehmen...
... dass ich »So was ist nicht gut« gesagt habe.

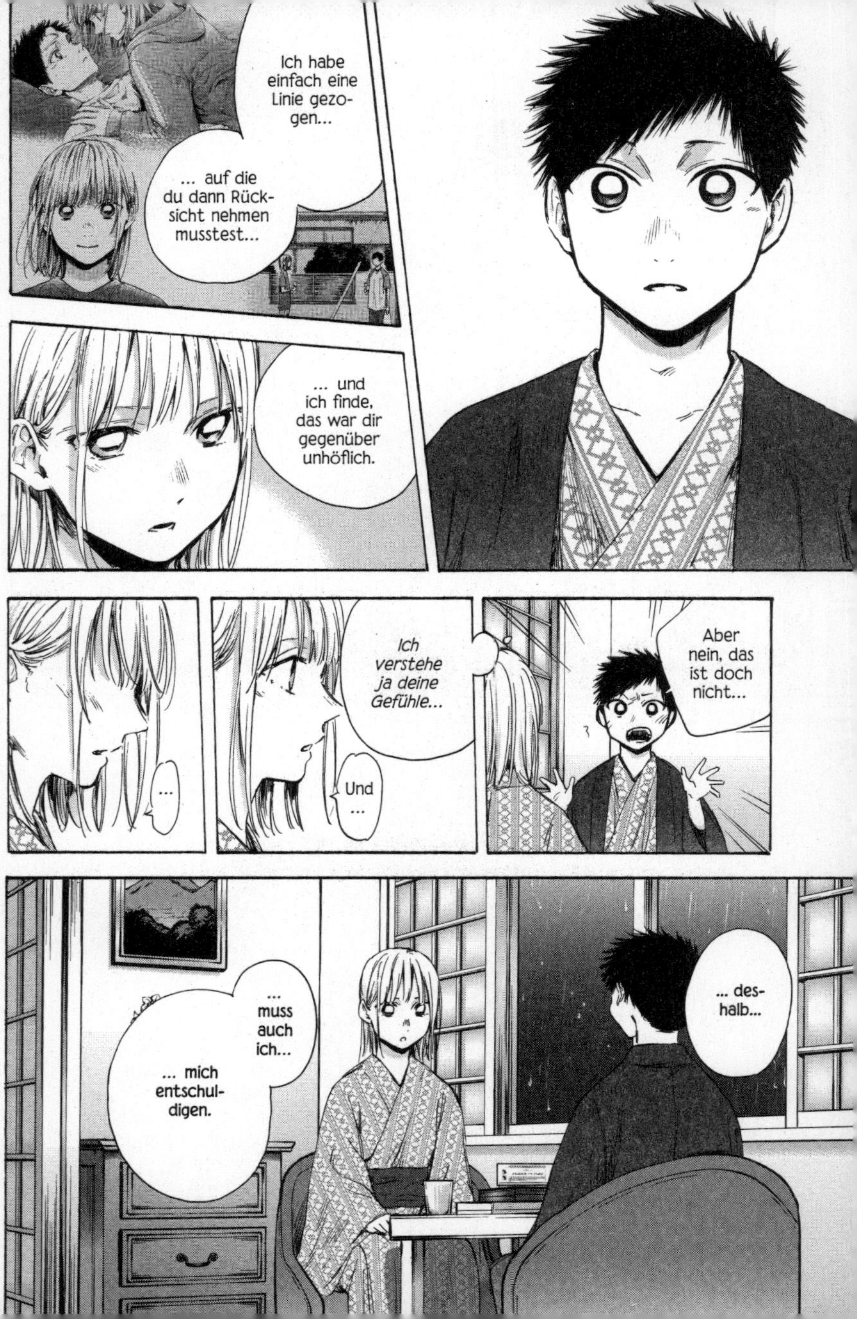

Ich habe einfach eine Linie gezogen...
... auf die du dann Rücksicht nehmen musstest...
... und ich finde, das war dir gegenüber unhöflich.
Aber nein, das ist doch nicht...
Ich verstehe ja deine Gefühle...
Und ...
...
... deshalb...
... muss auch ich...
... mich entschuldigen.

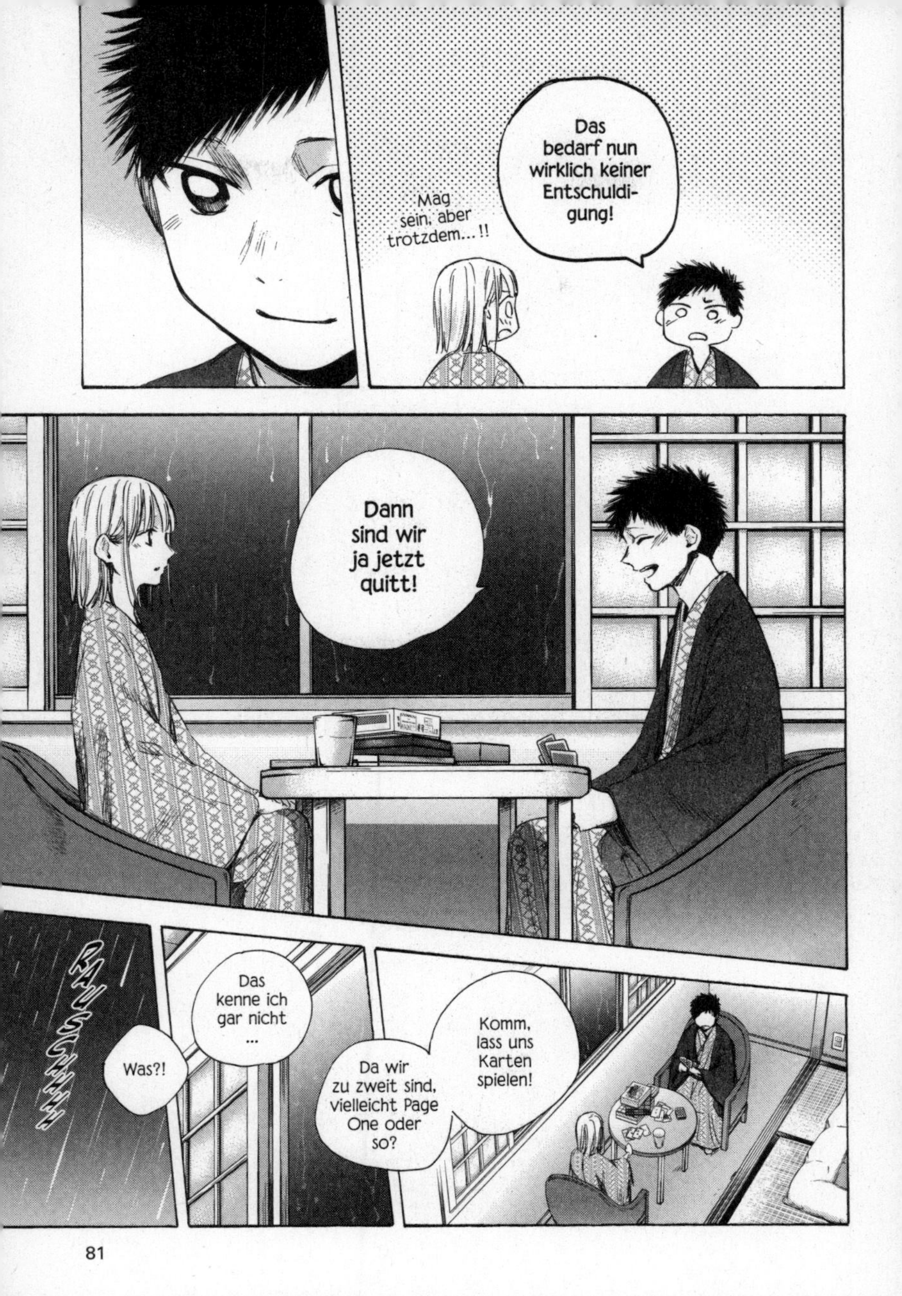
Das bedarf nun wirklich keiner Entschuldigung!
Mag sein, aber trotzdem...!!
Dann sind wir ja jetzt quitt!
Komm, lass uns Karten spielen!
Da wir zu zweit sind, vielleicht Page One oder so?
Das kenne ich gar nicht ...
Was?!
RAUSCHHHH

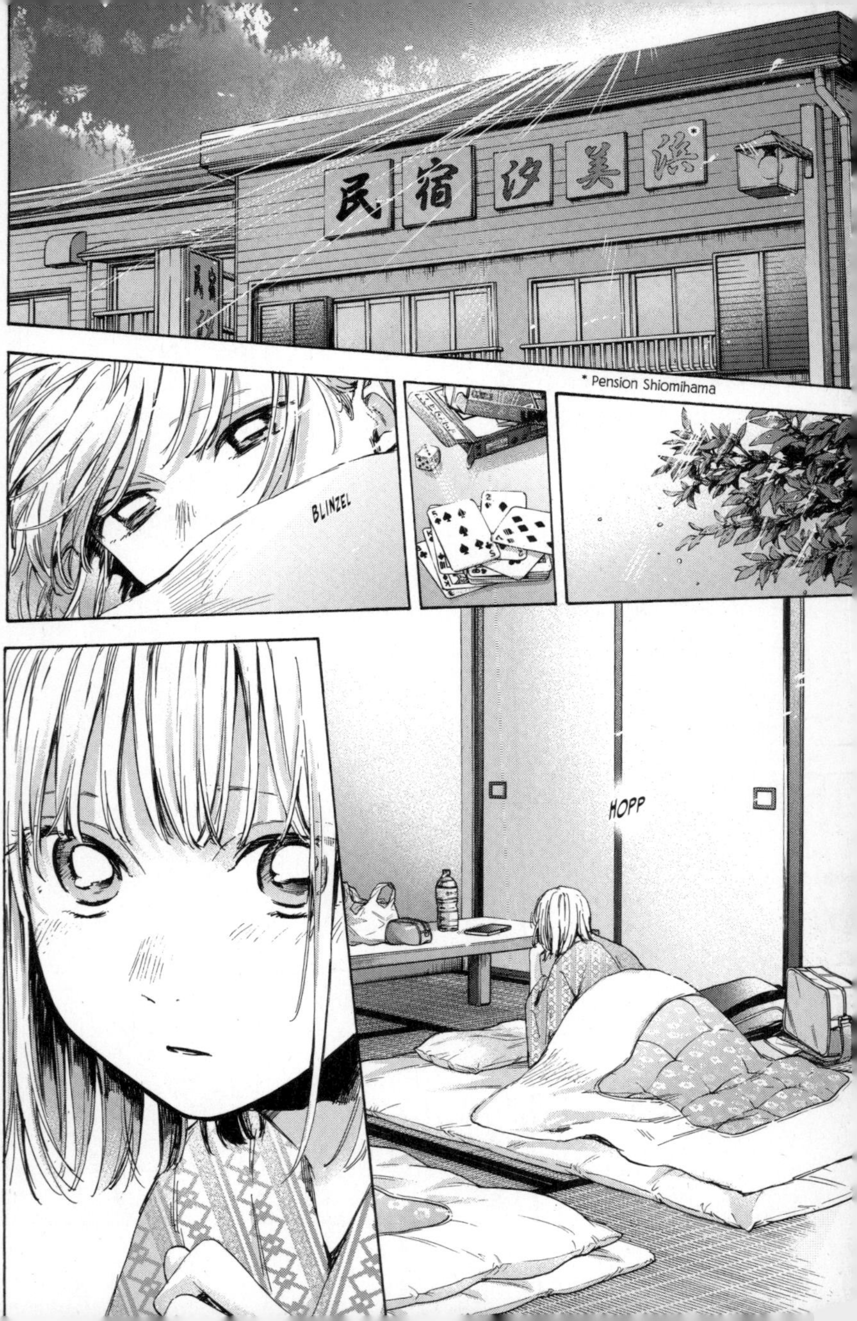
民宿汐美浜*
* Pension Shiomihama
BLINZEL
HOPP

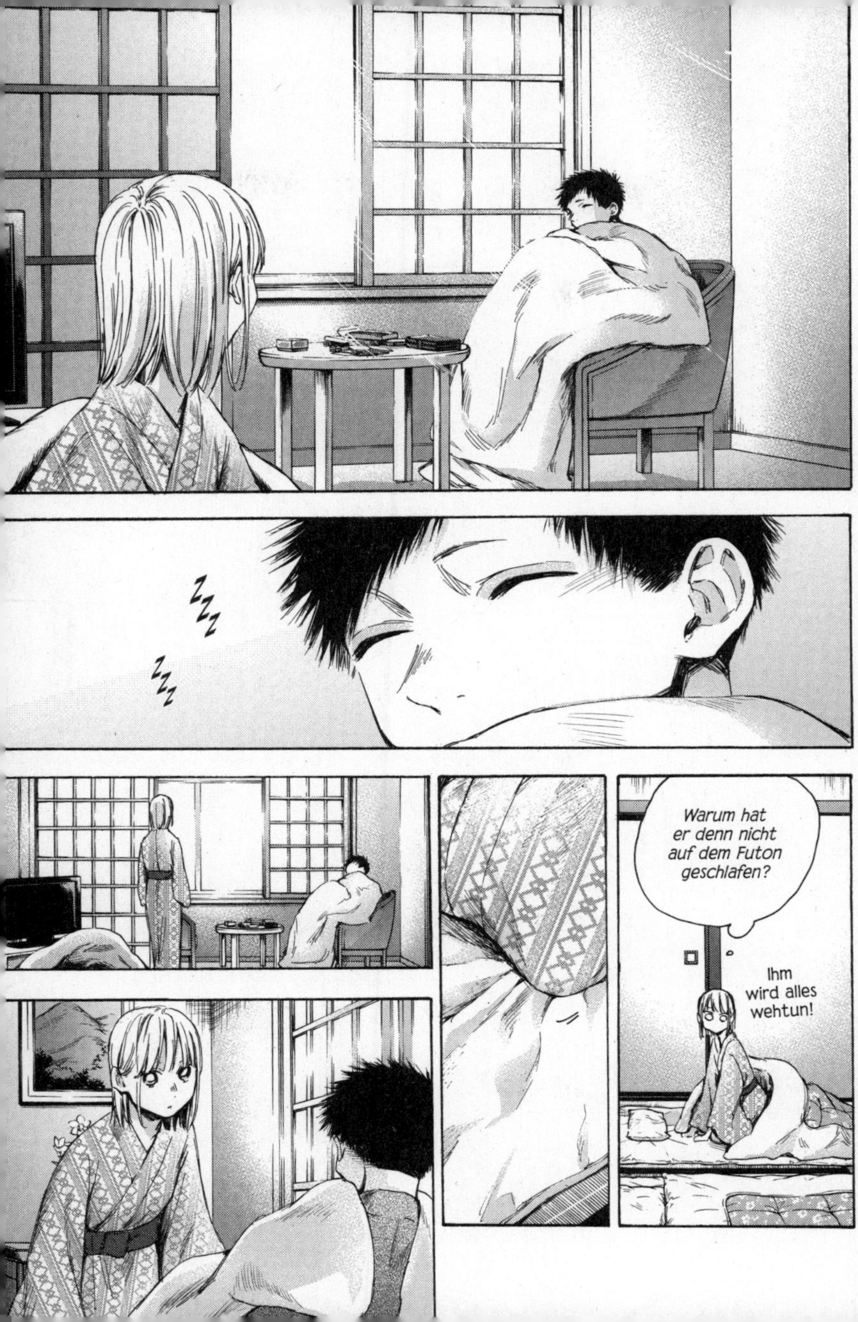

ZZZ
ZZZ
Warum hat er denn nicht auf dem Futon geschlafen?
Ihm wird alles wehtun!

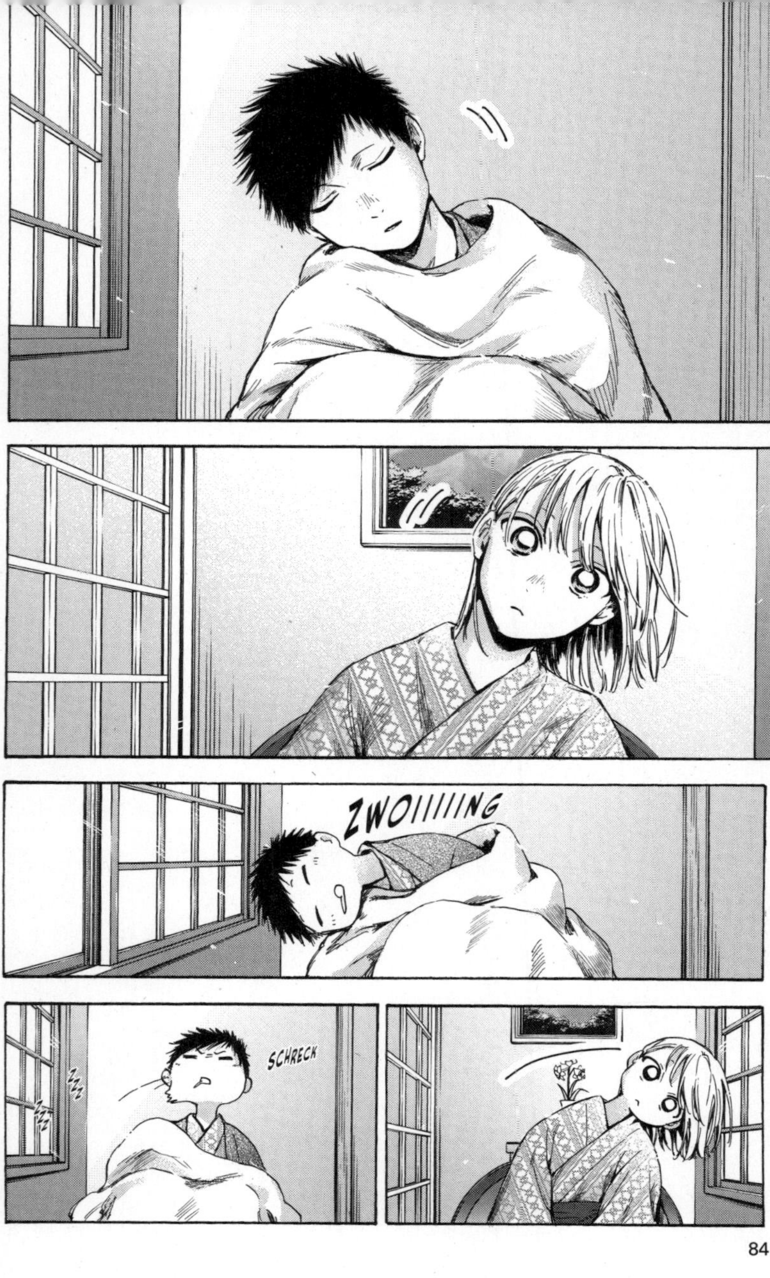
ZWOIIIIING
SCHRECK
ZZZ
ZZZ

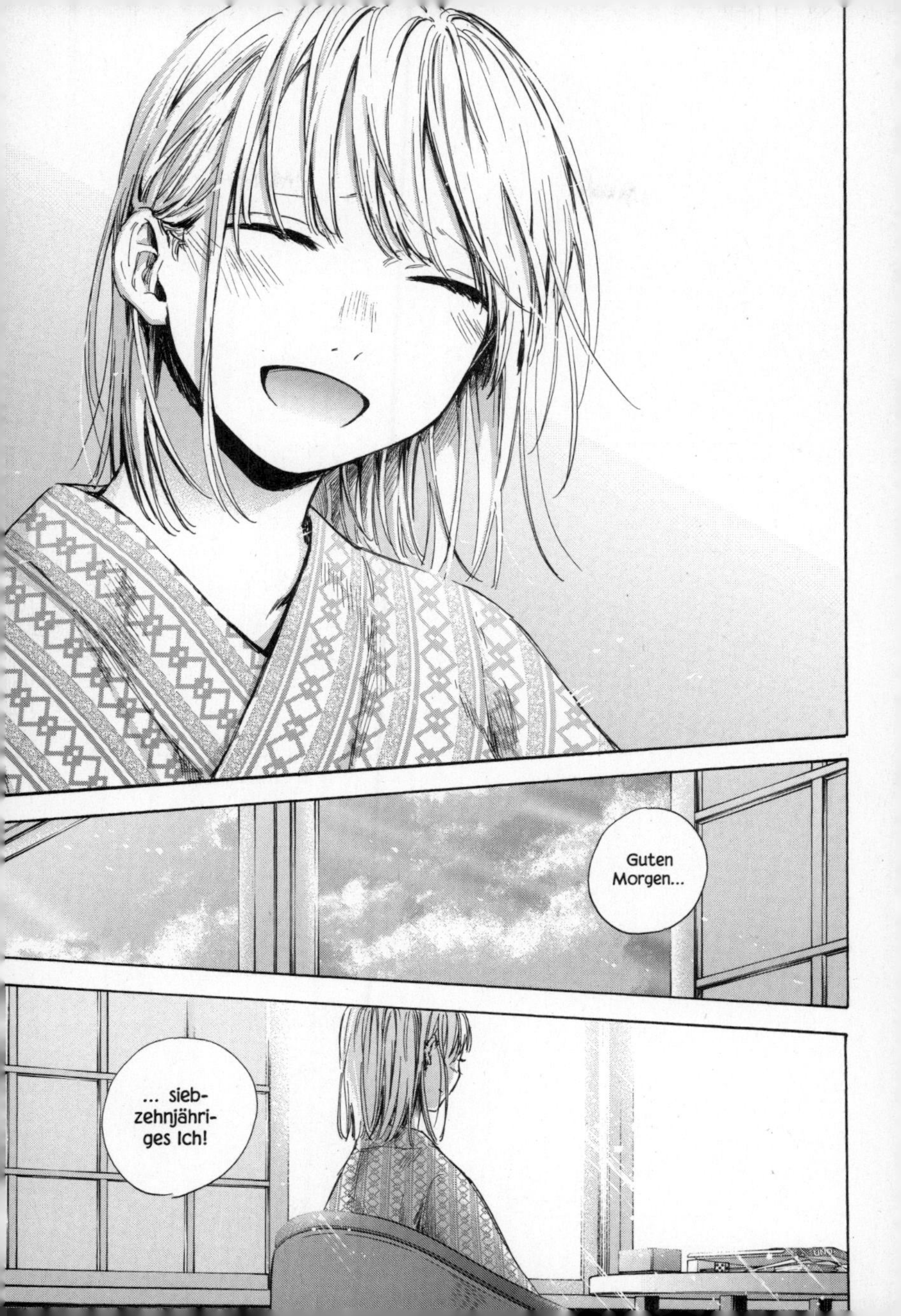

Guten Morgen...
... sieb-zehnjähri-ges Ich!

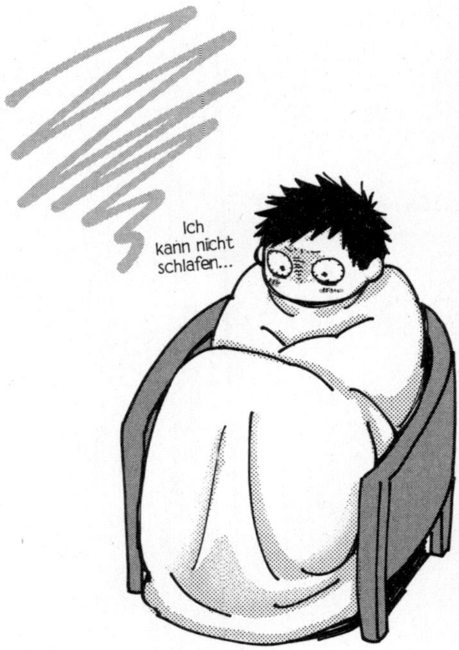
Ich kann nicht schlafen...

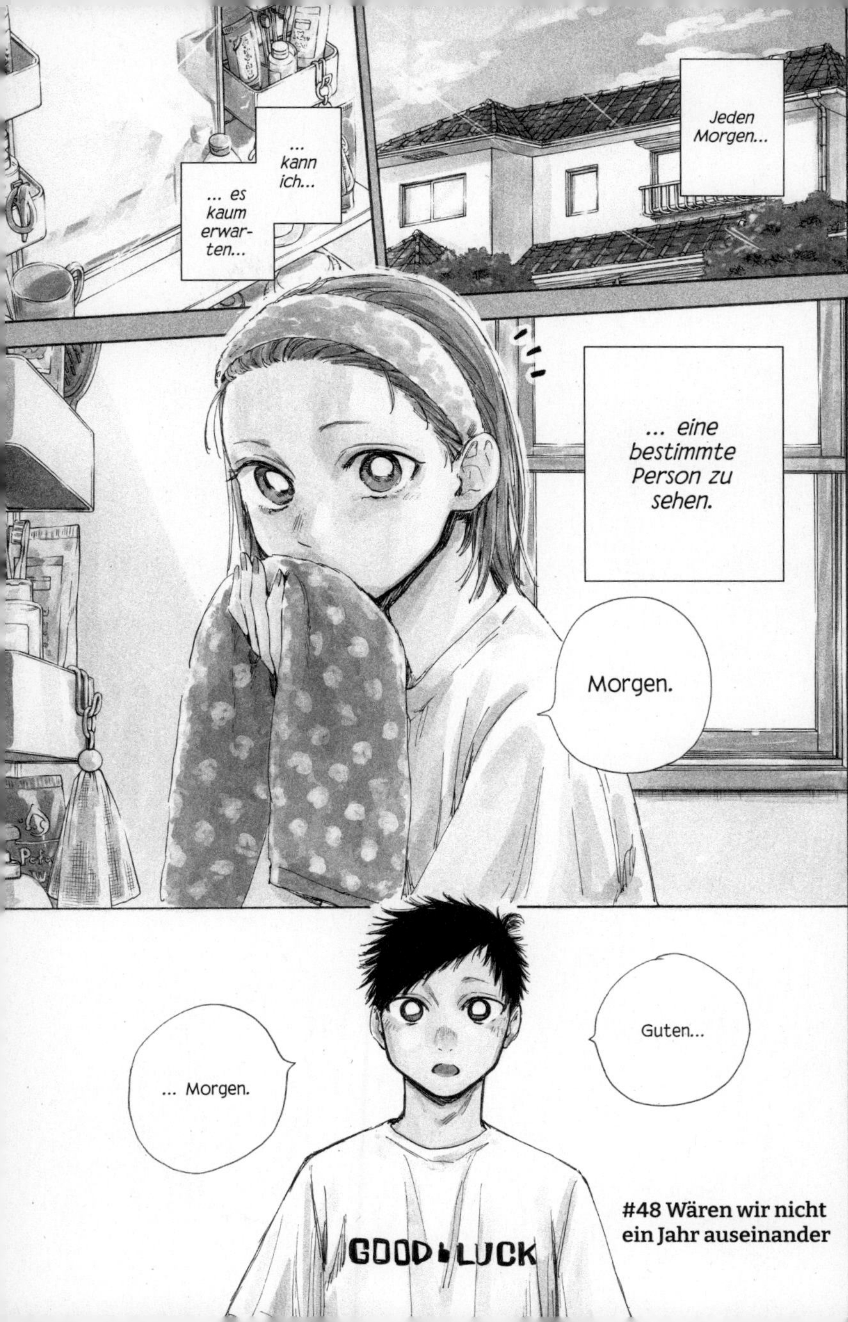

#48 Wären wir nicht ein Jahr auseinander

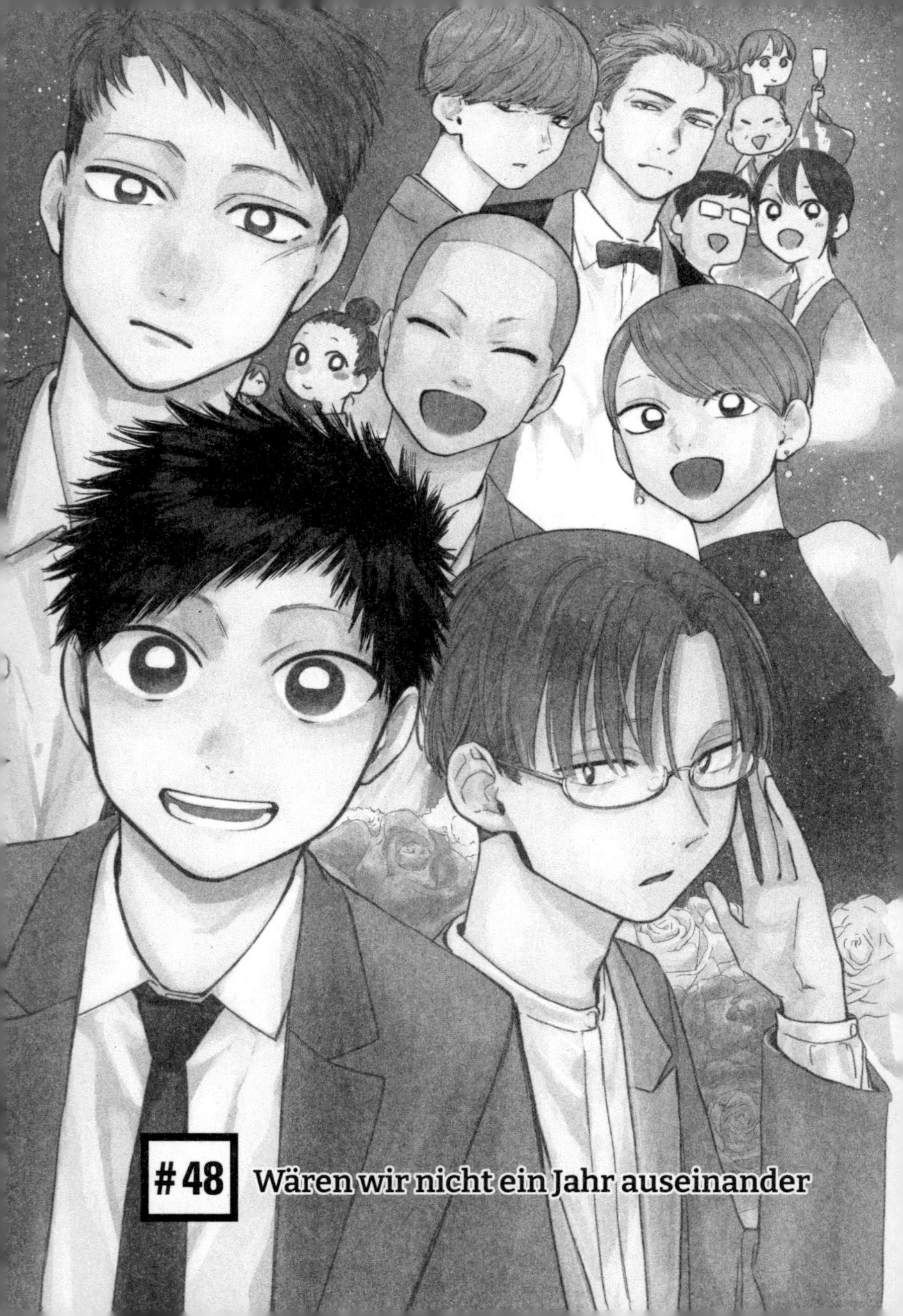
#48
Wären wir nicht ein Jahr auseinander

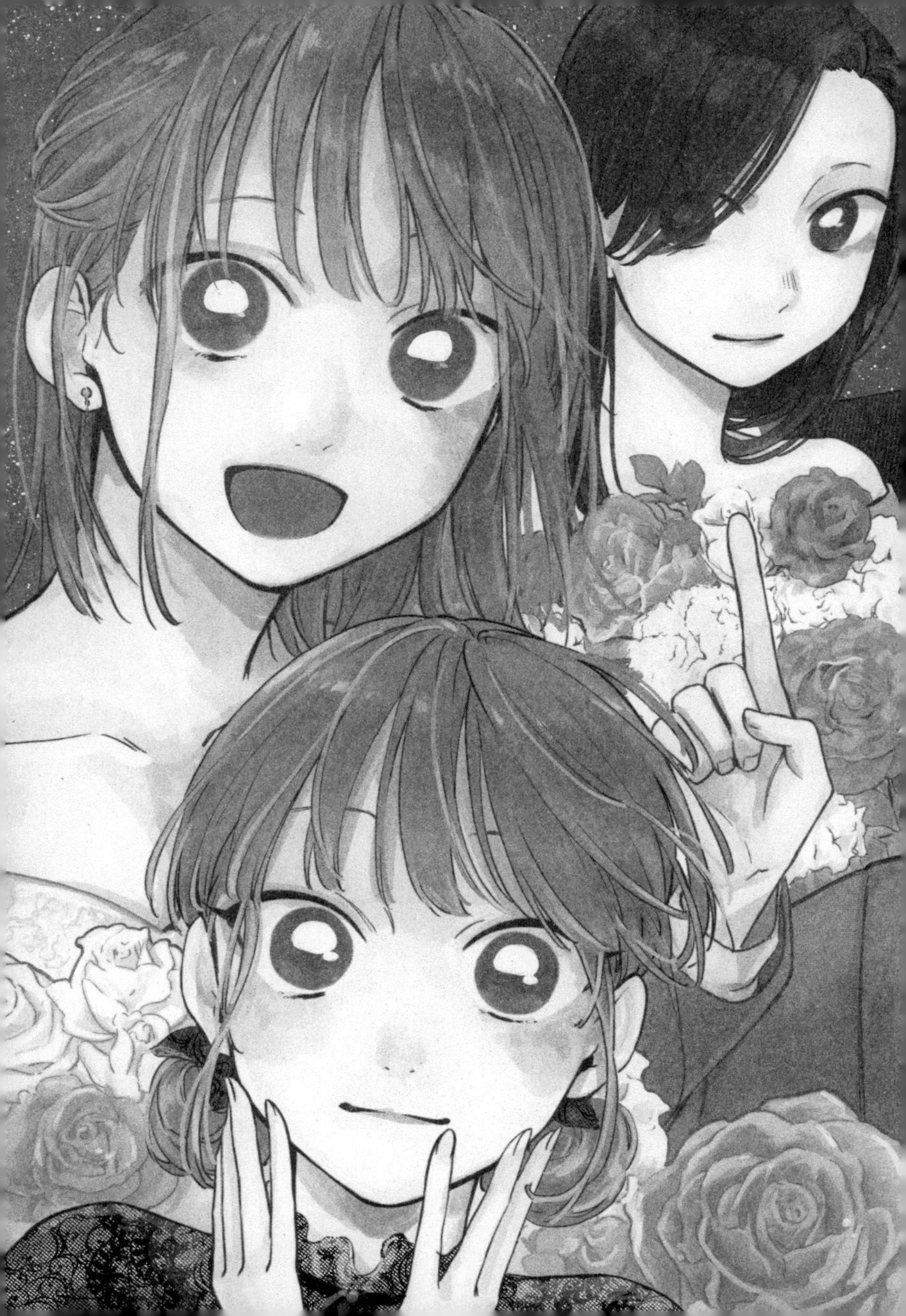

Bei Kapitel 48 war
diese Serie genau ein Jahr alt!

Obwohl ich so einen Manga zeichne, fällt es mir selbst unfassbar schwer, das Wort »lieben« auszusprechen... (auch außerhalb von Beziehungen).

Manga zeichnen ist die eine Sache, von der ich mit Überzeugung sagen kann: »Ich liebe es.«

Deshalb bin ich unheimlich glücklich darüber, dass mich so viele Menschen unterstützen und ich diesen Manga weiter fortsetzen kann.

Zwei Jahre... drei Jahre... Ich weiß nicht, wie lange er noch weitergehen wird, aber bitte bleibt »Blue Box« auch in Zukunft gewogen!

Kouji Miura

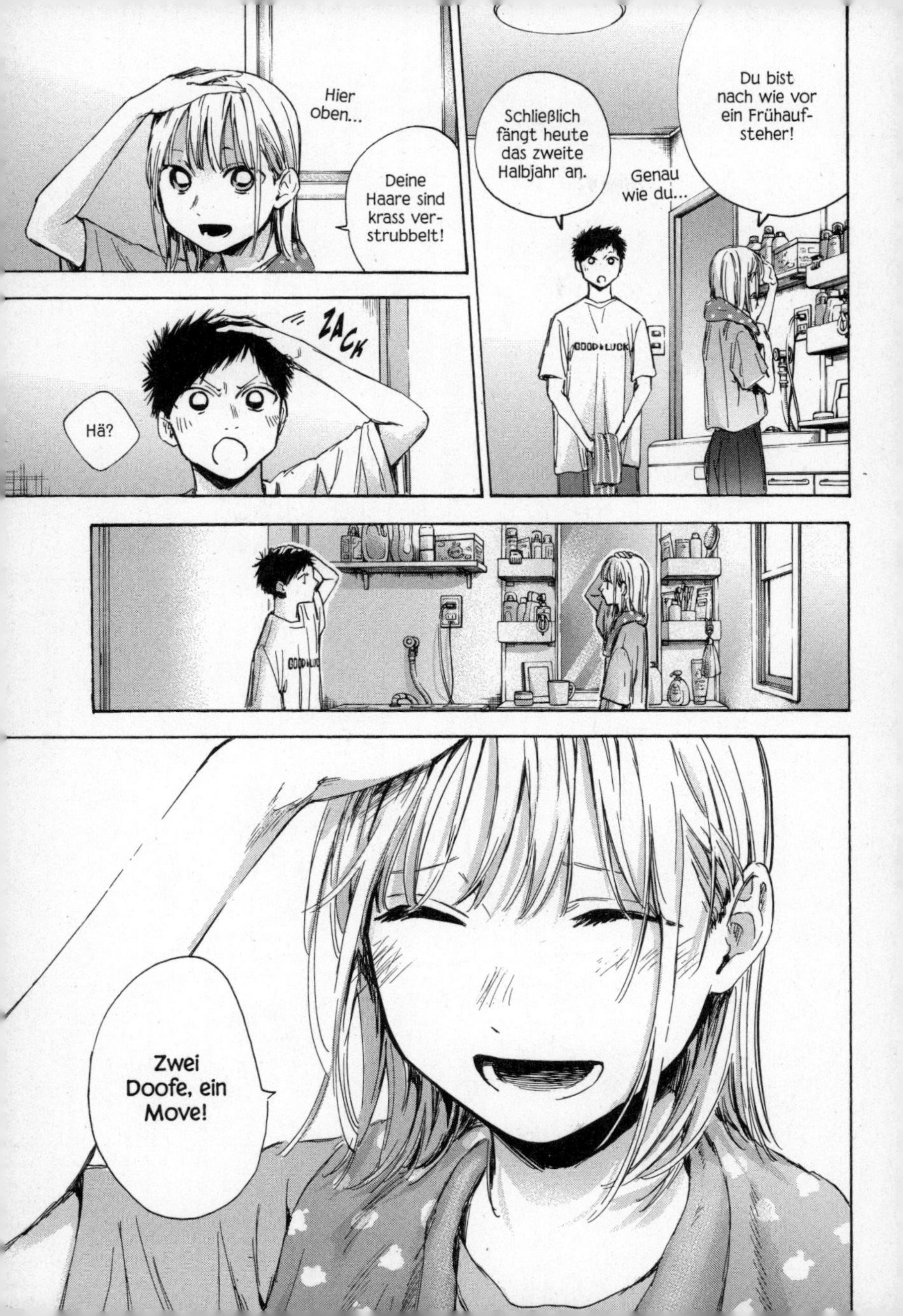
Du bist nach wie vor ein Frühauf-steher!
Genau wie du...
Schließlich fängt heute das zweite Halbjahr an.
Deine Haare sind krass ver-strubbelt!
Hier oben...
ZACK
Hä?
Zwei Doofe, ein Move!

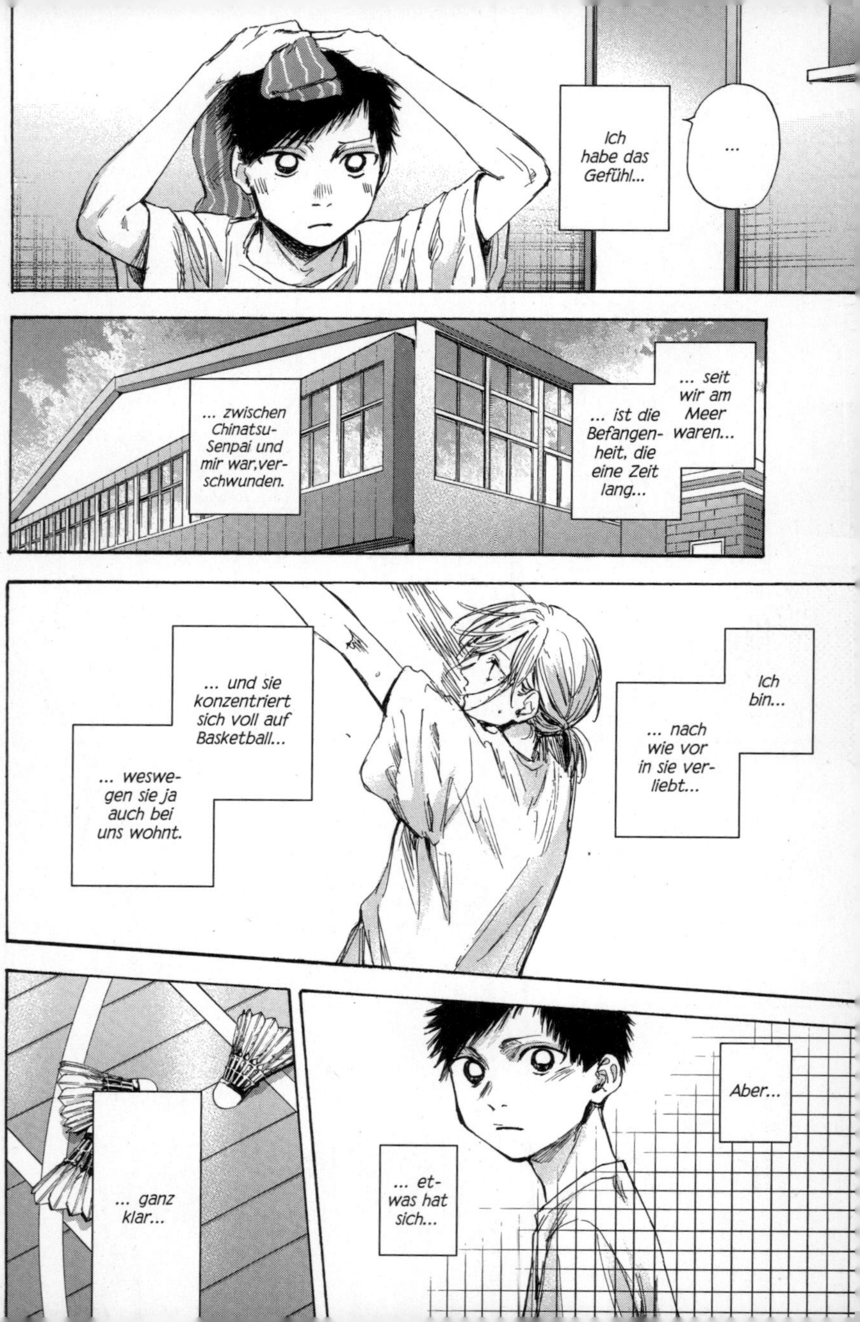
...
Ich habe das Gefühl...
... seit wir am Meer waren...
... ist die Befangenheit, die eine Zeit lang...
... zwischen Chinatsu-Senpai und mir war,verschwunden.
Ich bin...
... nach wie vor in sie verliebt...
... und sie konzentriert sich voll auf Basketball...
... weswegen sie ja auch bei uns wohnt.
Aber...
... etwas hat sich...
... ganz klar...

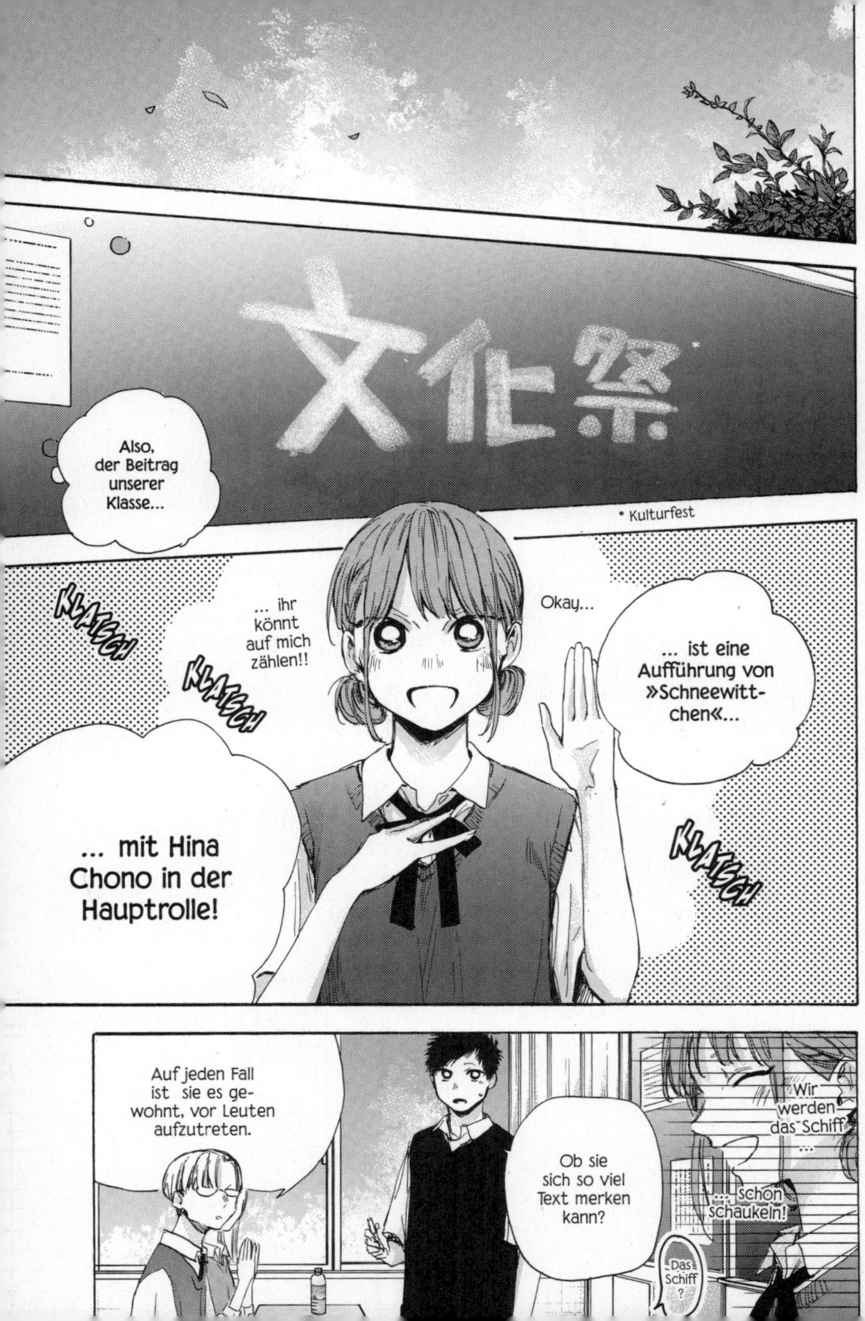
文化祭*
Also, der Beitrag unserer Klasse...
* Kulturfest
... ist eine Aufführung von »Schneewittchen«...
... mit Hina Chono in der Hauptrolle!
KLATSCH
KLATSCH
KLATSCH
Okay...
... ihr könnt auf mich zählen!!
Wir werden das Schiff ...
... schon schaukeln!
Das Schiff?
Ob sie sich so viel Text merken kann?
Auf jeden Fall ist sie es gewohnt, vor Leuten aufzutreten.

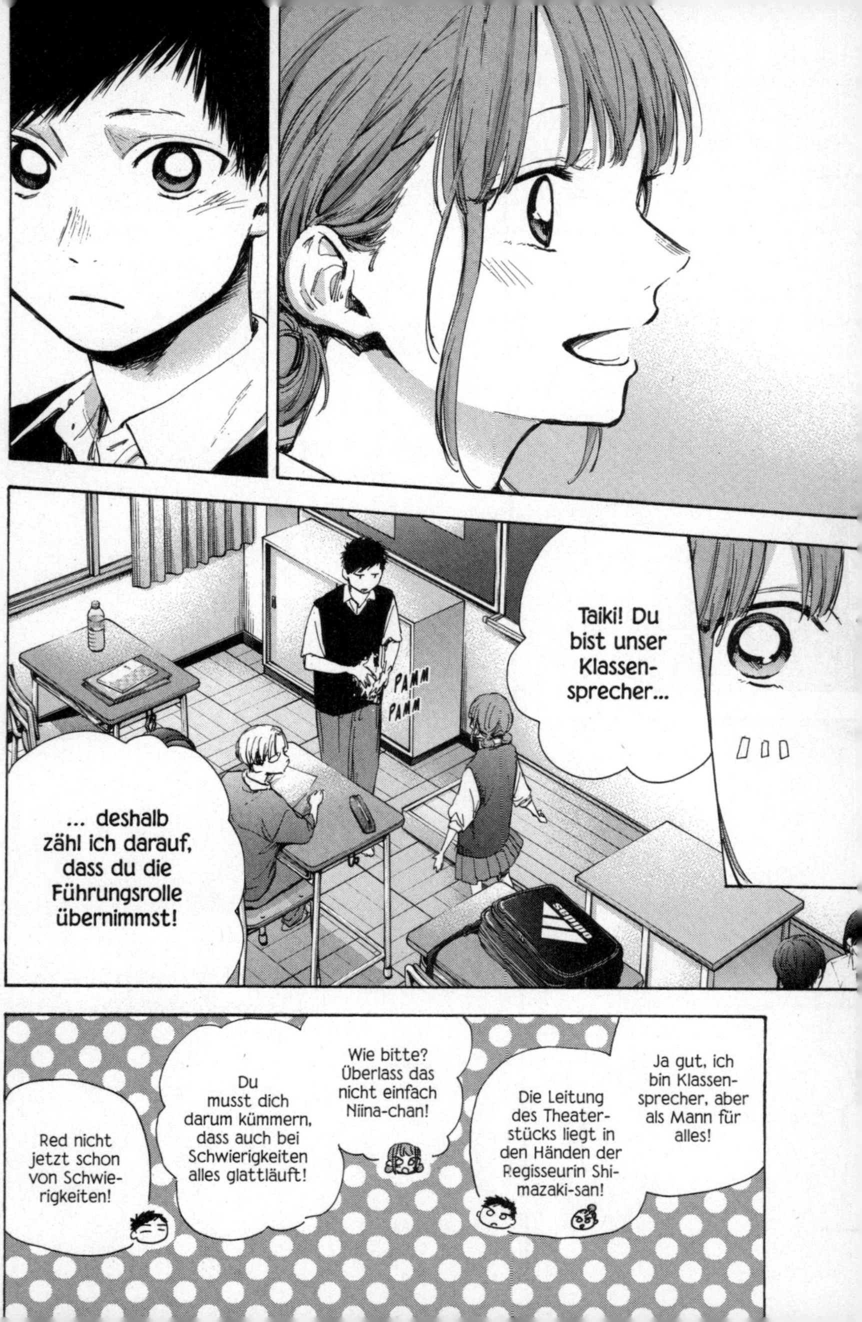
Taiki! Du bist unser Klassensprecher...
PAMM PAMM
... deshalb zähl ich darauf, dass du die Führungsrolle übernimmst!
Ja gut, ich bin Klassensprecher, aber als Mann für alles!
Die Leitung des Theaterstücks liegt in den Händen der Regisseurin Shimazaki-san!
Wie bitte? Überlass das nicht einfach Niina-chan!
Du musst dich darum kümmern, dass auch bei Schwierigkeiten alles glattläuft!
Red nicht jetzt schon von Schwierigkeiten!

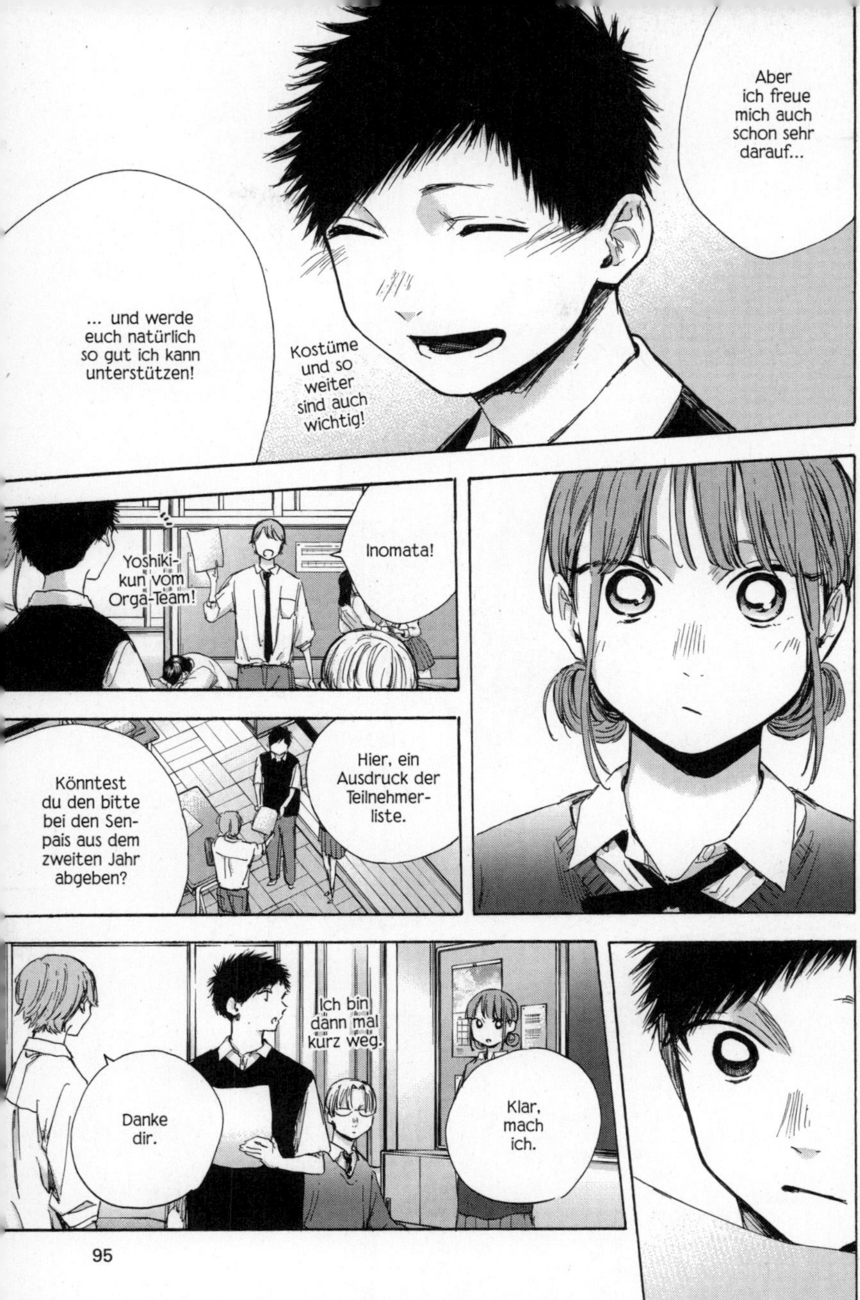
Aber ich freue mich auch schon sehr darauf...
Kostüme und so weiter sind auch wichtig!
... und werde euch natürlich so gut ich kann unterstützen!
Inomata!
Yoshiki-kun vom Orga-Team!
Hier, ein Ausdruck der Teilnehmerliste.
Könntest du den bitte bei den Senpais aus dem zweiten Jahr abgeben?
Klar, mach ich.
Ich bin dann mal kurz weg.
Danke dir.

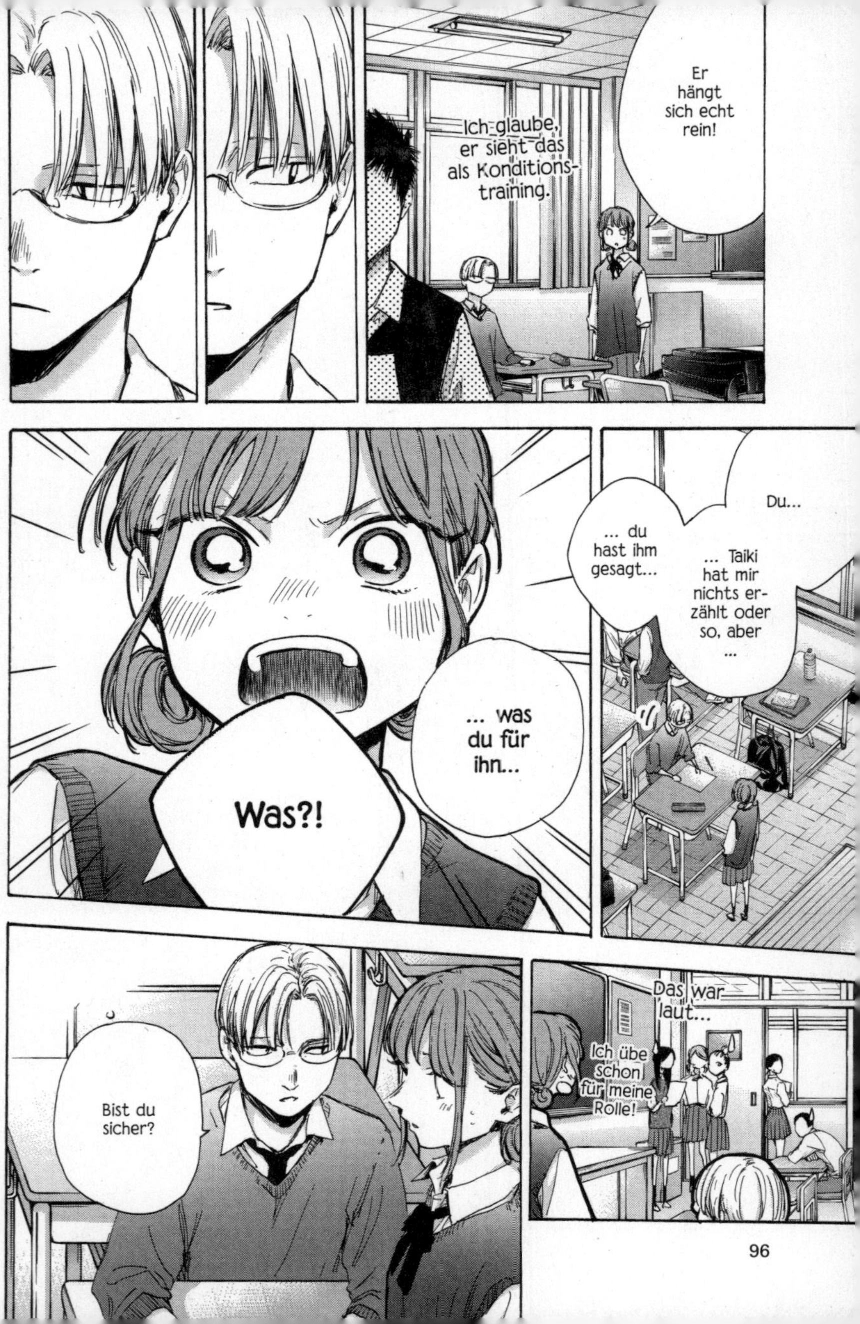
Er hängt sich echt rein!
Ich glaube, er sieht das als Konditions-training.
Du...
... Taiki hat mir nichts er-zählt oder so, aber ...
... du hast ihm gesagt...
... was du für ihn...
Was?!
Das war laut...
Ich übe schon für meine Rolle!
Bist du sicher?

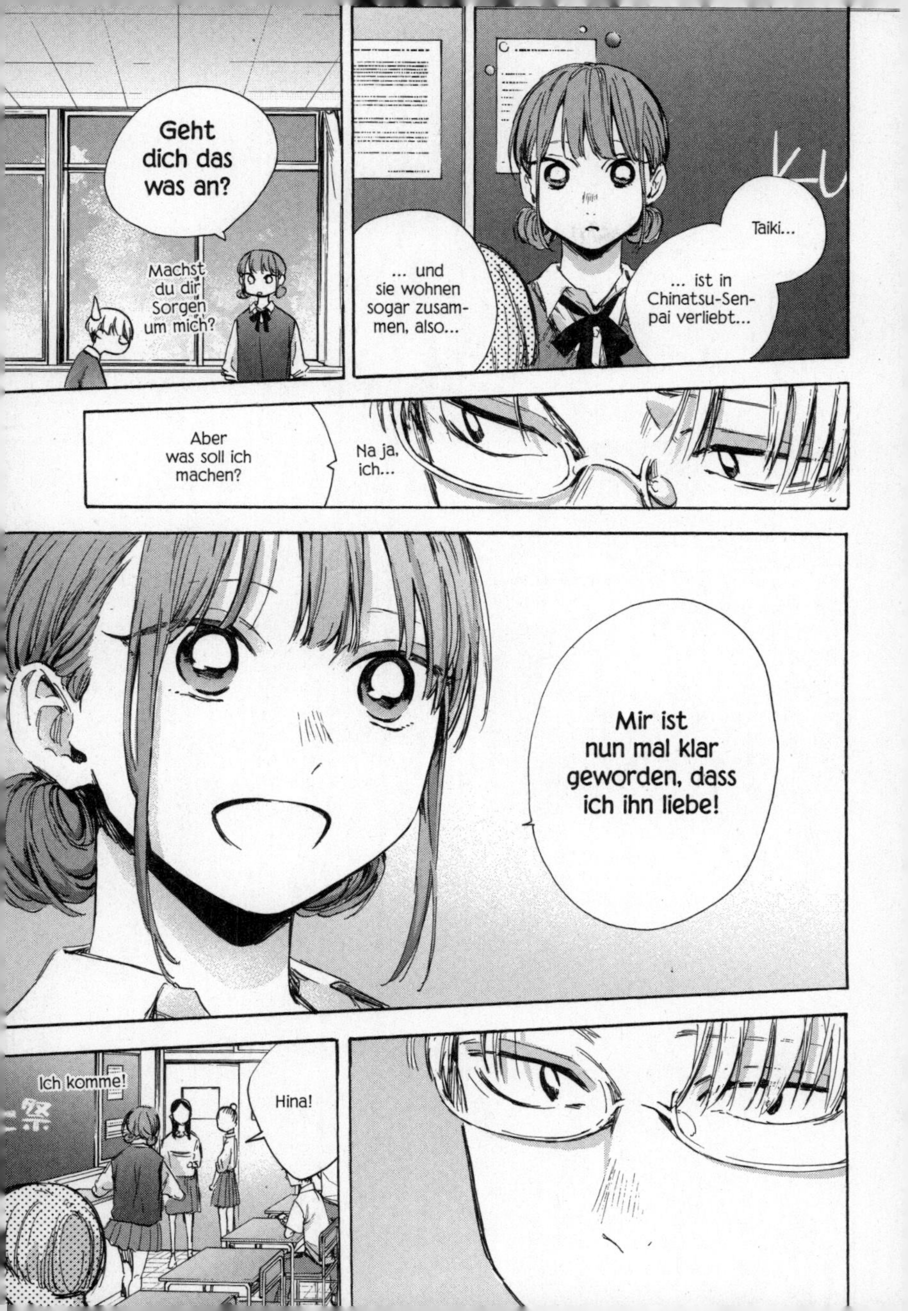
Taiki...
... ist in Chinatsu-Senpai verliebt...
... und sie wohnen sogar zusammen, also...
Geht dich das was an?
Machst du dir Sorgen um mich?
Na ja, ich...
Aber was soll ich machen?
Mir ist nun mal klar geworden, dass ich ihn liebe!
Hina!
Ich komme!

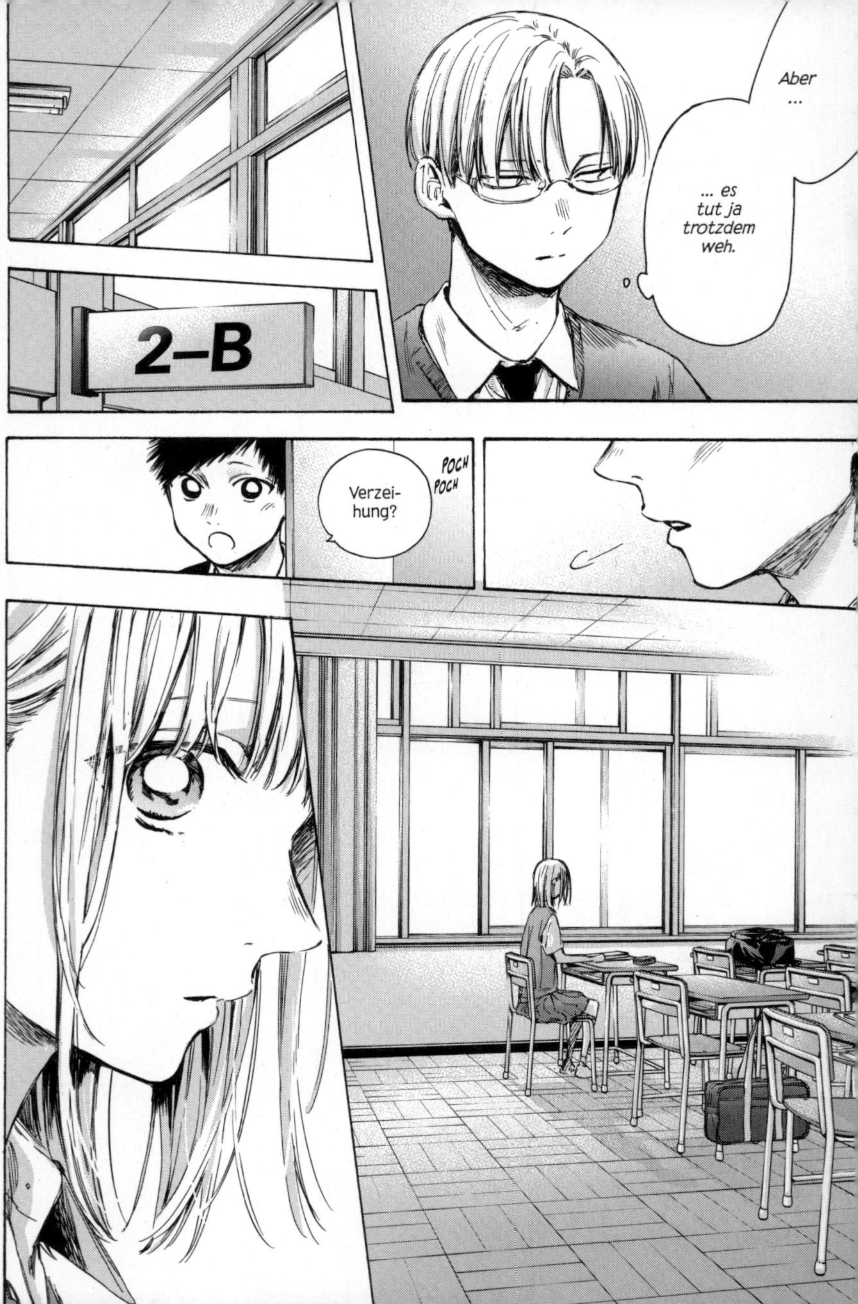

Aber ...
... es tut ja trotzdem weh.
2–B
POCH POCH
Verzei-hung?

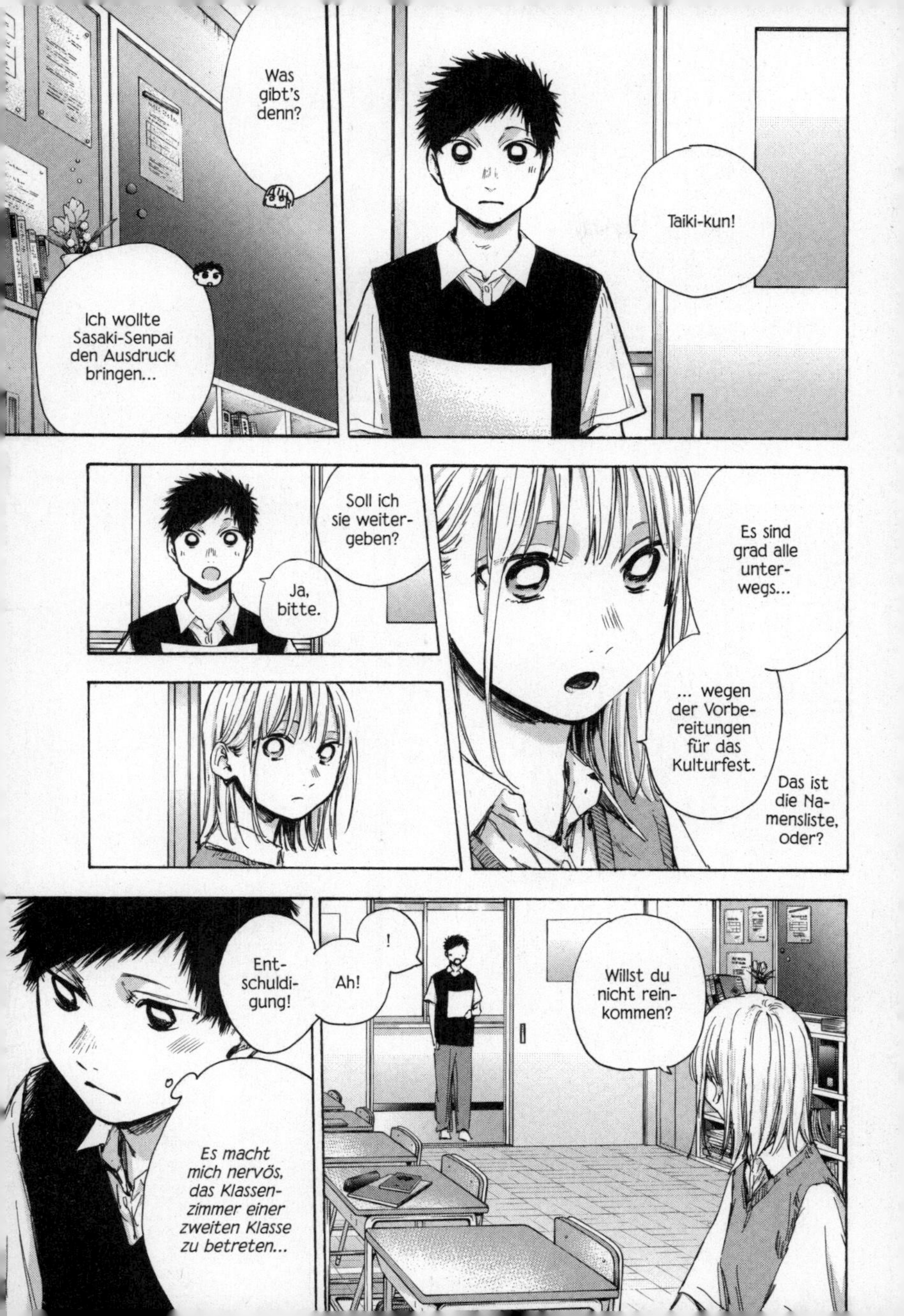
Taiki-kun!
Was gibt's denn?
Ich wollte Sasaki-Senpai den Ausdruck bringen...
Es sind grad alle unterwegs...
... wegen der Vorbereitungen für das Kulturfest.
Das ist die Namensliste, oder?
Soll ich sie weitergeben?
Ja, bitte.
Willst du nicht reinkommen?
!
Ah!
Entschuldigung!
Es macht mich nervös, das Klassenzimmer einer zweiten Klasse zu betreten...

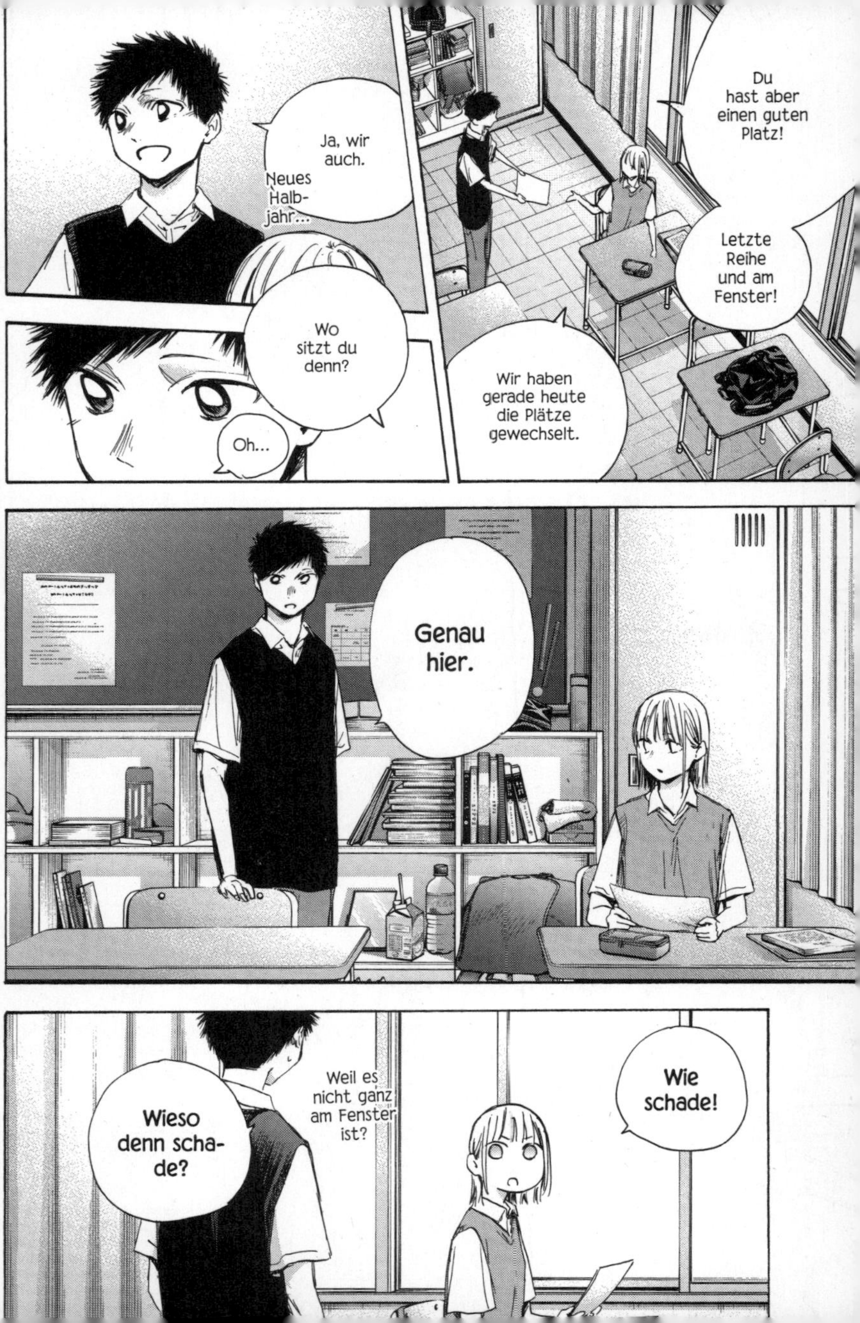

Du hast aber einen guten Platz!
Letzte Reihe und am Fenster!
Wir haben gerade heute die Plätze gewechselt.
Ja, wir auch.
Neues Halbjahr...
Wo sitzt du denn?
Oh...
Genau hier.
Wie schade!
Weil es nicht ganz am Fenster ist?
Wieso denn schade?

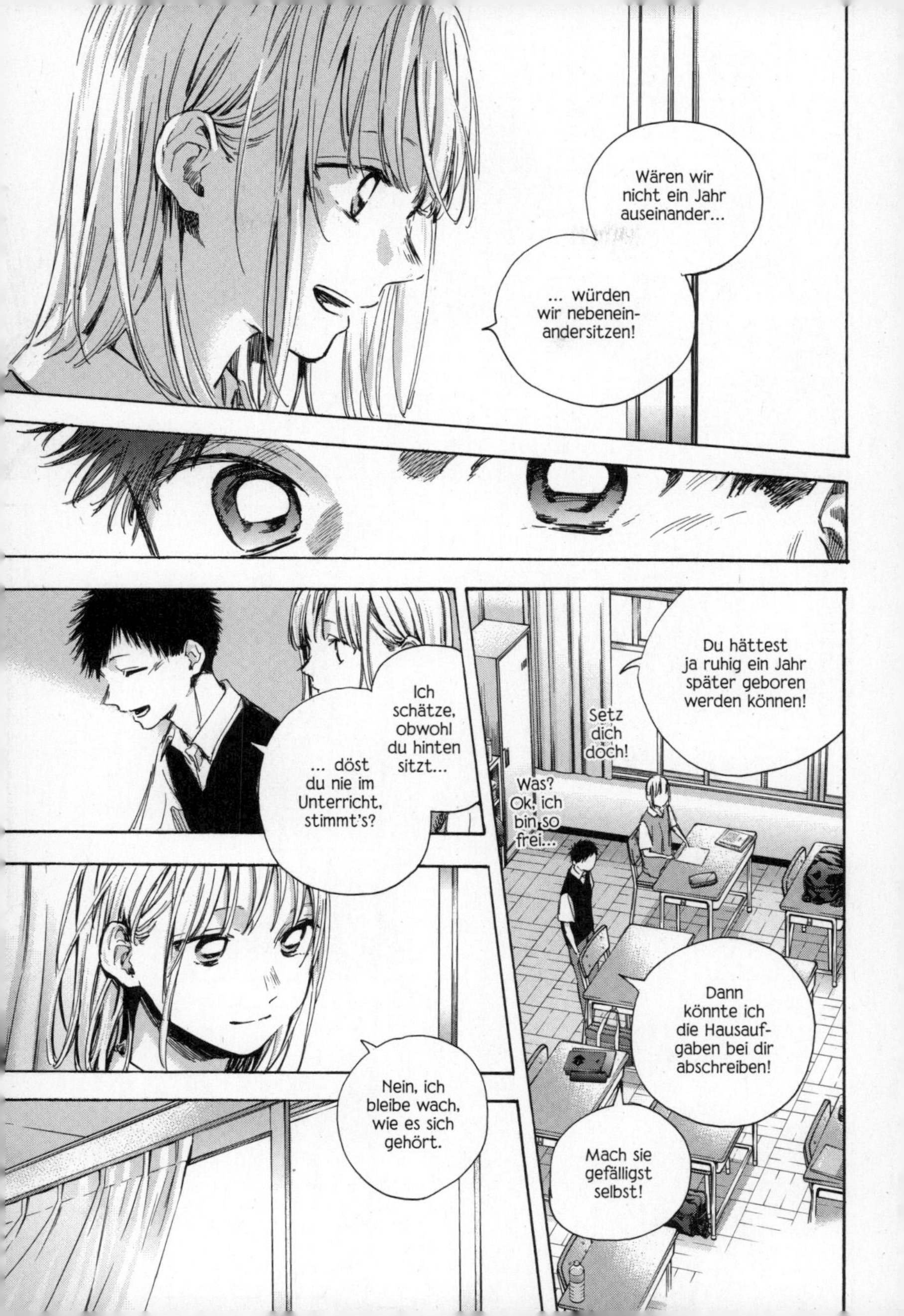
Wären wir nicht ein Jahr auseinander...
... würden wir nebeneinandersitzen!
Du hättest ja ruhig ein Jahr später geboren werden können!
Setz dich doch!
Was? Ok, ich bin so frei...
Dann könnte ich die Hausaufgaben bei dir abschreiben!
Mach sie gefälligst selbst!
Ich schätze, obwohl du hinten sitzt...
... döst du nie im Unterricht, stimmt's?
Nein, ich bleibe wach, wie es sich gehört.

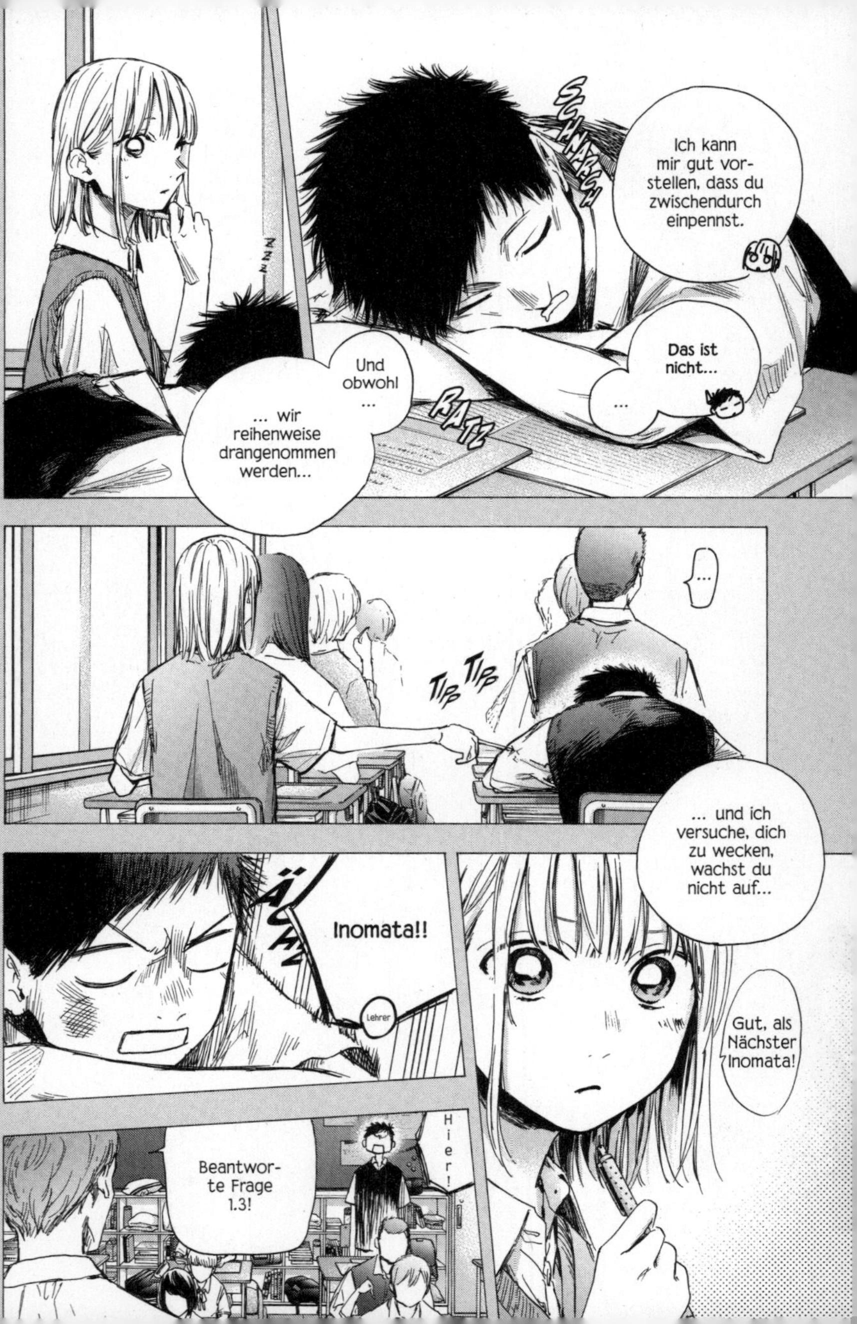
SCHNARCH
Ich kann mir gut vorstellen, dass du zwischendurch einpennst.
Das ist nicht... ...
RATZ
Und obwohl ... ... wir reihenweise drangenommen werden...
...
TIPP TIPP
... und ich versuche, dich zu wecken, wachst du nicht auf...
Gut, als Nächster Inomata!
Lehrer
Inomata!!
ÄCHZ
Hier!
Beantworte Frage 1.3!

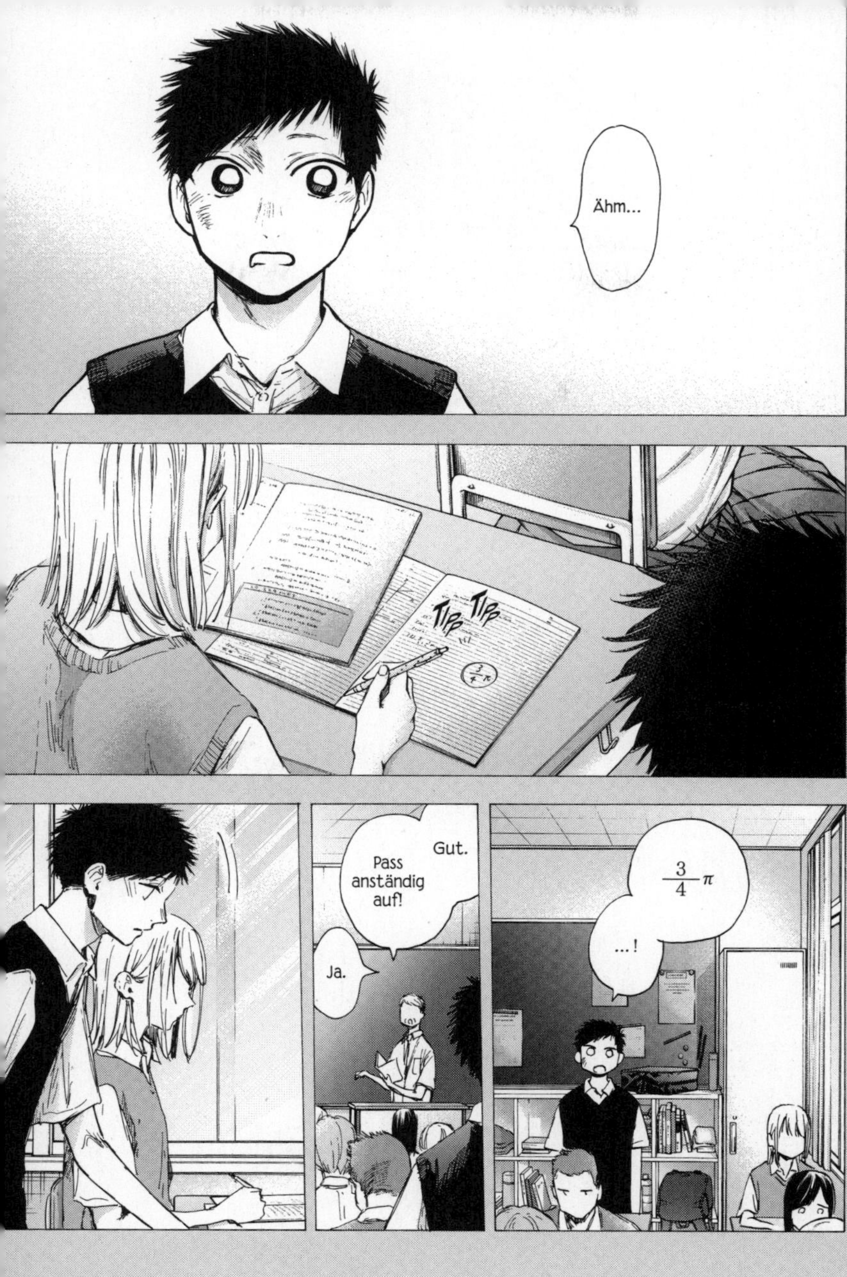

Ähm...
TIPP TIPP
$\frac{3}{4}\pi$
$\frac{3}{4}\pi$
...!
Gut.
Pass anständig auf!
Ja.

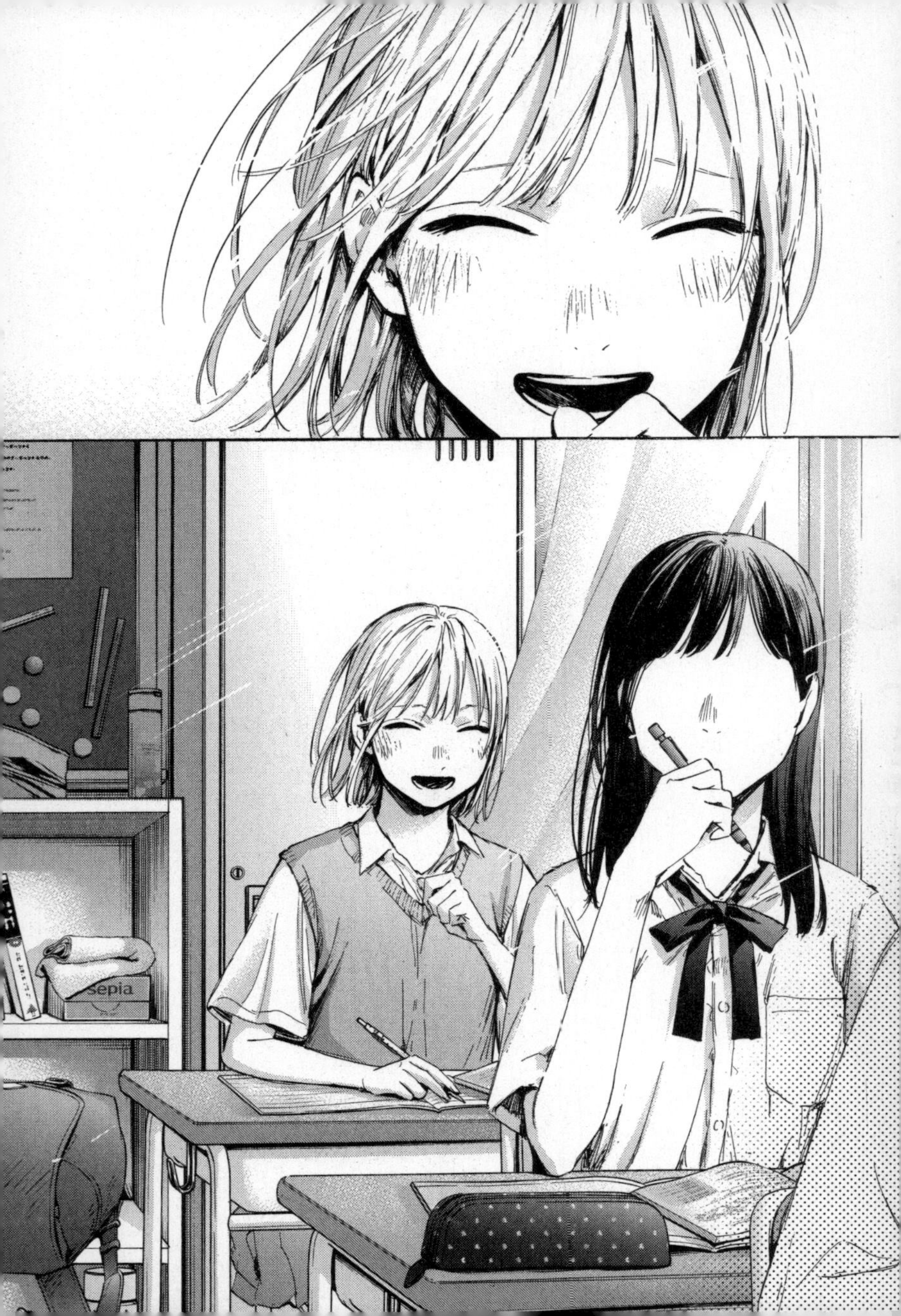
Sepia

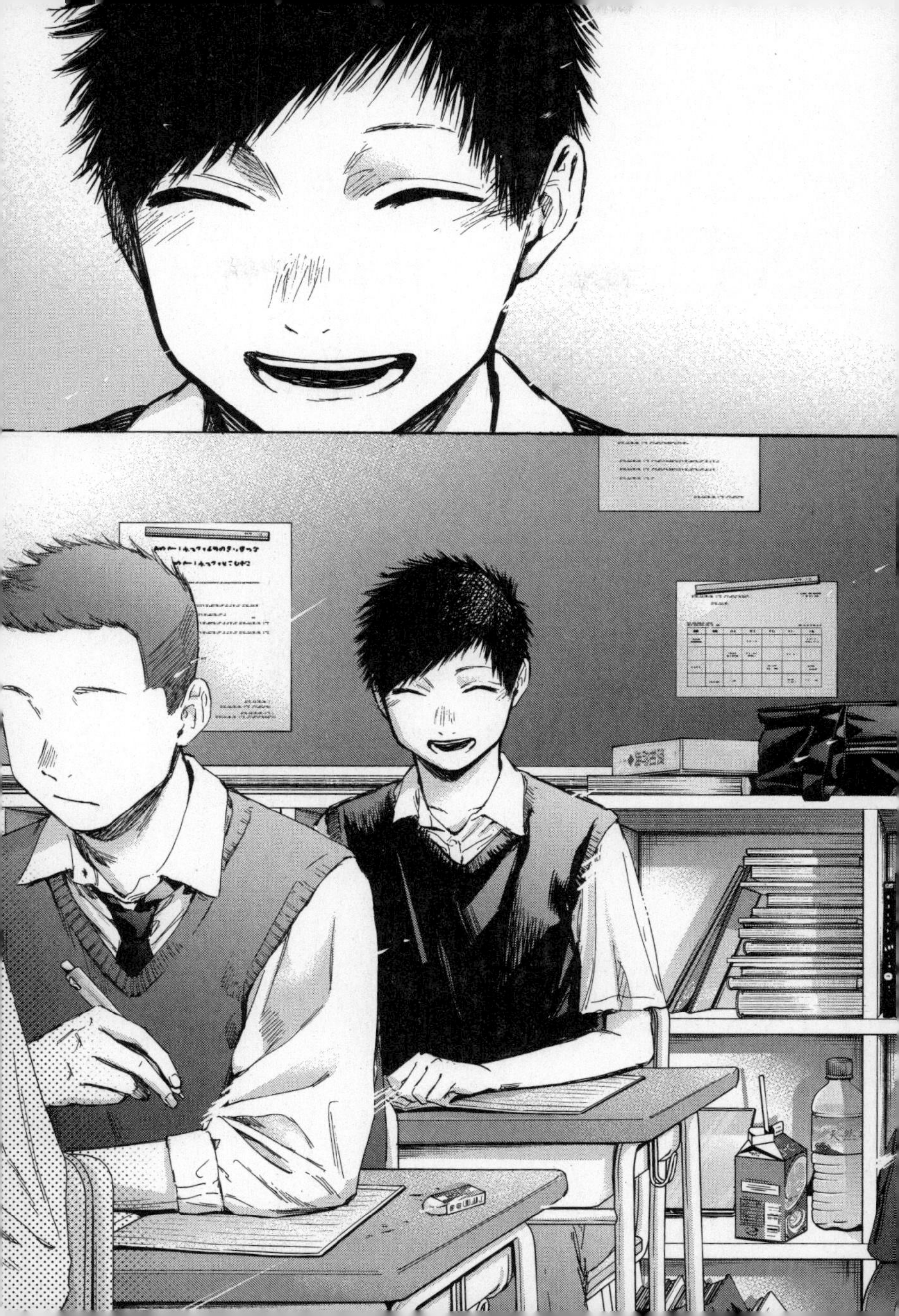

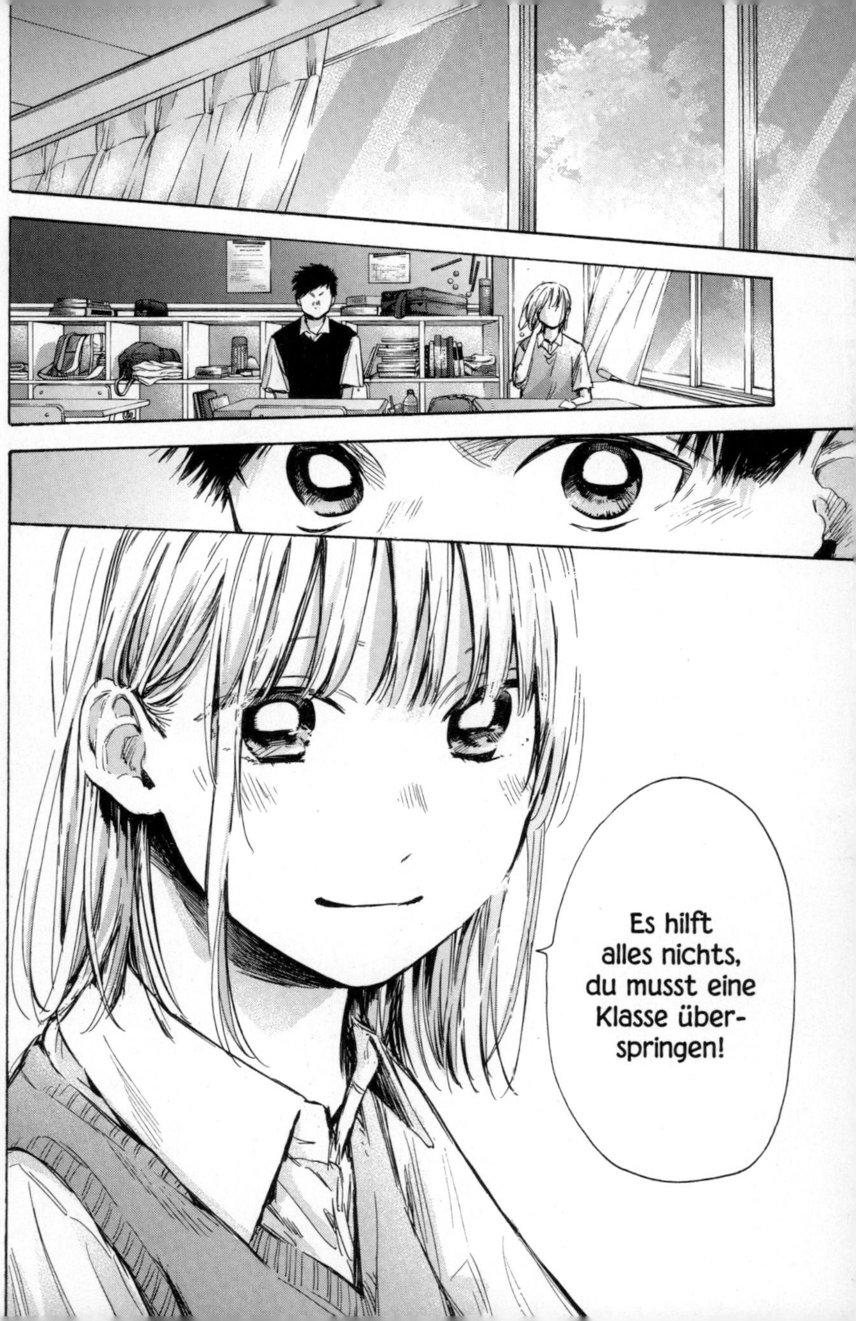
Es hilft alles nichts, du musst eine Klasse über-springen!

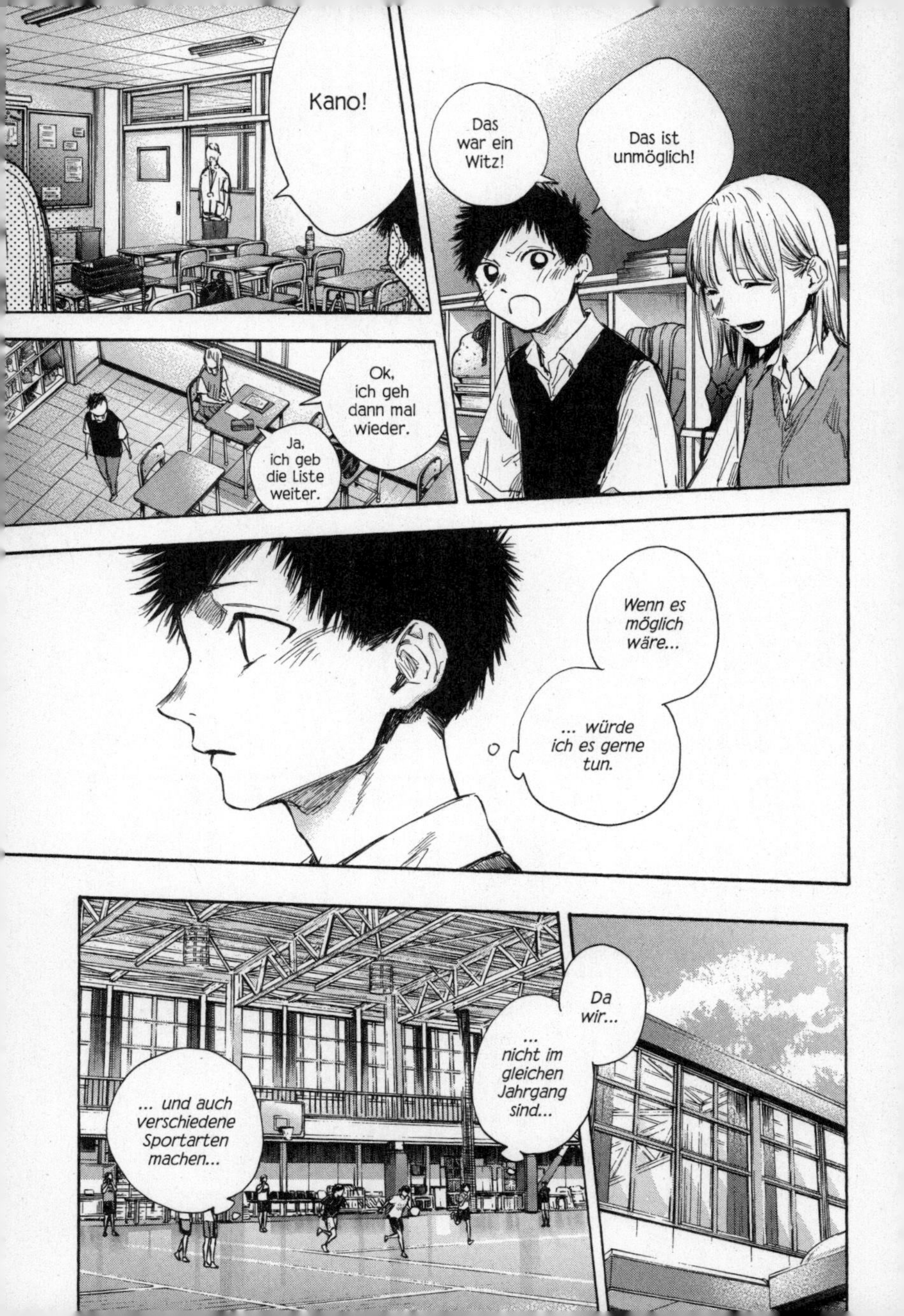

Das ist unmöglich!
Das war ein Witz!
Kano!
Ok, ich geh dann mal wieder.
Ja, ich geb die Liste weiter.
Wenn es möglich wäre...
... würde ich es gerne tun.
Da wir...
... nicht im gleichen Jahrgang sind...
... und auch verschiedene Sportarten machen...

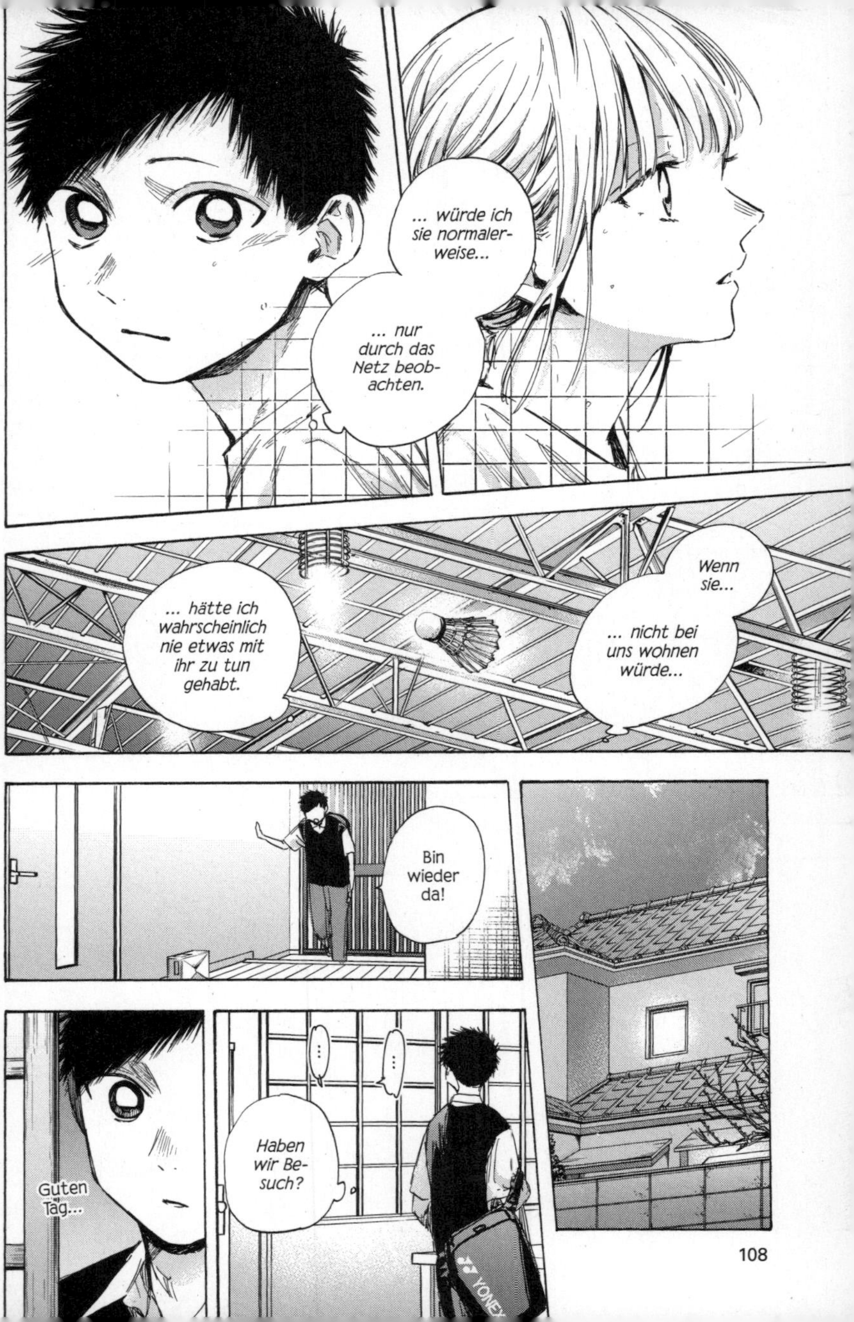
... würde ich sie normalerweise...
... nur durch das Netz beobachten.
Wenn sie...
... nicht bei uns wohnen würde...
... hätte ich wahrscheinlich nie etwas mit ihr zu tun gehabt.
Bin wieder da!
...
...
Haben wir Besuch?
Guten Tag...

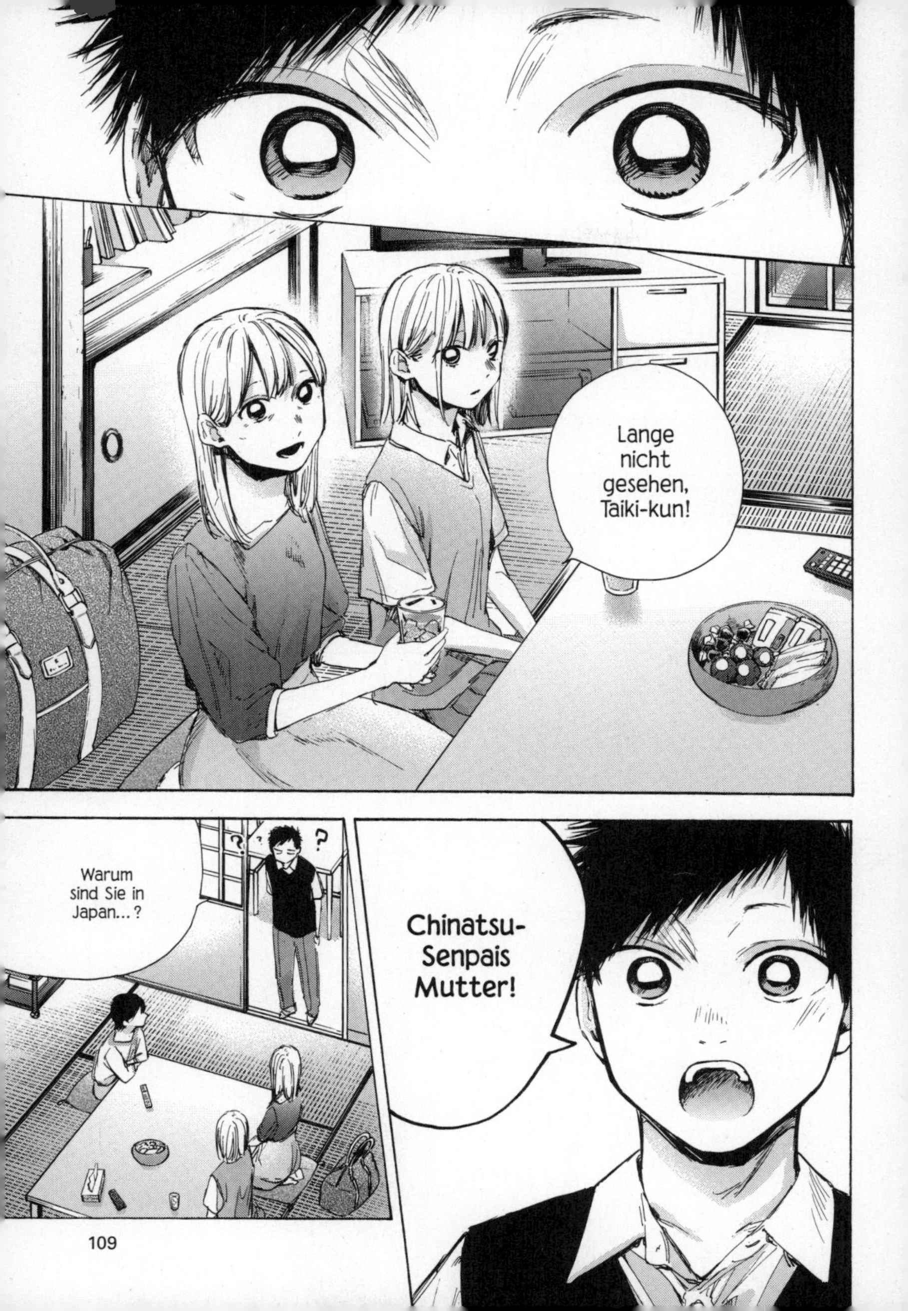
Lange nicht gesehen, Taiki-kun!
Chinatsu-Senpais Mutter!
Warum sind Sie in Japan...?

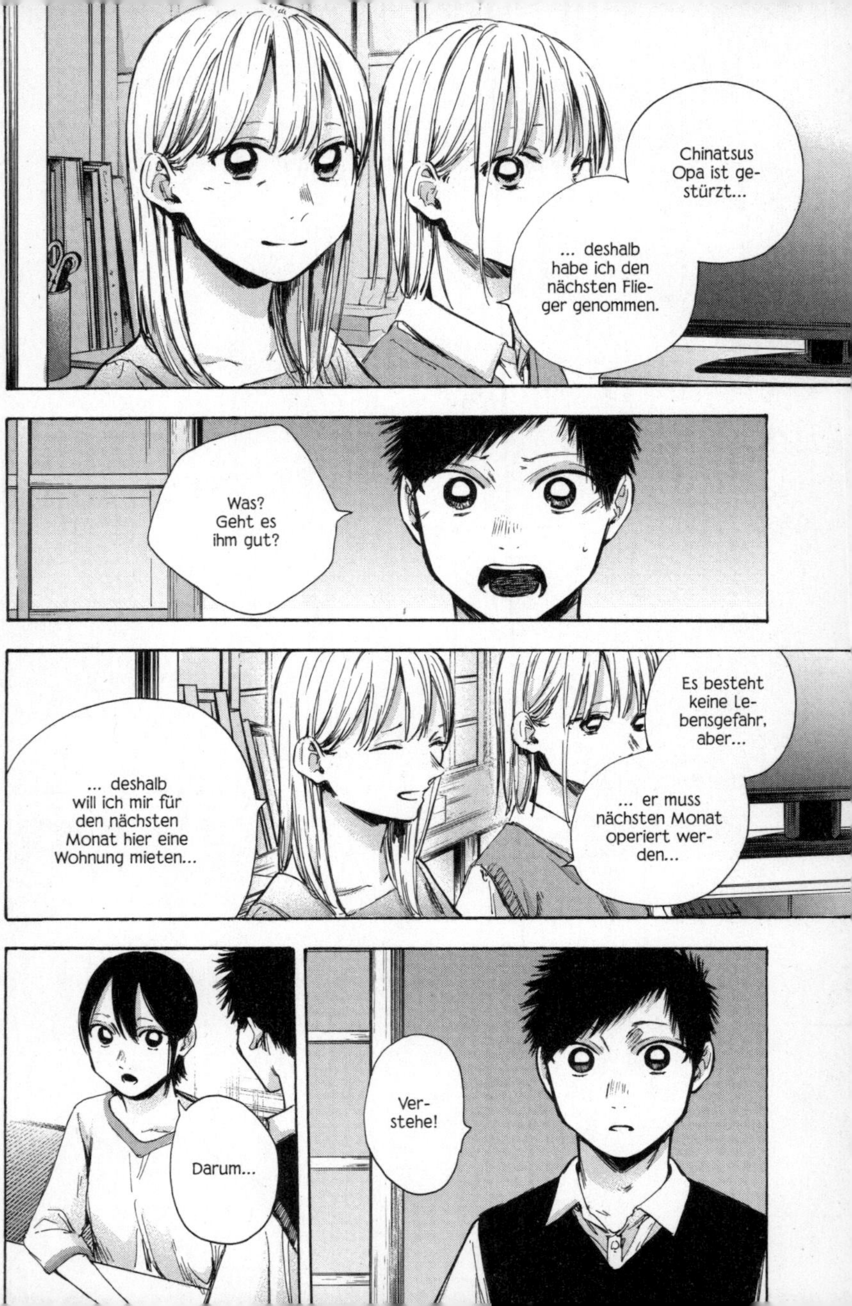

Chinatsus Opa ist gestürzt...
... deshalb habe ich den nächsten Flieger genommen.
Was? Geht es ihm gut?
Es besteht keine Lebensgefahr, aber...
... er muss nächsten Monat operiert werden...
... deshalb will ich mir für den nächsten Monat hier eine Wohnung mieten...
Verstehe!
Darum...

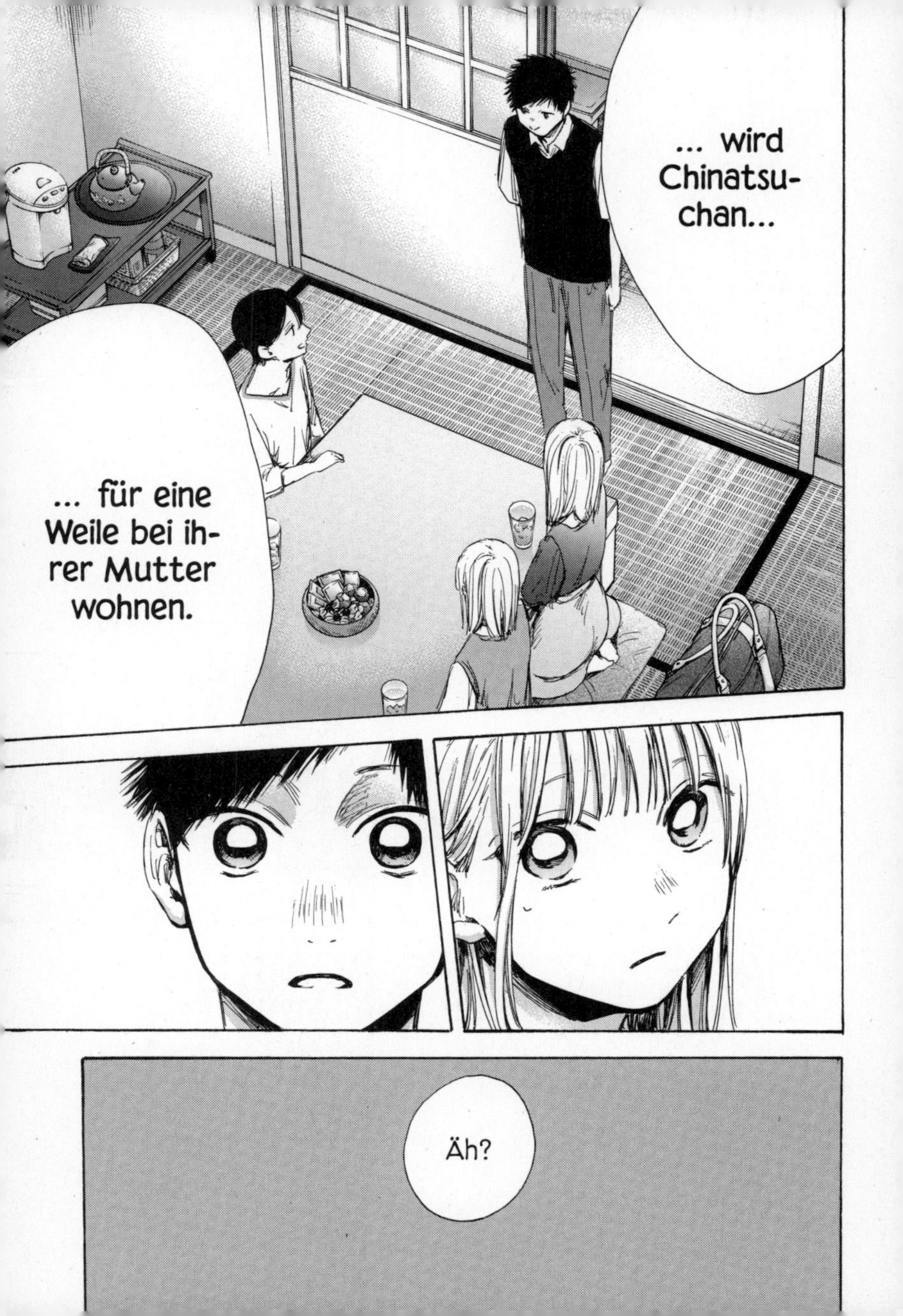
... wird Chinatsu-chan...
... für eine Weile bei ihrer Mutter wohnen.
Äh?

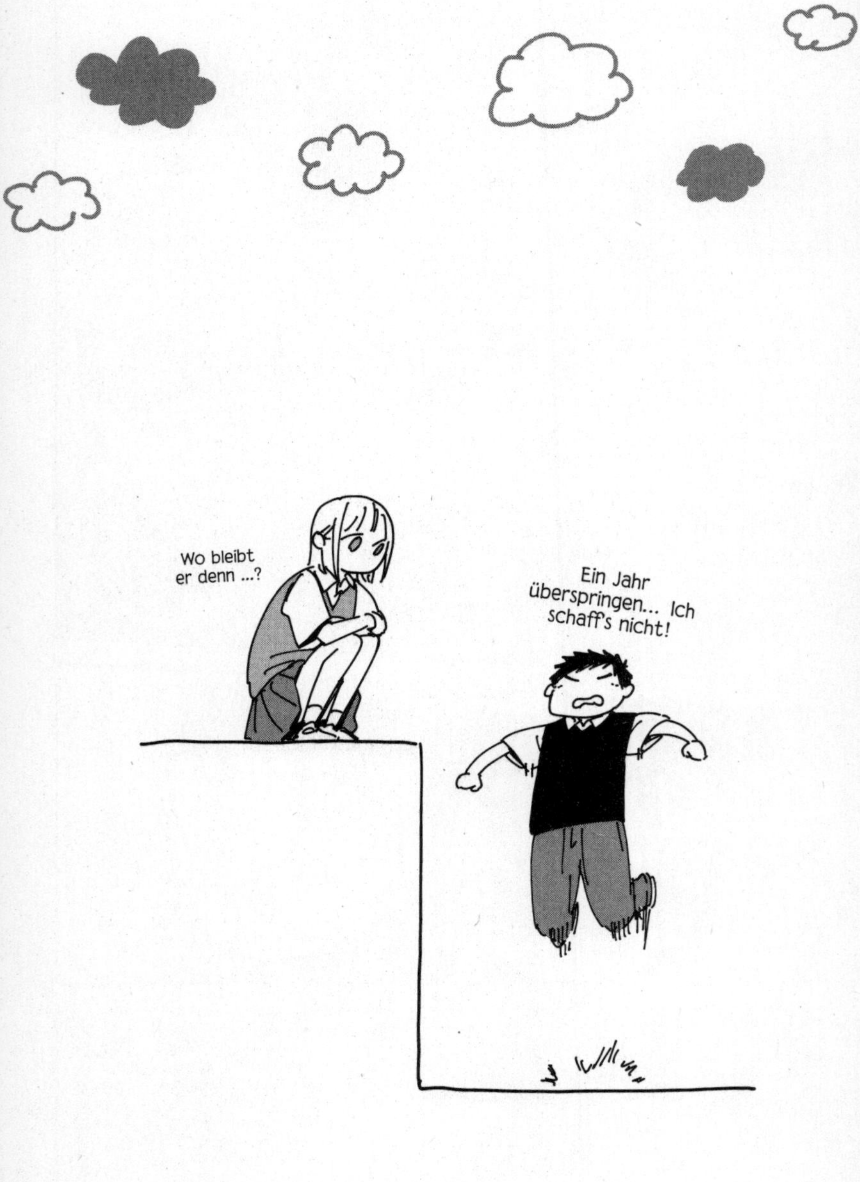
Wo bleibt er denn ...?
Ein Jahr überspringen... Ich schaff's nicht!

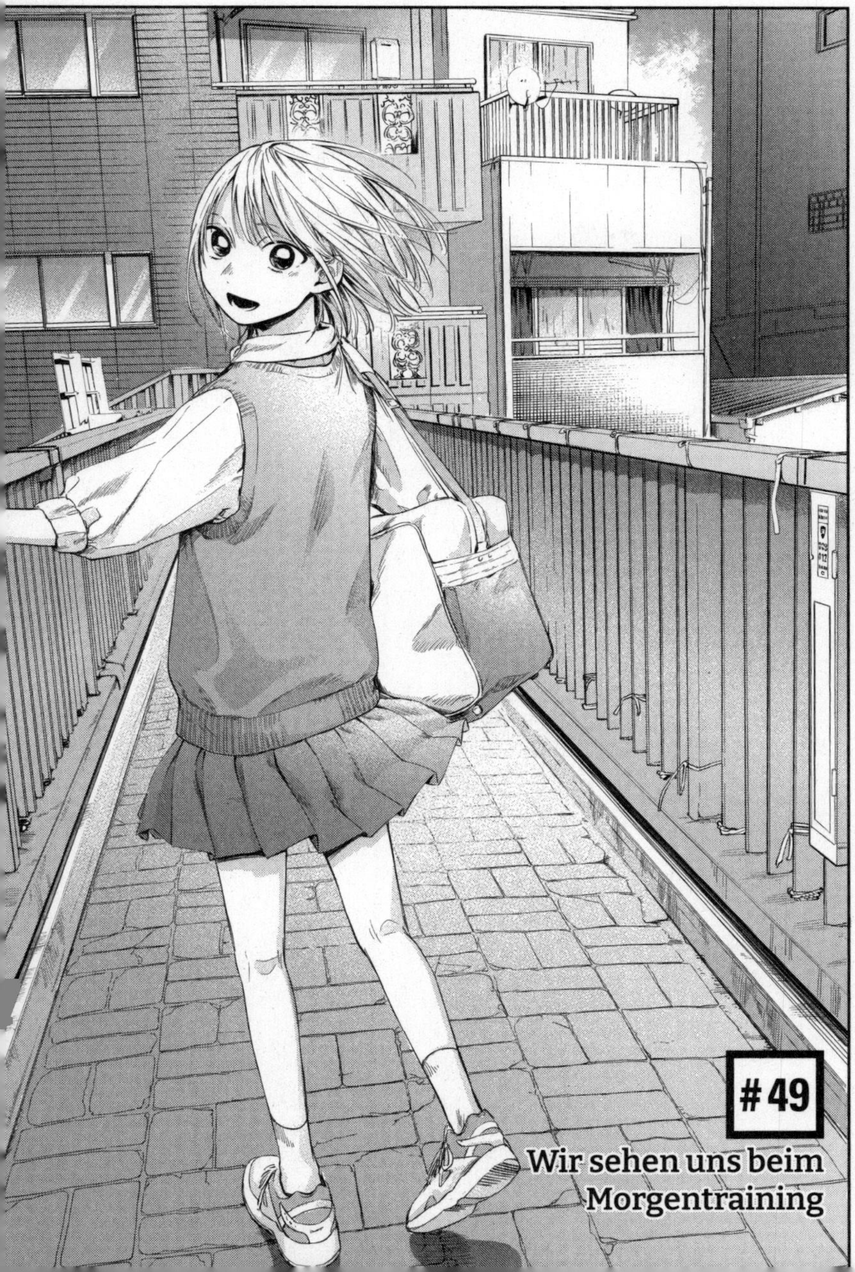
#49
Wir sehen uns beim Morgentraining

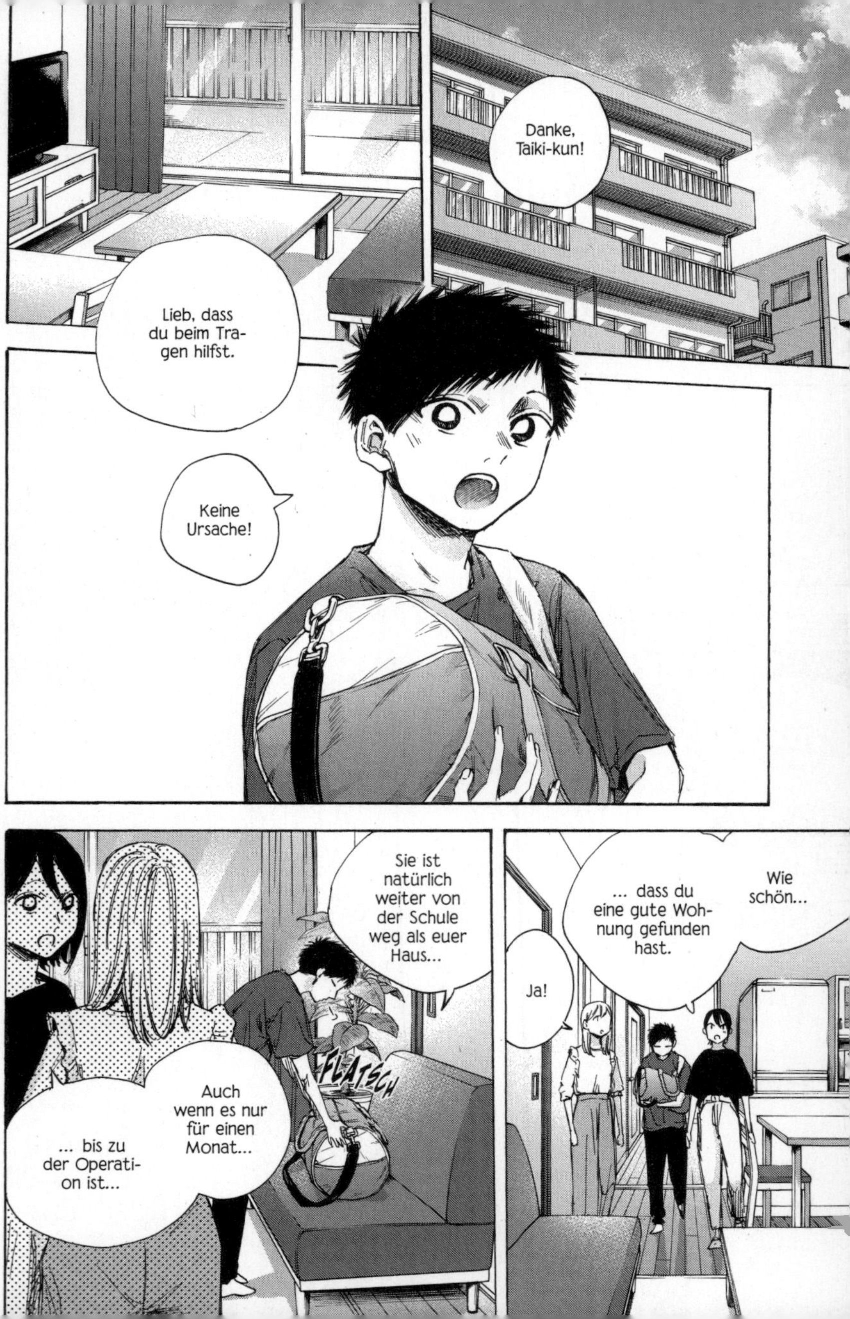

Danke, Taiki-kun!
Lieb, dass du beim Tragen hilfst.
Keine Ursache!
Wie schön...
... dass du eine gute Wohnung gefunden hast.
Ja!
Sie ist natürlich weiter von der Schule weg als euer Haus...
FLATSCH
Auch wenn es nur für einen Monat...
... bis zu der Operation ist...

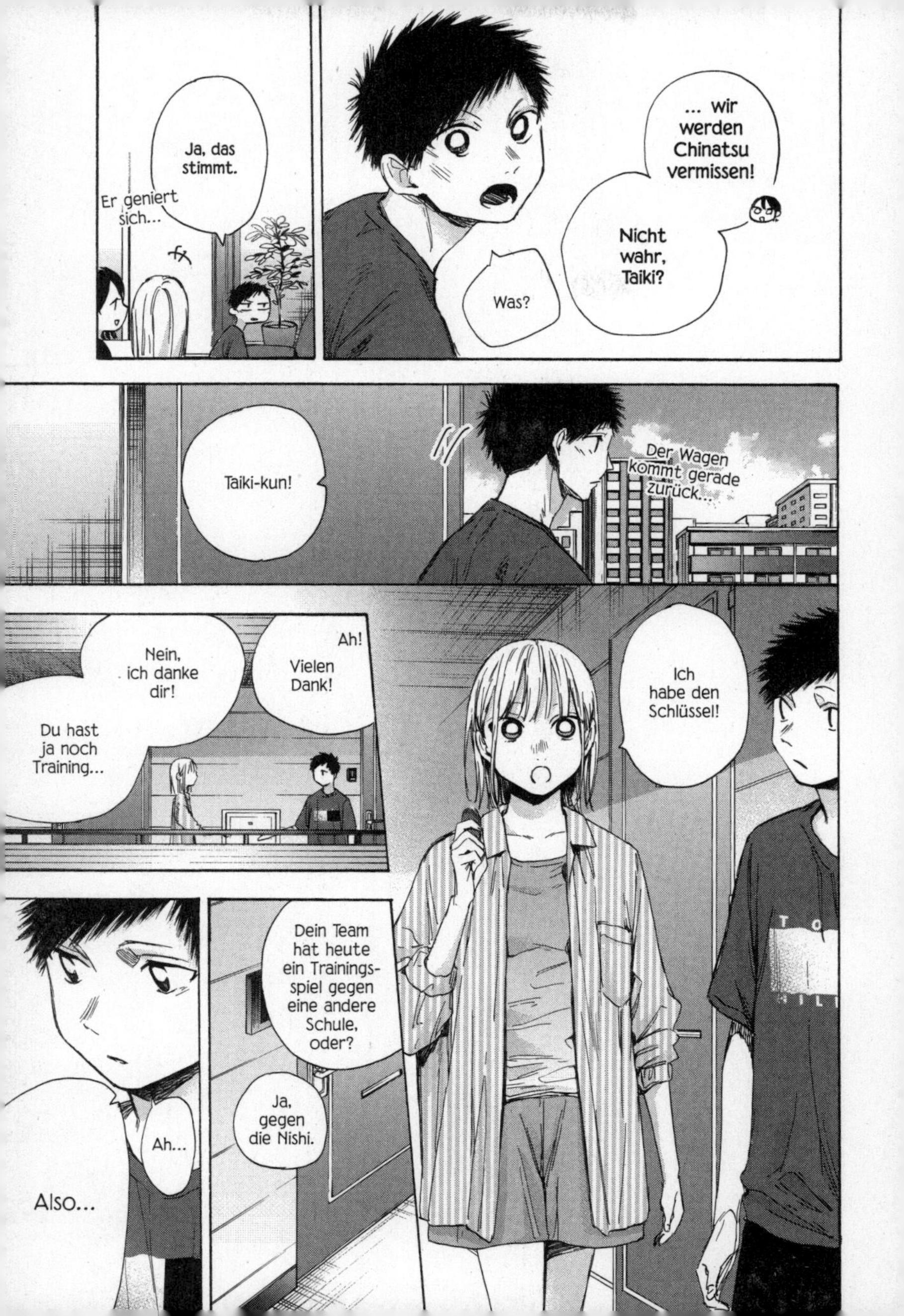
... wir werden Chinatsu vermissen!
Nicht wahr, Taiki?
Was?
Ja, das stimmt.
Er geniert sich...
Der Wagen kommt gerade zurück...
Taiki-kun!
Ich habe den Schlüssel!
Ah! Vielen Dank!
Nein, ich danke dir!
Du hast ja noch Training...
Dein Team hat heute ein Trainingsspiel gegen eine andere Schule, oder?
Ja, gegen die Nishi.
Ah...
Also...

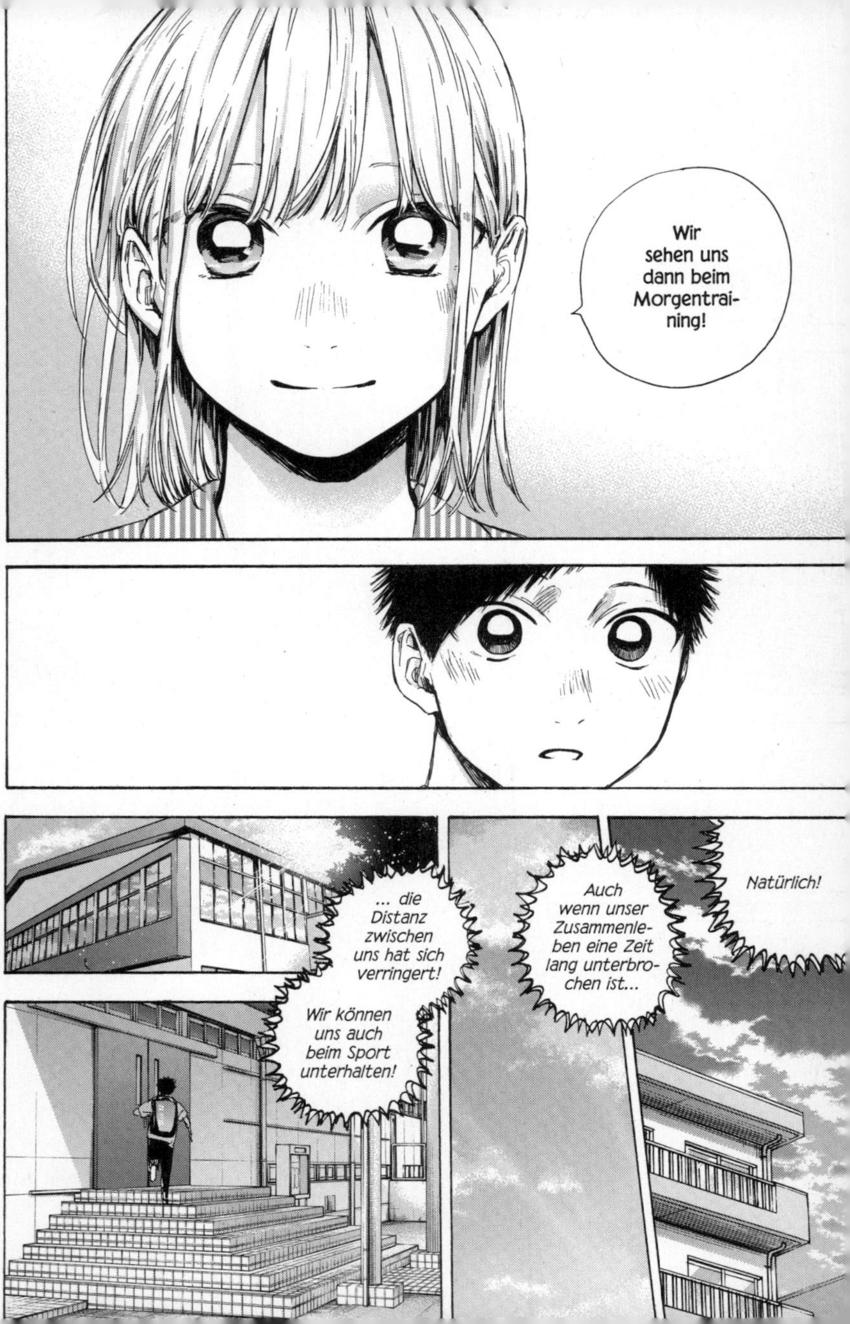
Wir sehen uns dann beim Morgentraining!
Natürlich!
Auch wenn unser Zusammenleben eine Zeit lang unterbrochen ist...
... die Distanz zwischen uns hat sich verringert!
Wir können uns auch beim Sport unterhalten!

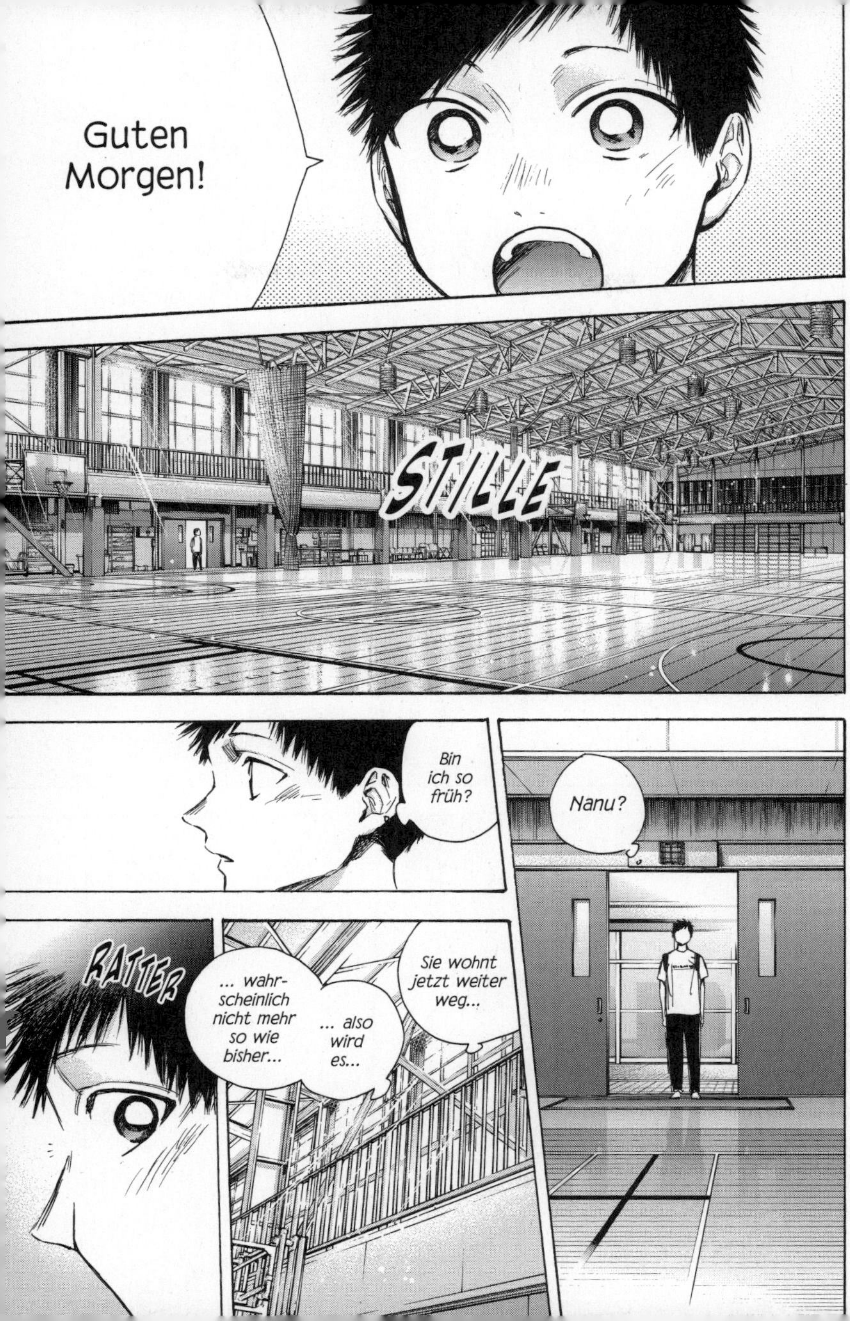
Guten Morgen!
STILLE
Nanu?
Bin ich so früh?
RATTER
Sie wohnt jetzt weiter weg...
... also wird es...
... wahrscheinlich nicht mehr so wie bisher...

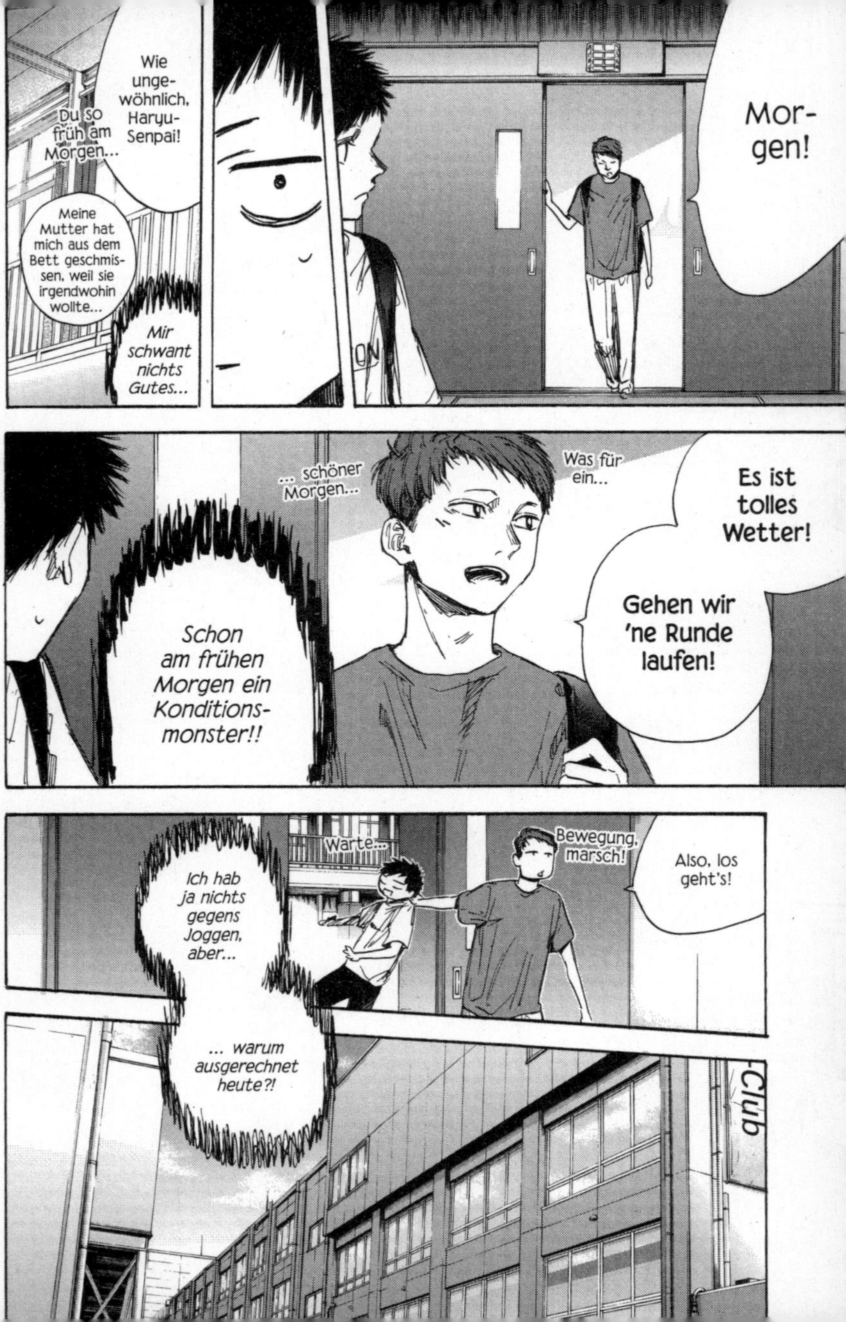
Mor-
gen!
Wie unge-wöhnlich, Haryu-Senpai!
Du so früh am Morgen...
Meine Mutter hat mich aus dem Bett geschmis-sen, weil sie irgendwohin wollte...
Mir schwant nichts Gutes...
Es ist tolles Wetter!
Gehen wir 'ne Runde laufen!
Was für ein...
... schöner Morgen...
Schon am frühen Morgen ein Konditions-monster!!
Also, los geht's!
Bewegung, marsch!
Warte...
Ich hab ja nichts gegens Joggen, aber...
... warum ausgerechnet heute?!
Club

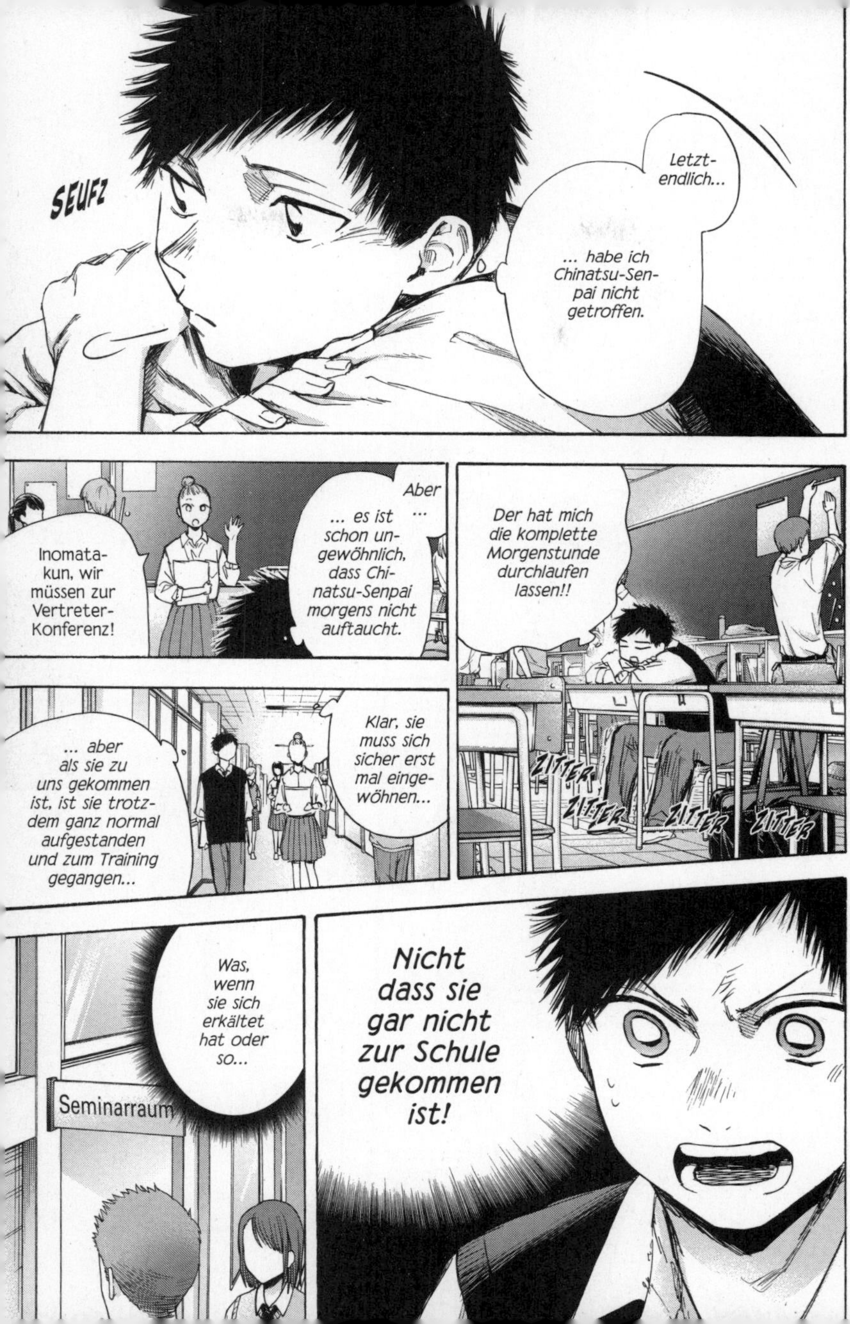
SEUFZ
Letzt-endlich...
... habe ich Chinatsu-Senpai nicht getroffen.
Der hat mich die komplette Morgenstunde durchlaufen lassen!!
ZITTER
ZITTER
ZITTER
ZITTER
Aber ...
... es ist schon ungewöhnlich, dass Chinatsu-Senpai morgens nicht auftaucht.
Inomata-kun, wir müssen zur Vertreter-Konferenz!
Klar, sie muss sich sicher erst mal eingewöhnen...
... aber als sie zu uns gekommen ist, ist sie trotzdem ganz normal aufgestanden und zum Training gegangen...
Nicht dass sie gar nicht zur Schule gekommen ist!
Was, wenn sie sich erkältet hat oder so...
Seminarraum

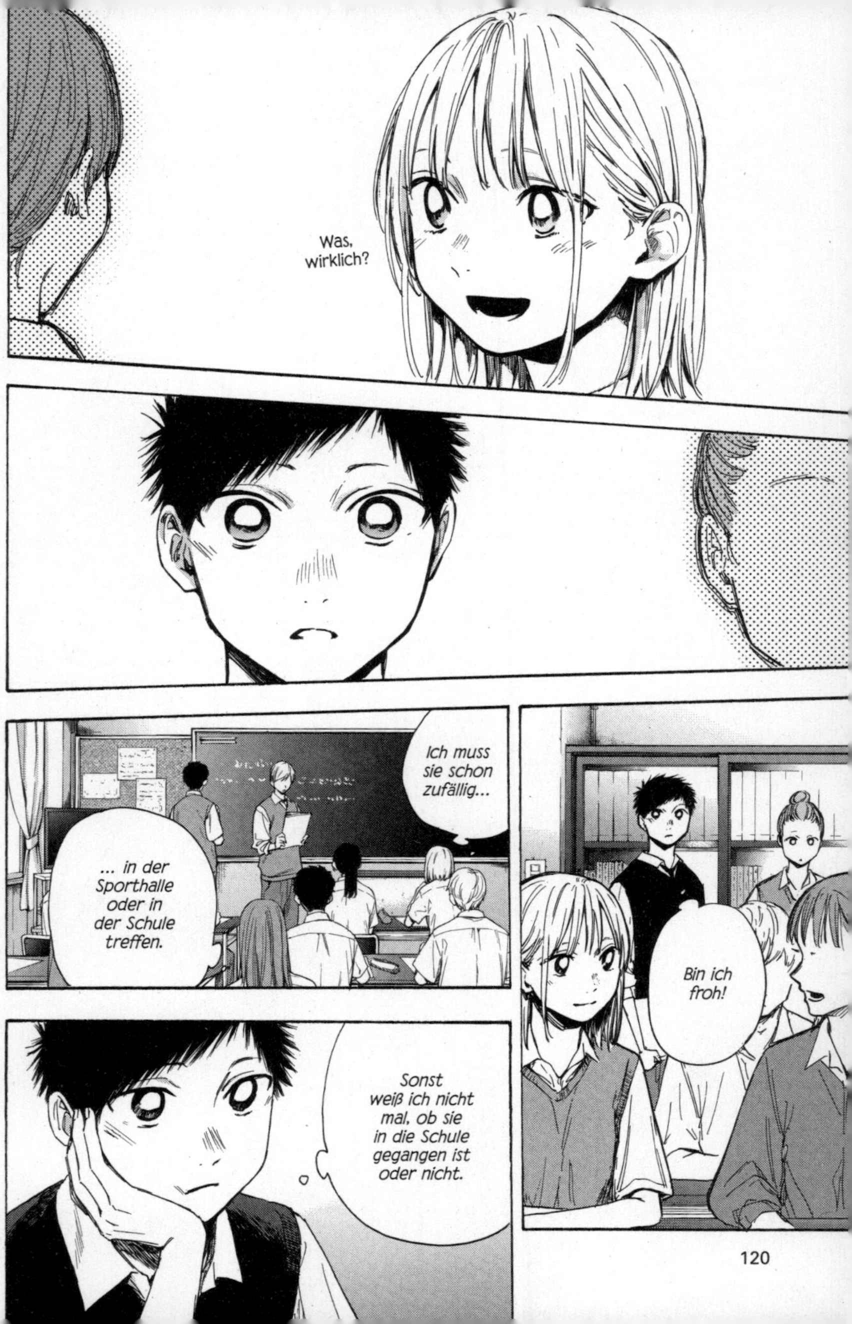
Was, wirklich?
Bin ich froh!
Ich muss sie schon zufällig...
... in der Sporthalle oder in der Schule treffen.
Sonst weiß ich nicht mal, ob sie in die Schule gegangen ist oder nicht.

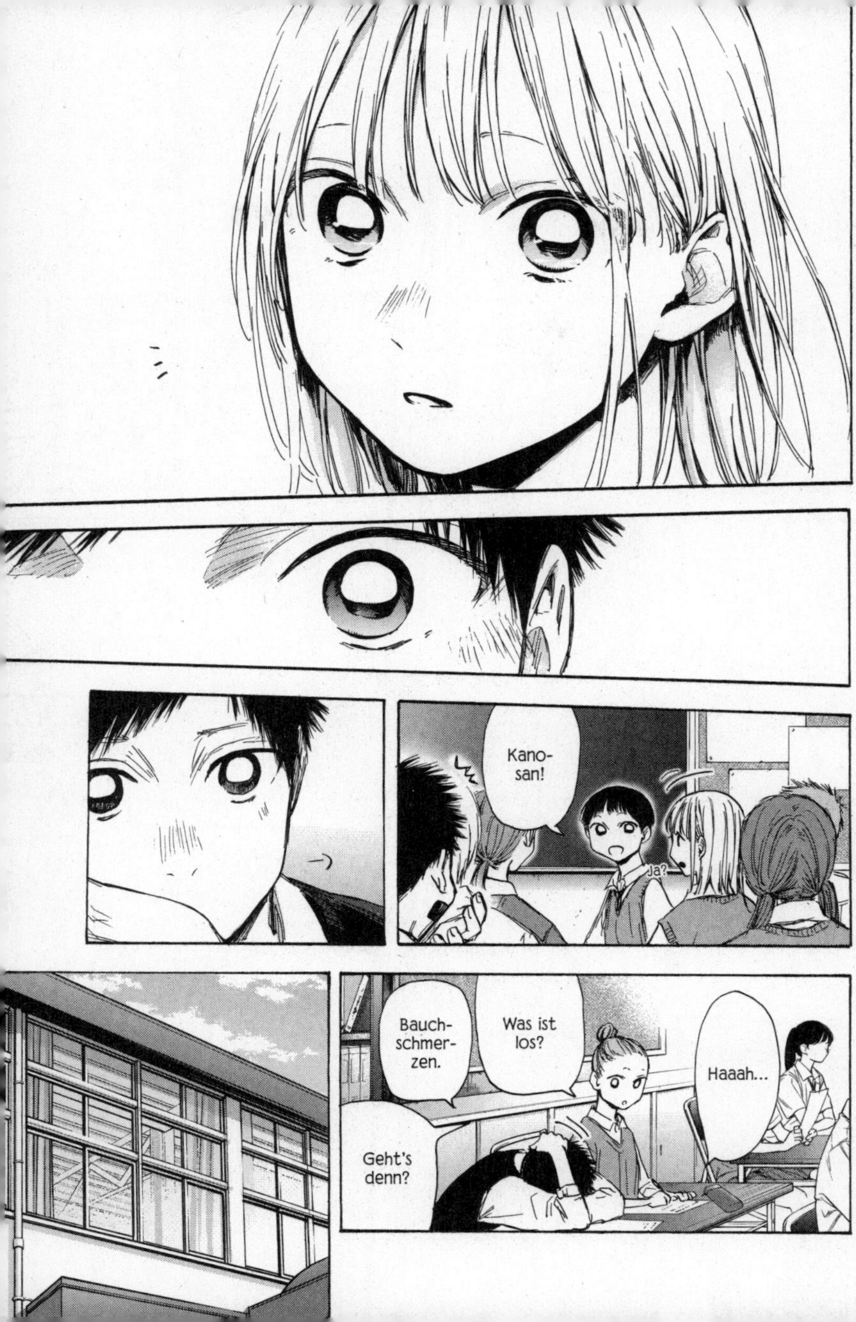
Kano-san!
Ja?
Haaah...
Was ist los?
Bauchschmerzen.
Geht's denn?

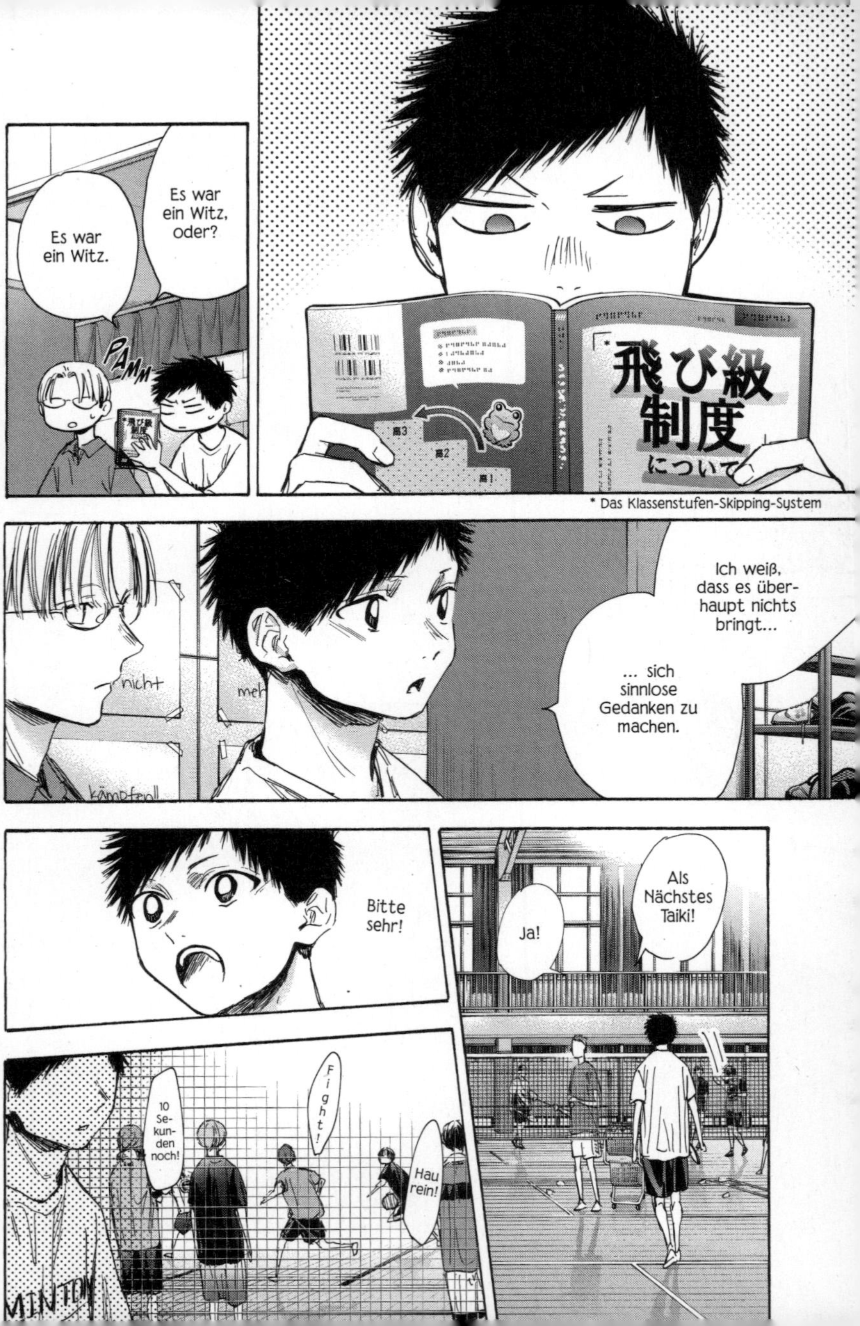

Es war ein Witz, oder?
Es war ein Witz.
PAMM
飛び級制度について
* Das Klassenstufen-Skipping-System
Ich weiß, dass es überhaupt nichts bringt...
... sich sinnlose Gedanken zu machen.
nicht
kämpfevoll
Als Nächstes Taiki!
Ja!
Bitte sehr!
Fight!
10 Sekunden noch!
Hau rein!

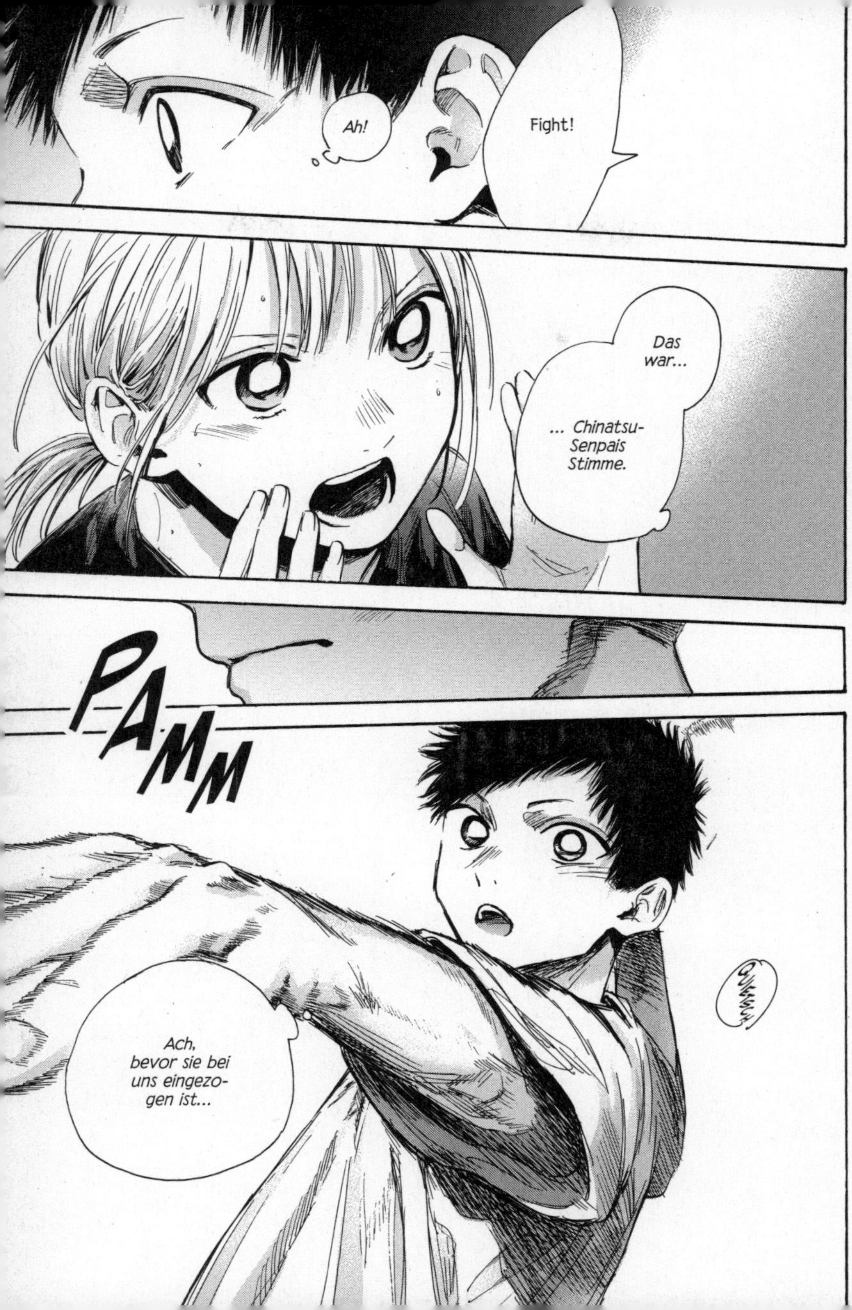
Fight!
Ah!
Das war...
... Chinatsu-Senpais Stimme.
PAMM
Ach, bevor sie bei uns eingezogen ist...

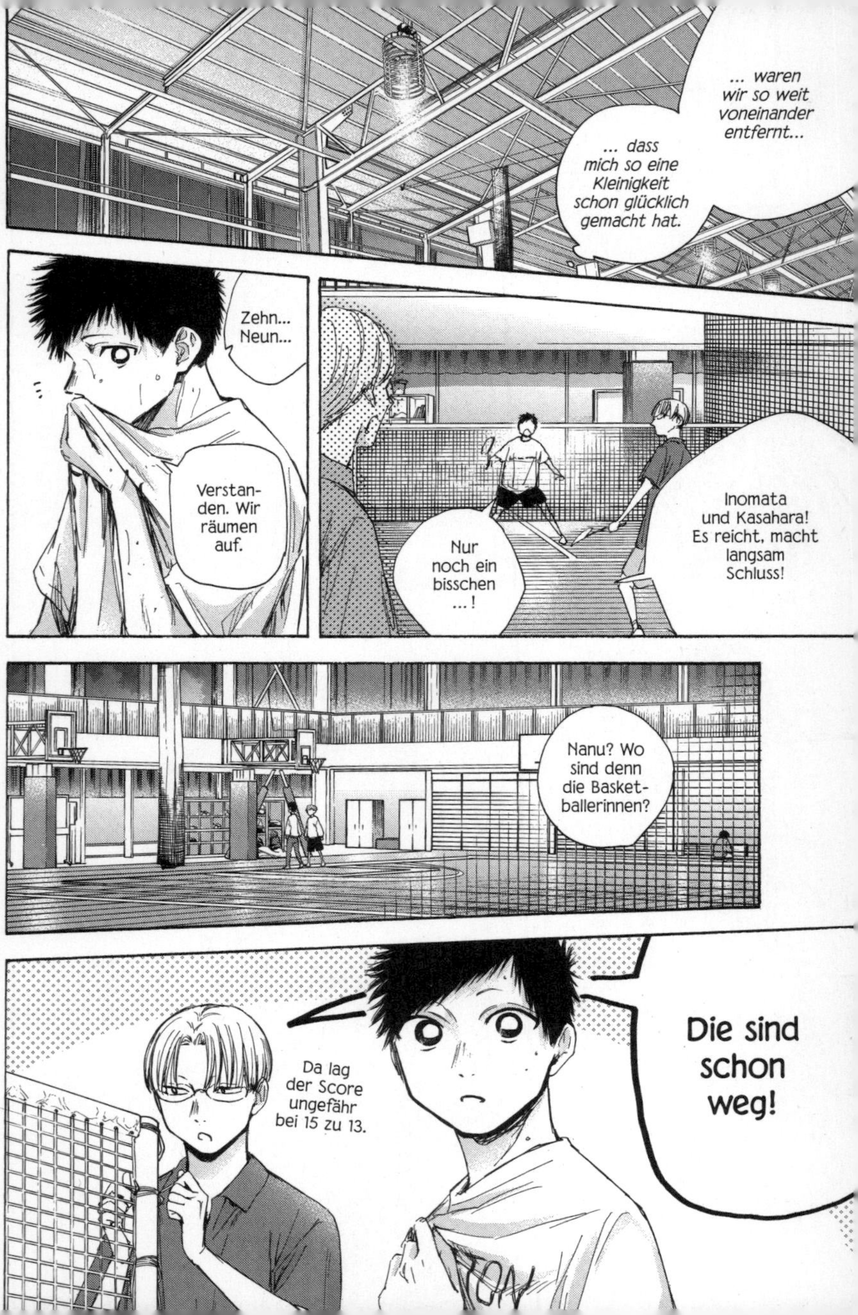
... waren wir so weit voneinander entfernt...
... dass mich so eine Kleinigkeit schon glücklich gemacht hat.
Inomata und Kasahara! Es reicht, macht langsam Schluss!
Nur noch ein bisschen ...!
Zehn... Neun...
Verstanden. Wir räumen auf.
Nanu? Wo sind denn die Basketballerinnen?
Die sind schon weg!
Da lag der Score ungefähr bei 15 zu 13.

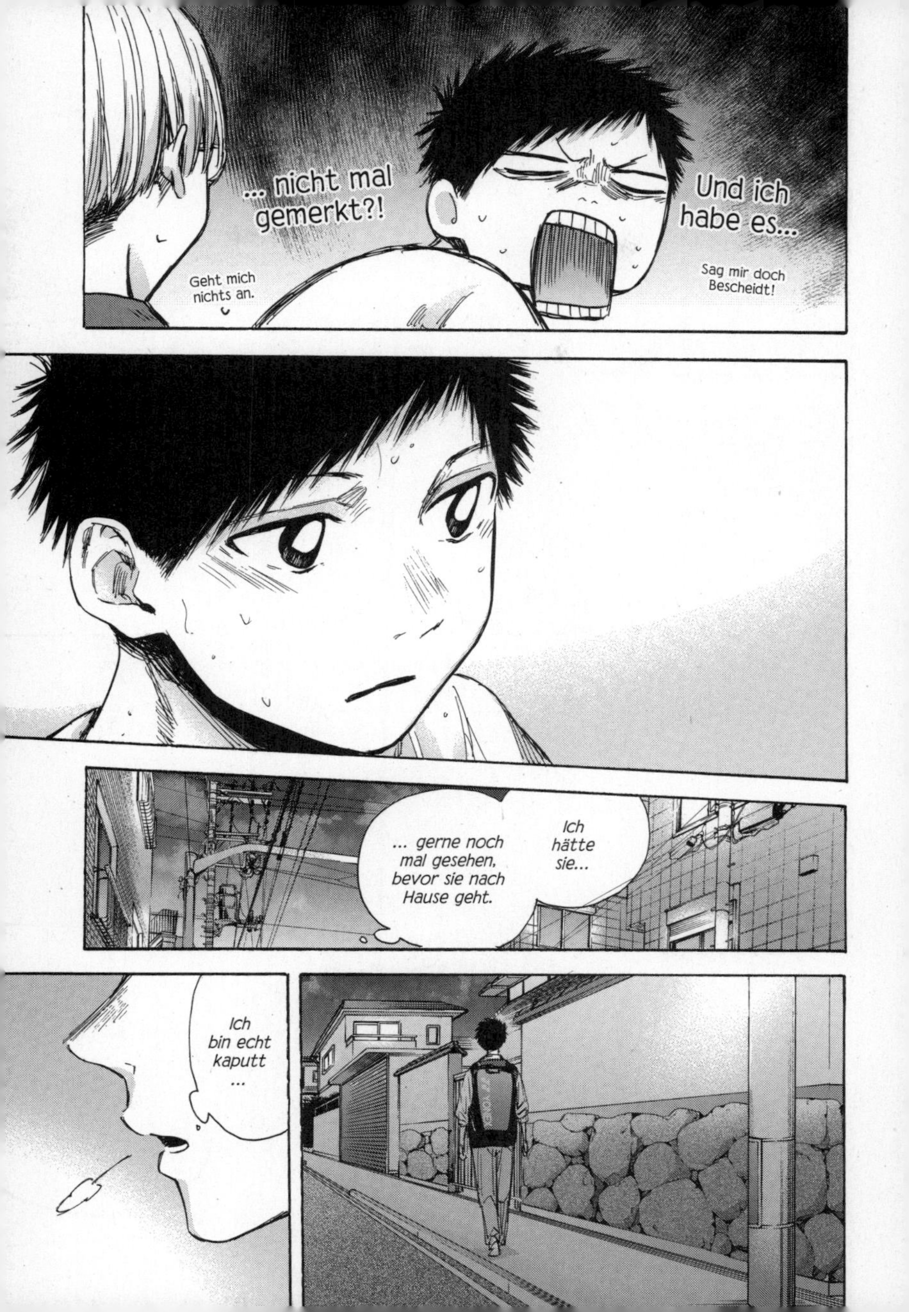

Und ich habe es...
... nicht mal gemerkt?!
Sag mir doch Bescheidt!
Geht mich nichts an.
Ich hätte sie...
... gerne noch mal gesehen, bevor sie nach Hause geht.
Ich bin echt kaputt ...

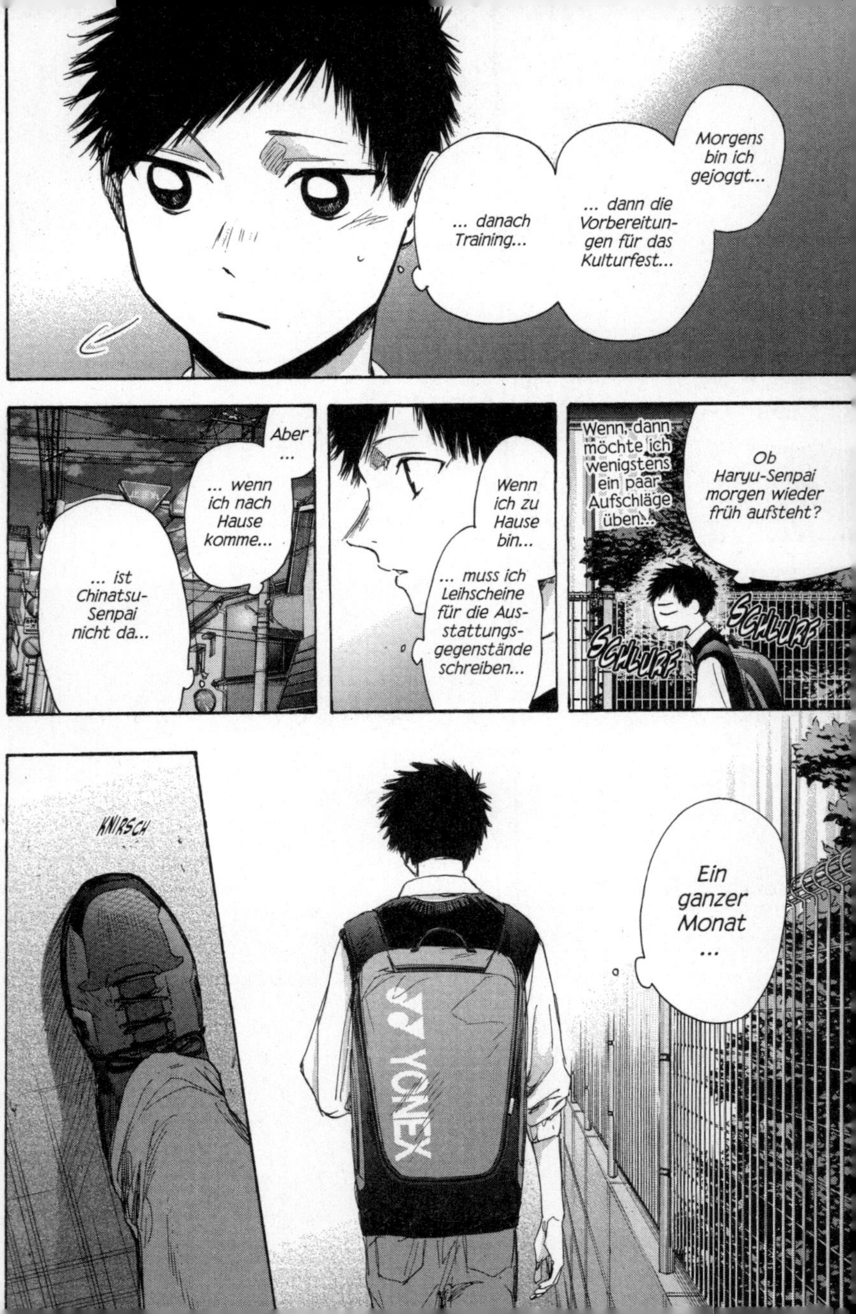

Morgens bin ich gejoggt...
... dann die Vorbereitungen für das Kulturfest...
... danach Training...
Ob Haryu-Senpai morgen wieder früh aufsteht?
Wenn, dann möchte ich wenigstens ein paar Aufschläge üben...
SCHLURF
SCHLURF
Wenn ich zu Hause bin...
... muss ich Leihscheine für die Ausstattungsgegenstände schreiben...
Aber ...
... wenn ich nach Hause komme...
... ist Chinatsu-Senpai nicht da...
Ein ganzer Monat ...
KNIRSCH
YONEX

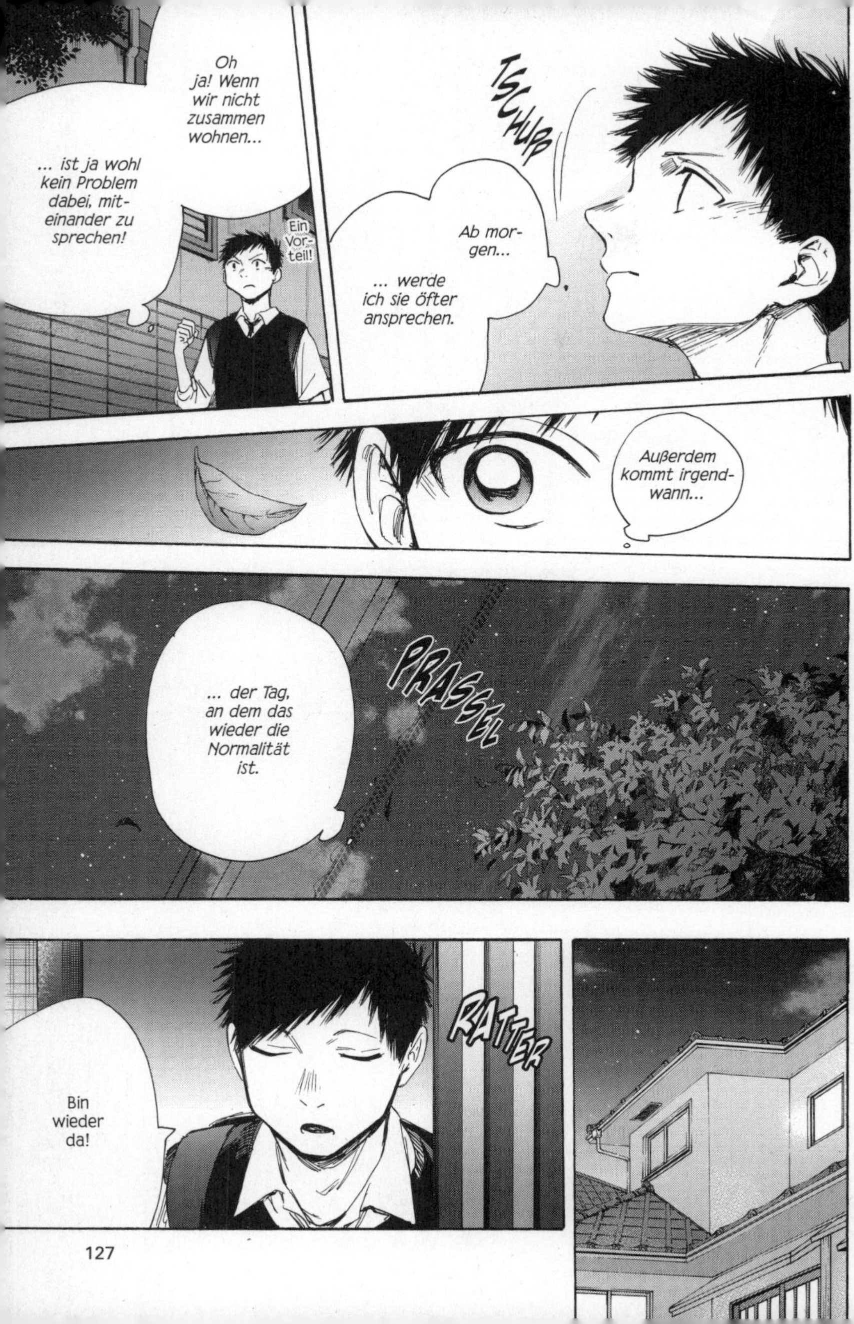
TSCHUPP
Ab morgen...
... werde ich sie öfter ansprechen.
Oh ja! Wenn wir nicht zusammen wohnen...
... ist ja wohl kein Problem dabei, miteinander zu sprechen!
Ein Vorteil!
Außerdem kommt irgendwann...
PRASSEL
... der Tag, an dem das wieder die Normalität ist.
RATTER
Bin wieder da!

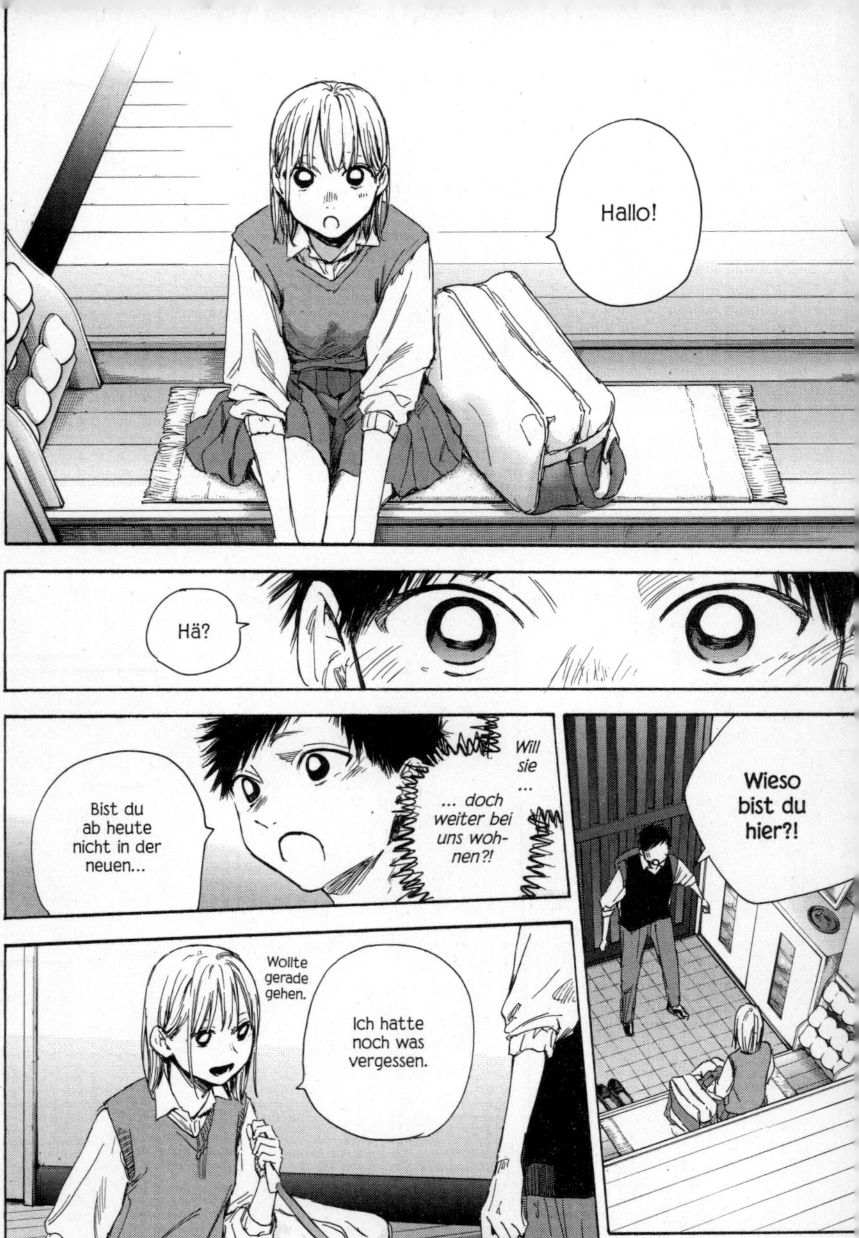

Hallo!
Hä?
Wieso bist du hier?!
Will sie ...
... doch weiter bei uns wohnen?!
Bist du ab heute nicht in der neuen...
Ich hatte noch was vergessen.
Wollte gerade gehen.

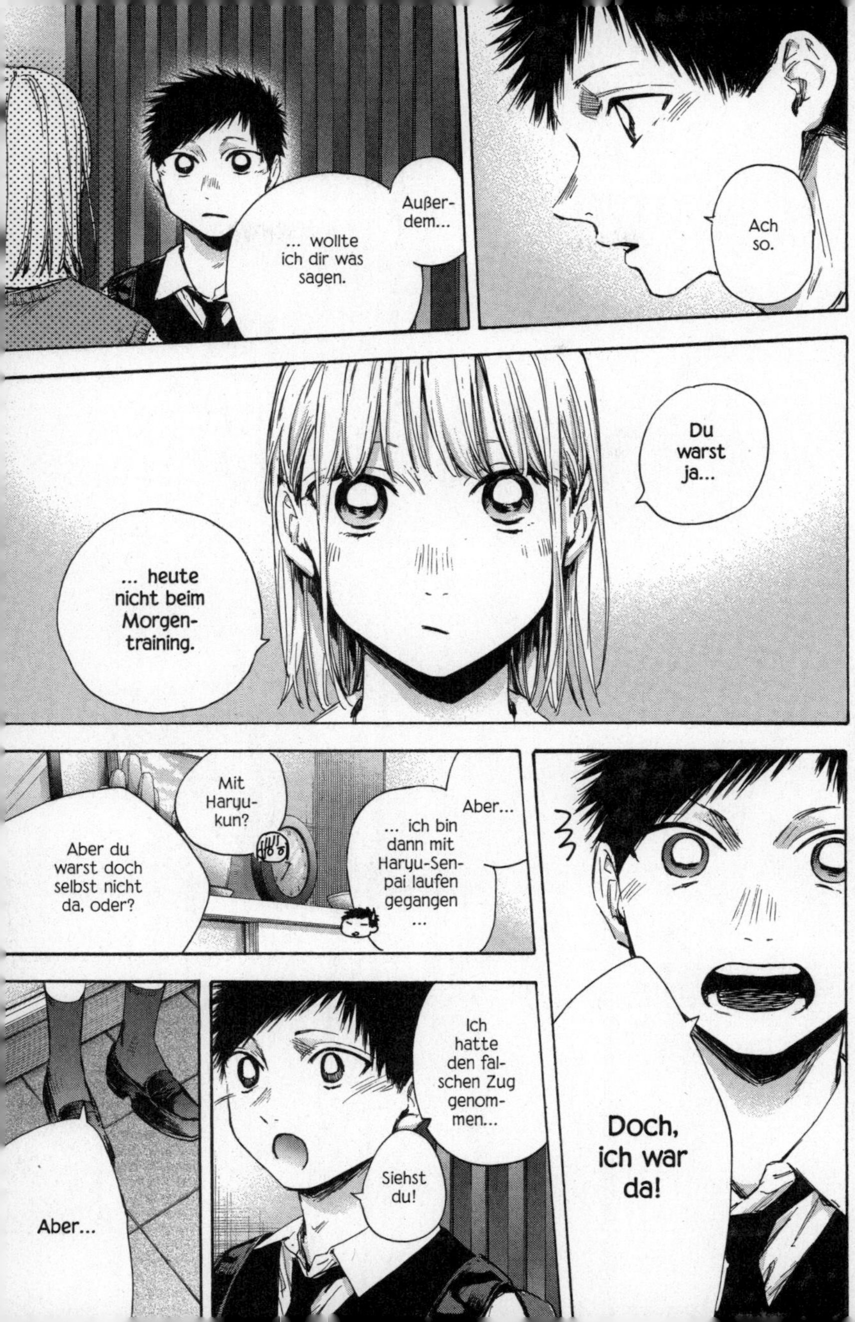

Ach so.
Außerdem...
... wollte ich dir was sagen.
Du warst ja...
... heute nicht beim Morgentraining.
Doch, ich war da!
Aber...
... ich bin dann mit Haryu-Senpai laufen gegangen ...
Mit Haryu-kun?
Aber du warst doch selbst nicht da, oder?
Ich hatte den falschen Zug genommen...
Siehst du!
Aber...

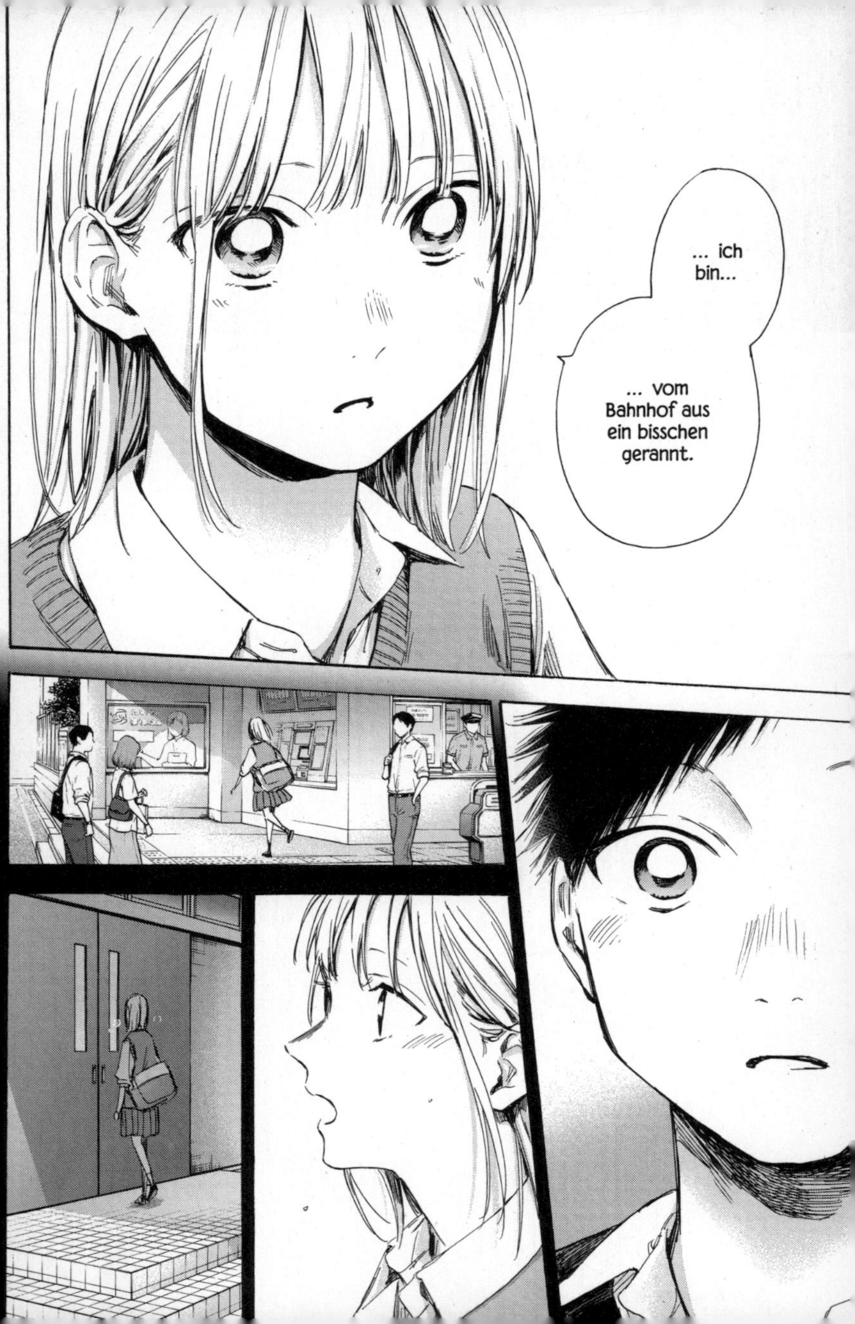

... ich bin...
... vom Bahnhof aus ein bisschen gerannt.

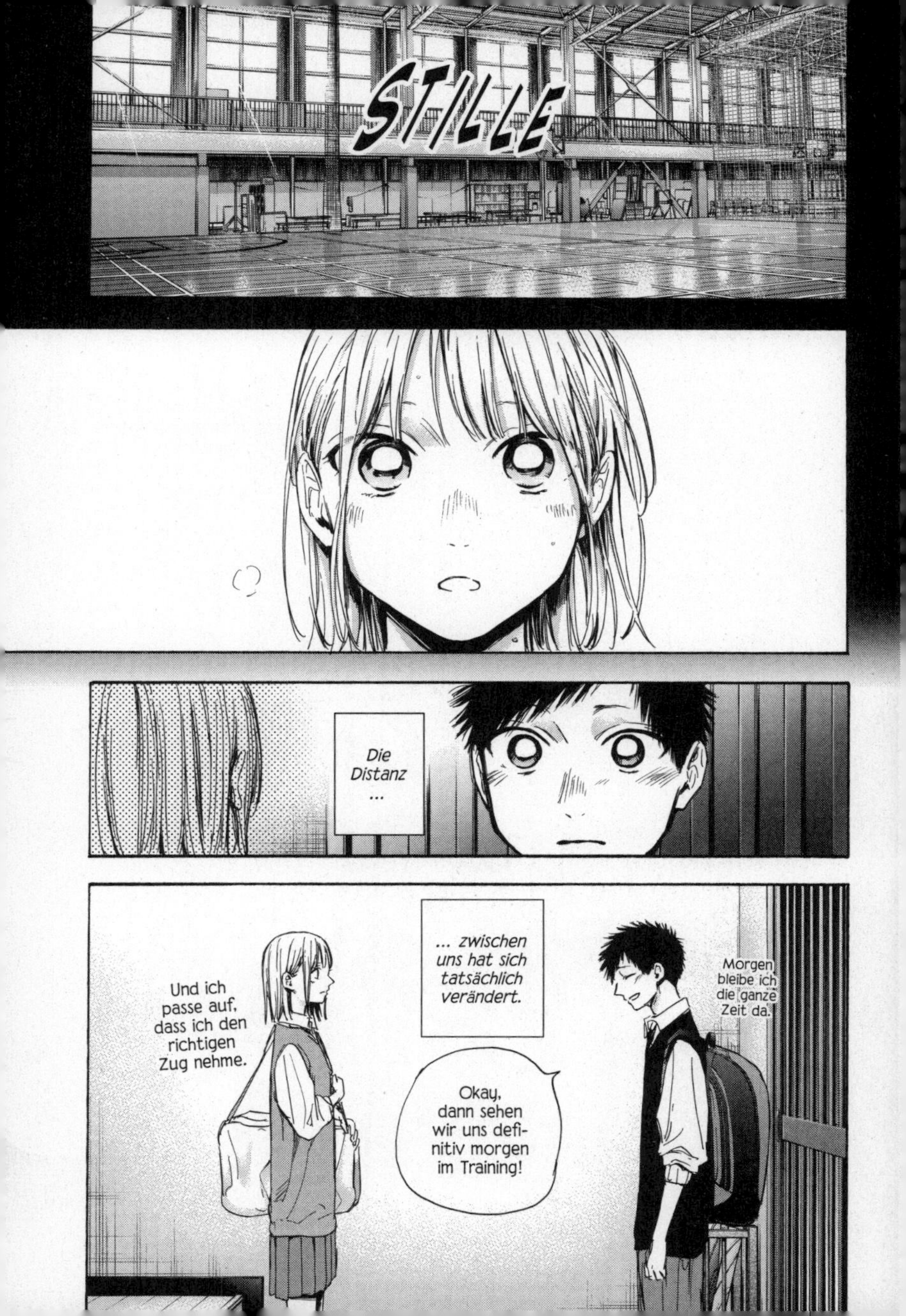
STILLE
Die Distanz ...
... zwischen uns hat sich tatsächlich verändert.
Morgen bleibe ich die ganze Zeit da.
Und ich passe auf, dass ich den richtigen Zug nehme.
Okay, dann sehen wir uns definitiv morgen im Training!

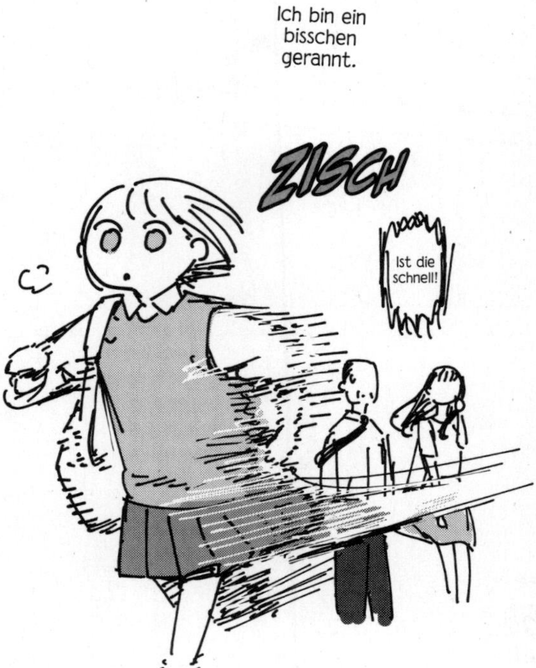
Ich bin ein bisschen gerannt.
ZISCH
Ist die schnell!

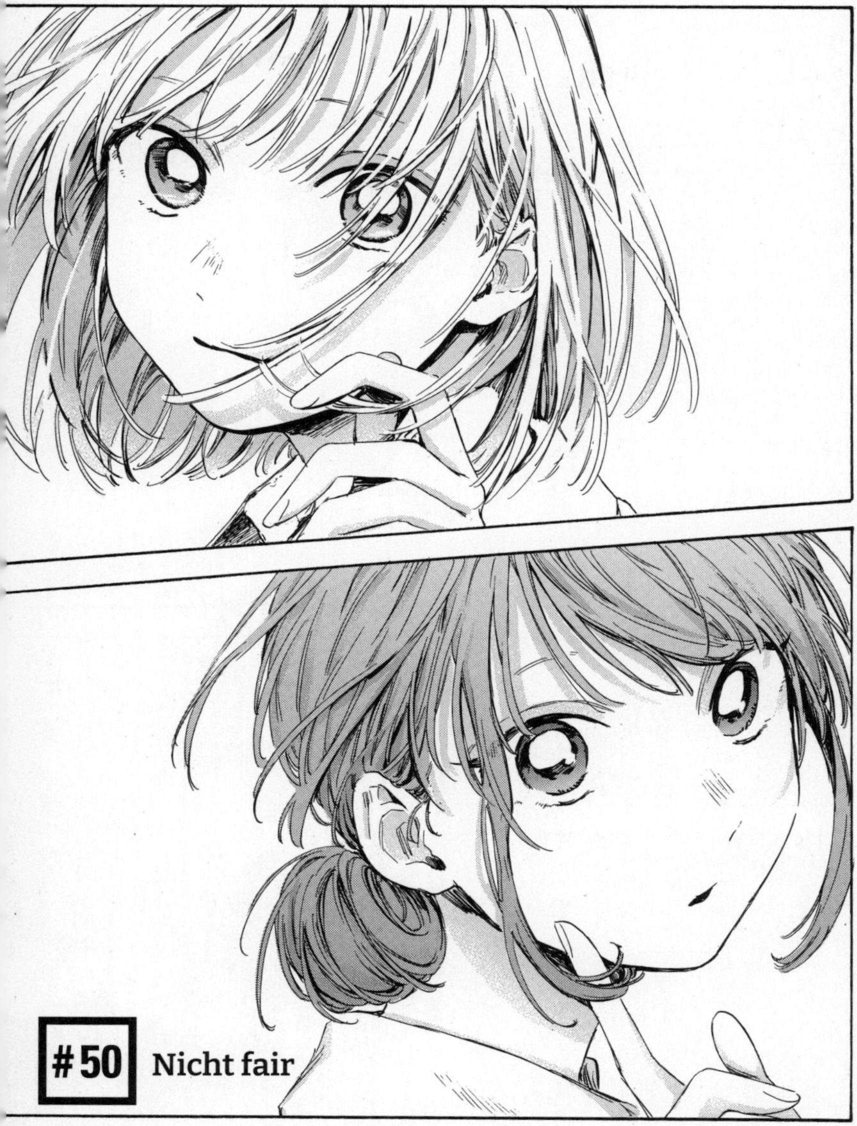

#50 Nicht fair

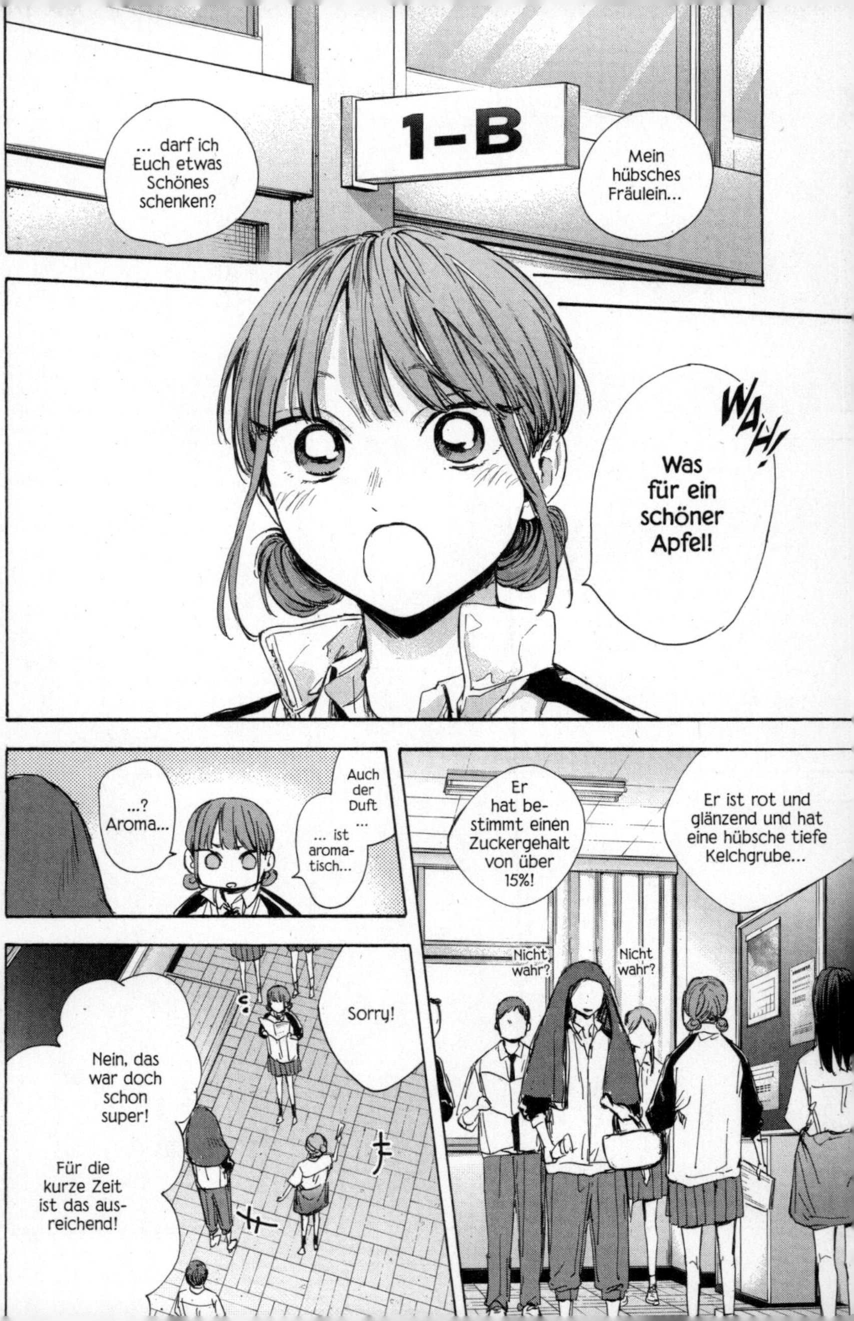
1-B
Mein hübsches Fräulein...
... darf ich Euch etwas Schönes schenken?
WAH!
Was für ein schöner Apfel!
Er ist rot und glänzend und hat eine hübsche tiefe Kelchgrube...
Er hat be-stimmt einen Zuckergehalt von über 15%!
Auch der Duft ...
... ist aroma-tisch...
...? Aroma...
Nicht wahr?
Nicht wahr?
Sorry!
Nein, das war doch schon super!
Für die kurze Zeit ist das aus-reichend!

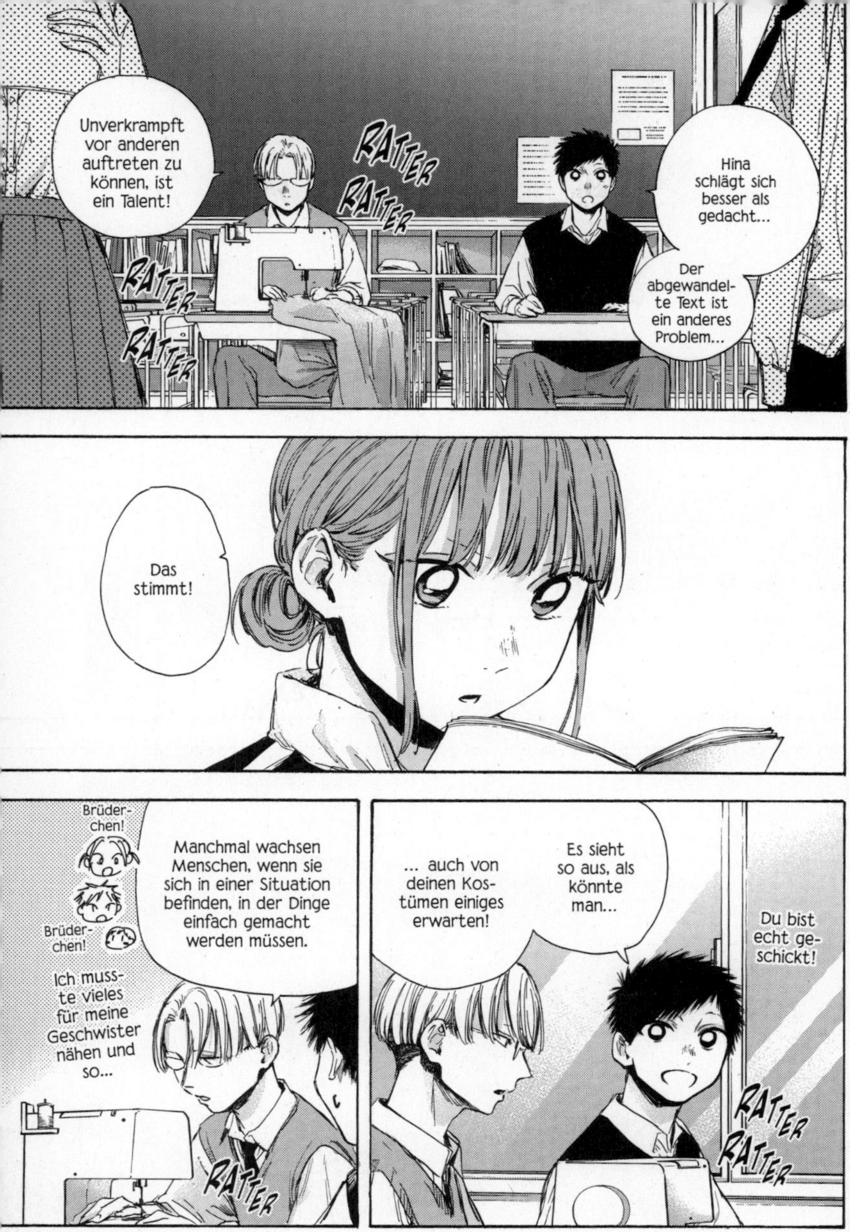

Hina schlägt sich besser als gedacht...
Der abgewandelte Text ist ein anderes Problem...
RATTER RATTER
Unverkrampft vor anderen auftreten zu können, ist ein Talent!
RATTER RATTER
Das stimmt!
Du bist echt geschickt!
Es sieht so aus, als könnte man...
... auch von deinen Kostümen einiges erwarten!
RATTER RATTER
Manchmal wachsen Menschen, wenn sie sich in einer Situation befinden, in der Dinge einfach gemacht werden müssen.
Ich musste vieles für meine Geschwister nähen und so...
Brüderchen!
Brüderchen!
RATTER

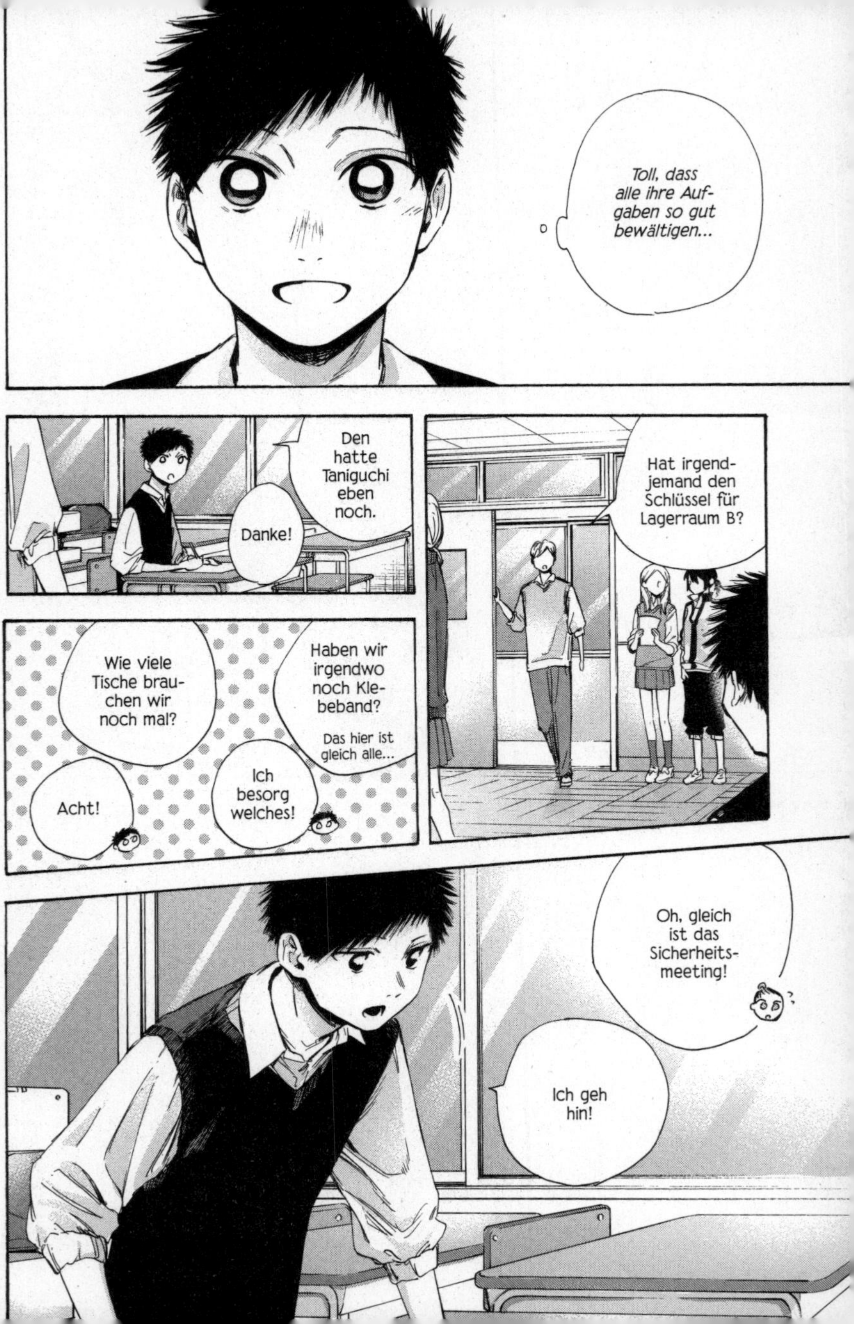
Toll, dass alle ihre Aufgaben so gut bewältigen...
Hat irgendjemand den Schlüssel für Lagerraum B?
Den hatte Taniguchi eben noch.
Danke!
Haben wir irgendwo noch Klebeband?
Das hier ist gleich alle...
Ich besorg welches!
Wie viele Tische brauchen wir noch mal?
Acht!
Oh, gleich ist das Sicherheitsmeeting!
Ich geh hin!

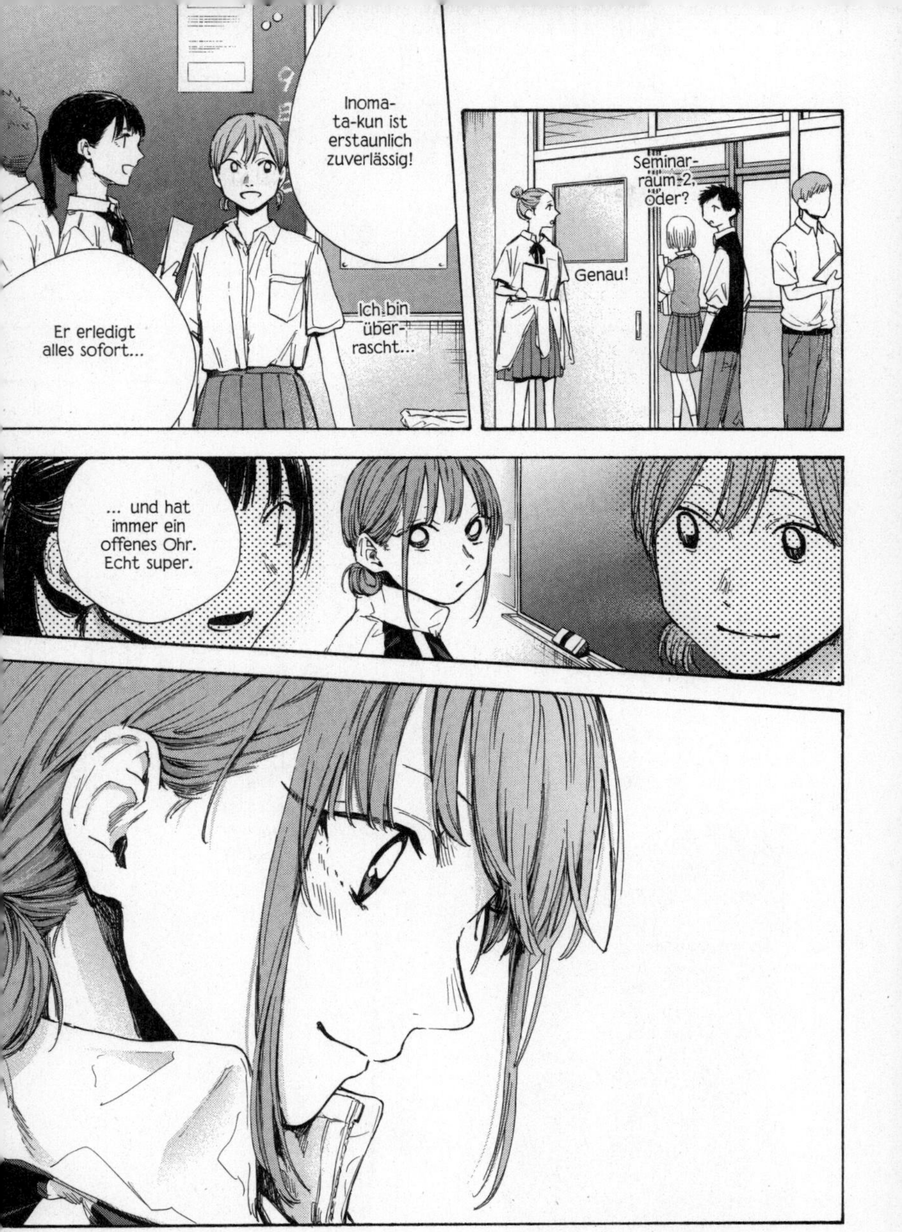
Seminarraum 2, oder?
Genau!
Inomata-kun ist erstaunlich zuverlässig!
Ich bin überrascht...
Er erledigt alles sofort...
... und hat immer ein offenes Ohr. Echt super.

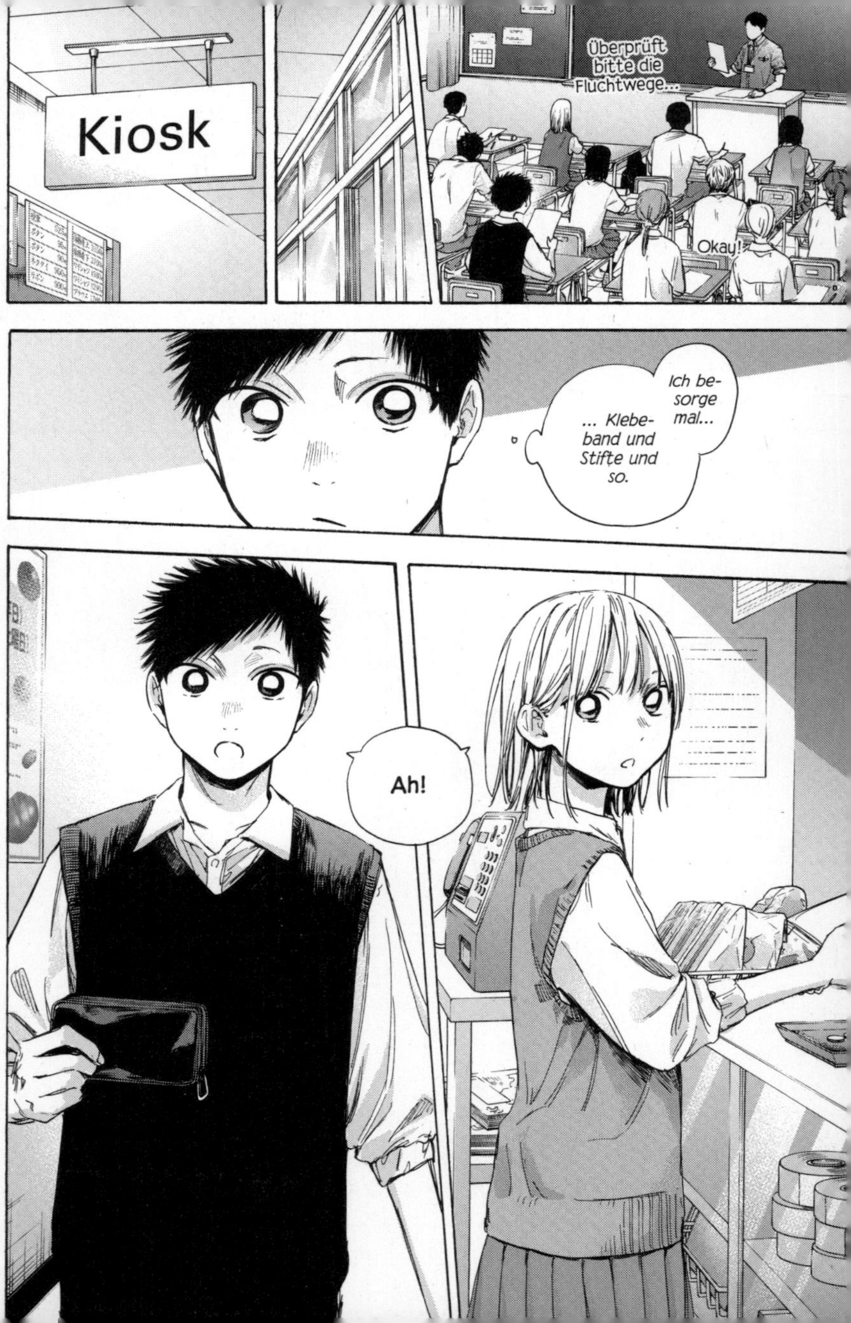
Überprüft bitte die Fluchtwege...
Okay!
Kiosk
Ich besorge mal...
... Klebeband und Stifte und so.
Ah!

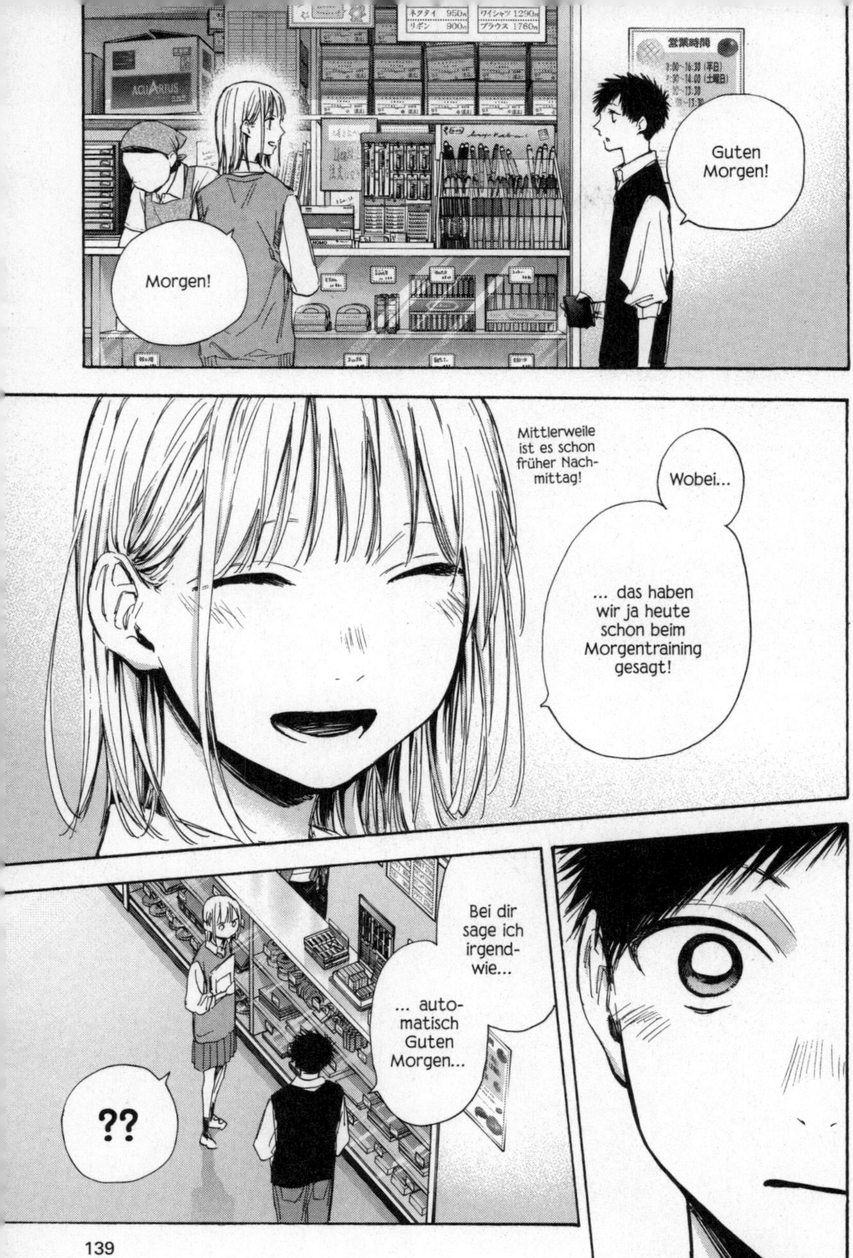
Guten Morgen!
Morgen!
Wobei...
... das haben wir ja heute schon beim Morgentraining gesagt!
Mittlerweile ist es schon früher Nachmittag!
Bei dir sage ich irgendwie...
... automatisch Guten Morgen...
??

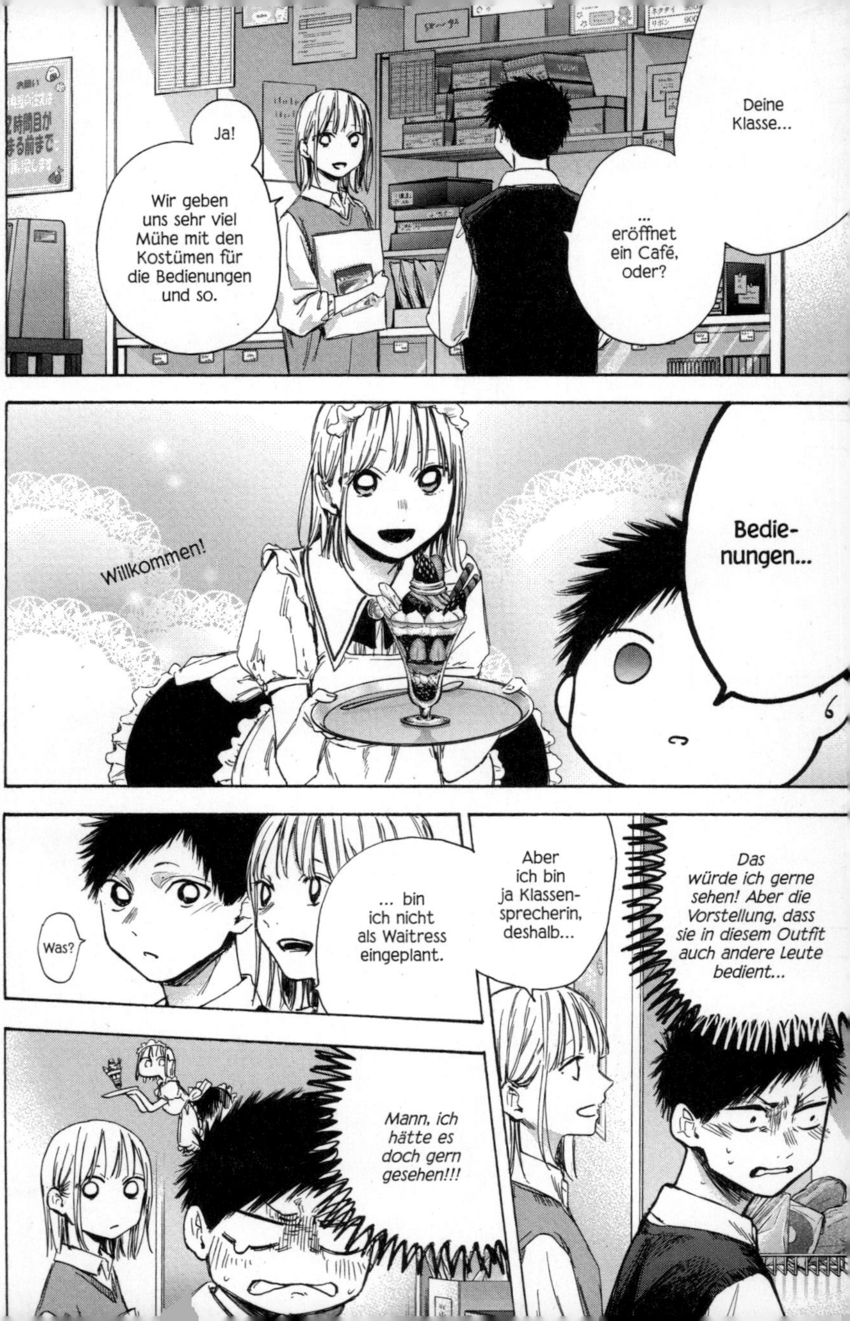
Deine Klasse...
... eröffnet ein Café, oder?
Ja!
Wir geben uns sehr viel Mühe mit den Kostümen für die Bedienungen und so.
Bedie-nungen...
Willkommen!
Das würde ich gerne sehen! Aber die Vorstellung, dass sie in diesem Outfit auch andere Leute bedient...
Aber ich bin ja Klassen-sprecherin, deshalb...
... bin ich nicht als Waitress eingeplant.
Was?
Mann, ich hätte es doch gern gesehen!!!

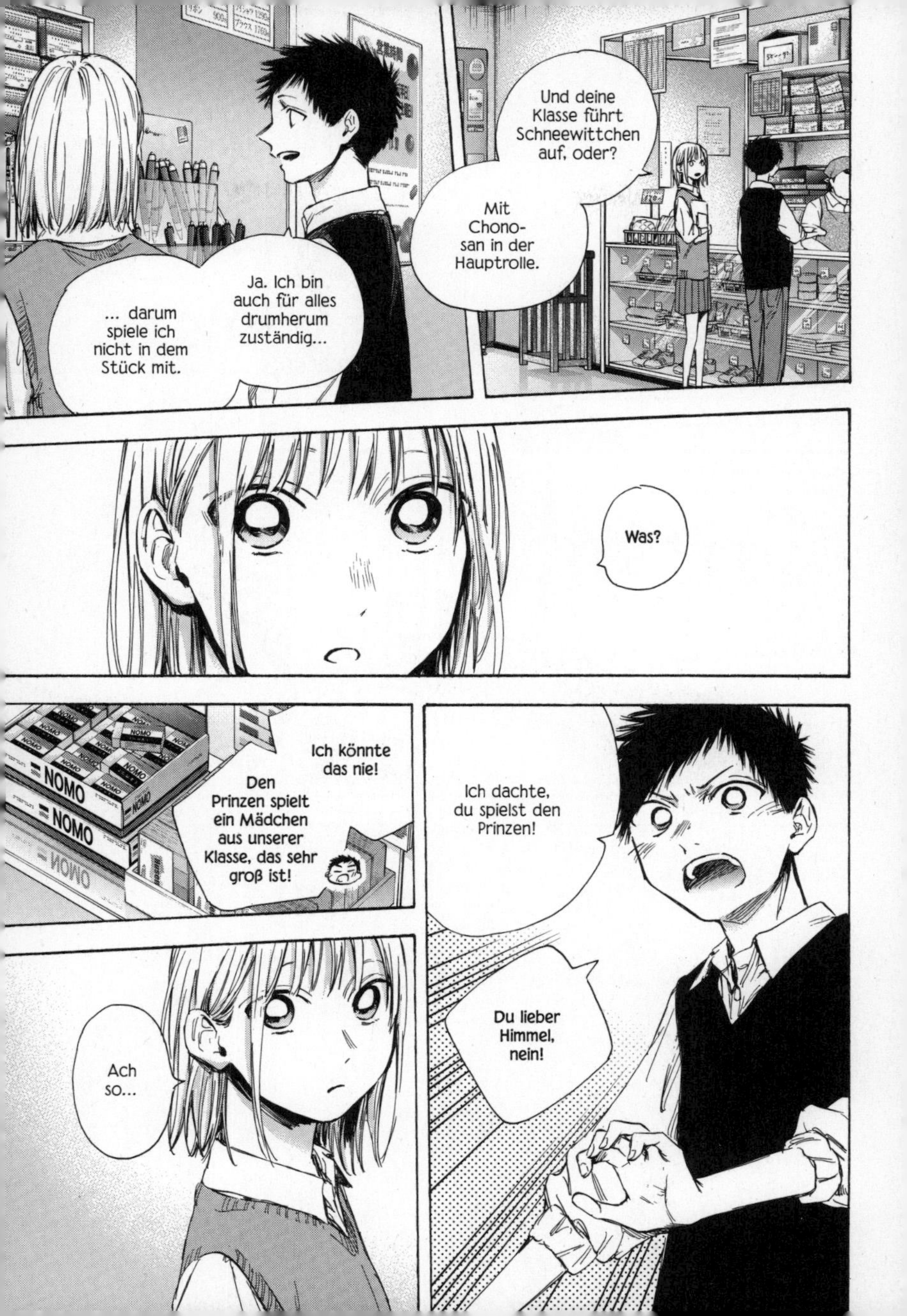
Und deine Klasse führt Schneewittchen auf, oder?
Mit Chono-san in der Hauptrolle.
Ja. Ich bin auch für alles drumherum zuständig...
... darum spiele ich nicht in dem Stück mit.
Was?
Ich dachte, du spielst den Prinzen!
Ich könnte das nie!
Den Prinzen spielt ein Mädchen aus unserer Klasse, das sehr groß ist!
Du lieber Himmel, nein!
Ach so...
NOMO

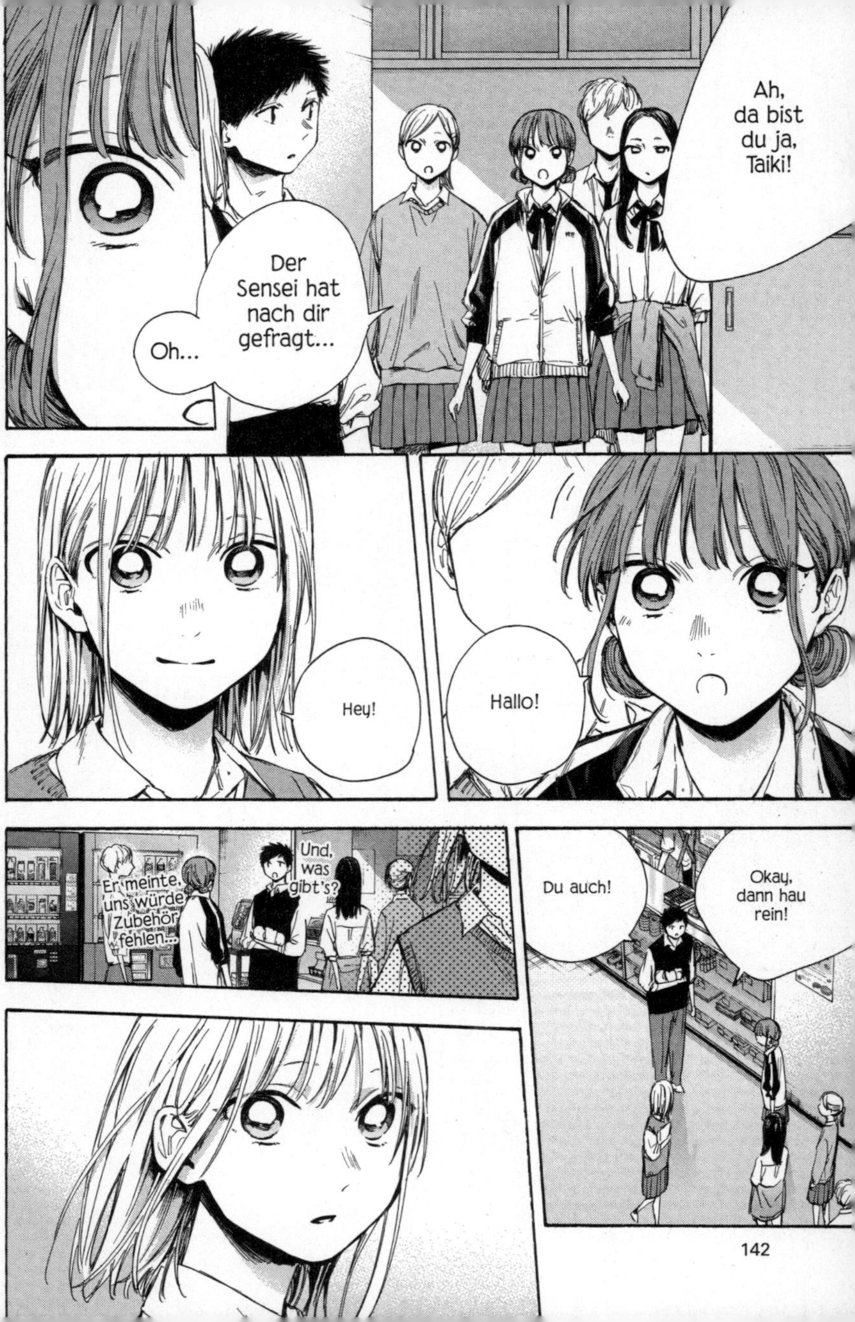
Ah, da bist du ja, Taiki!
Der Sensei hat nach dir gefragt...
Oh...
Hallo!
Hey!
Okay, dann hau rein!
Du auch!
Und, was gibt's?
Er meinte, uns würde Zubehör fehlen...

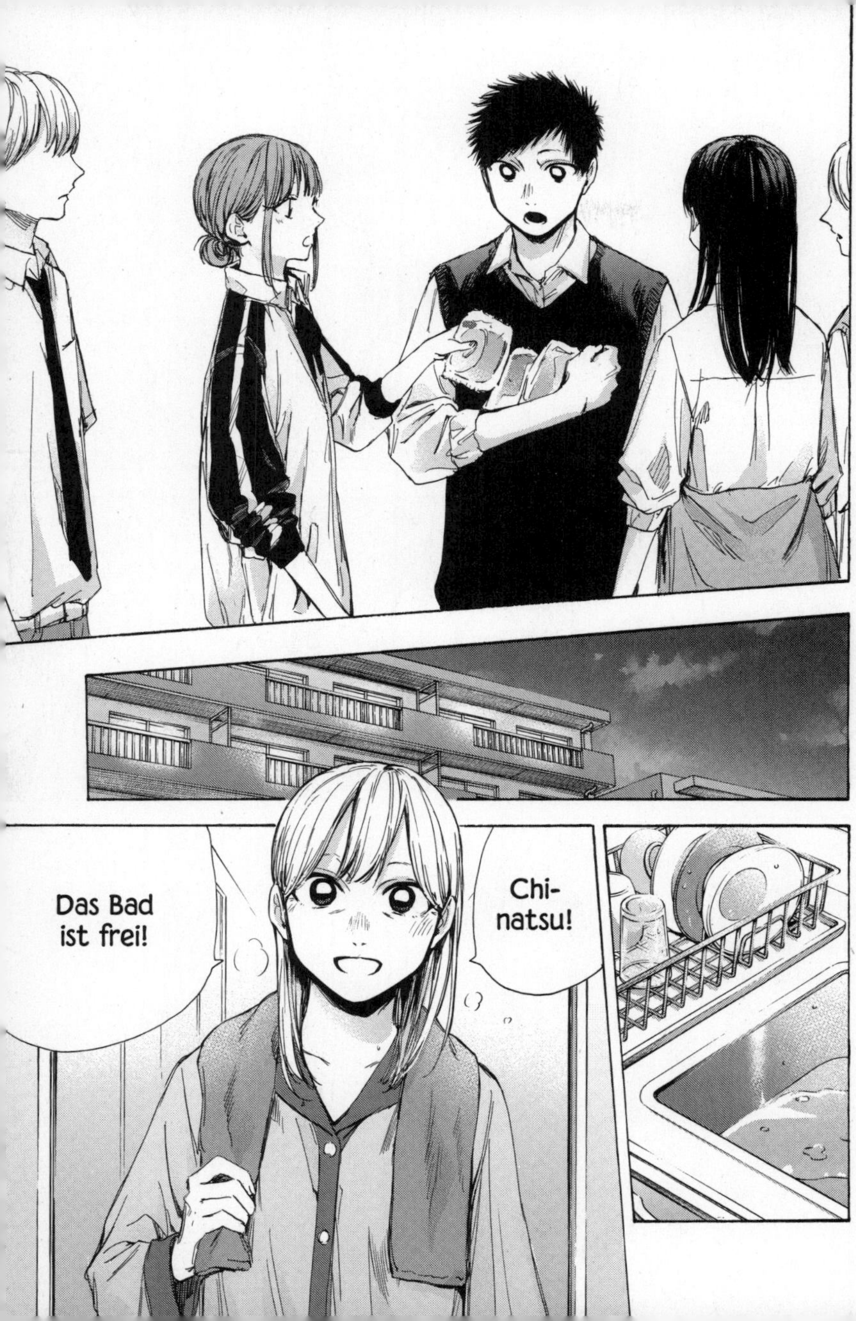
Chi-
natsu!
Das Bad
ist frei!

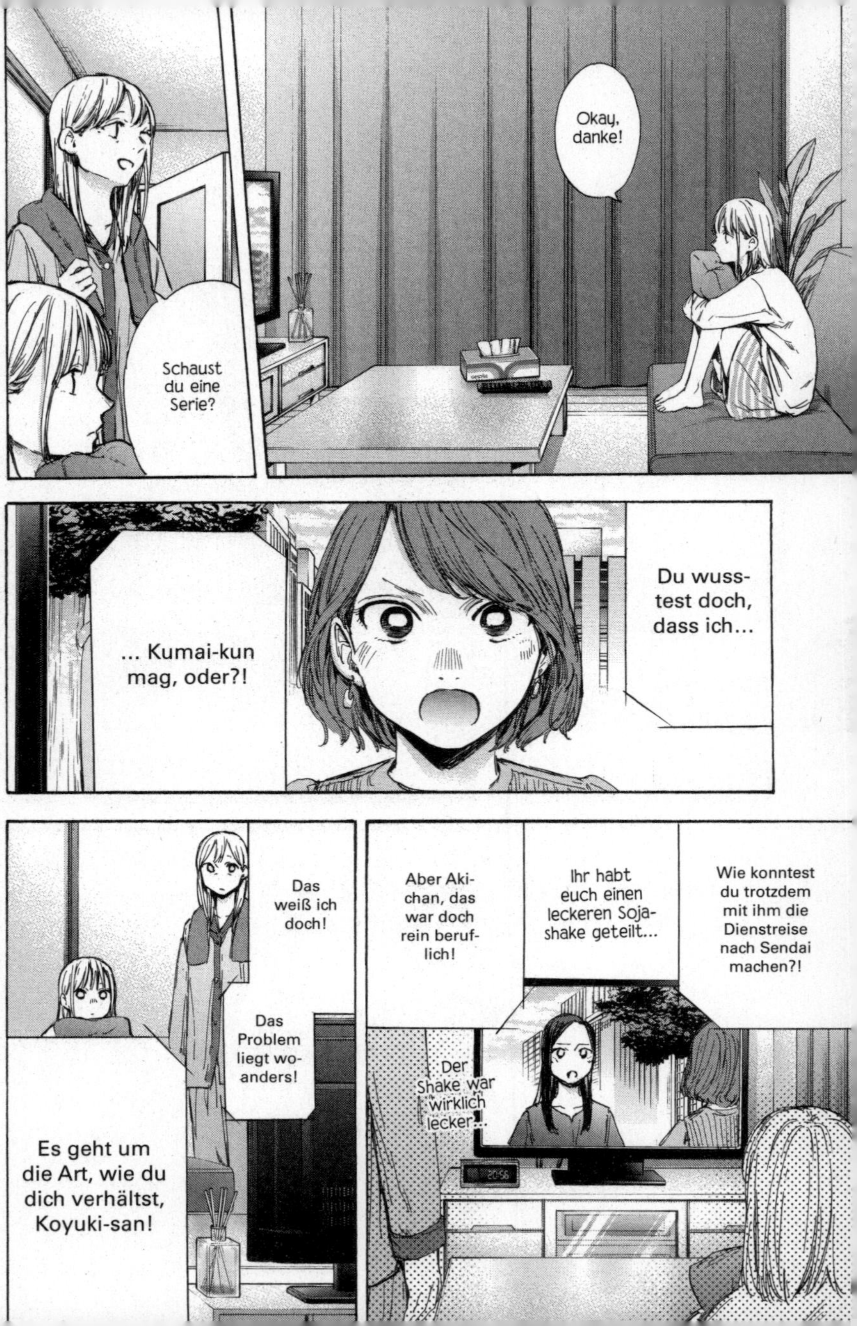

Okay, danke!
Schaust du eine Serie?
Du wusstest doch, dass ich...
... Kumai-kun mag, oder?!
Wie konntest du trotzdem mit ihm die Dienstreise nach Sendai machen?!
Ihr habt euch einen leckeren Soja-shake geteilt...
Aber Aki-chan, das war doch rein beruflich!
Der Shake war wirklich lecker...
Das weiß ich doch!
Das Problem liegt woanders!
Es geht um die Art, wie du dich verhältst, Koyuki-san!

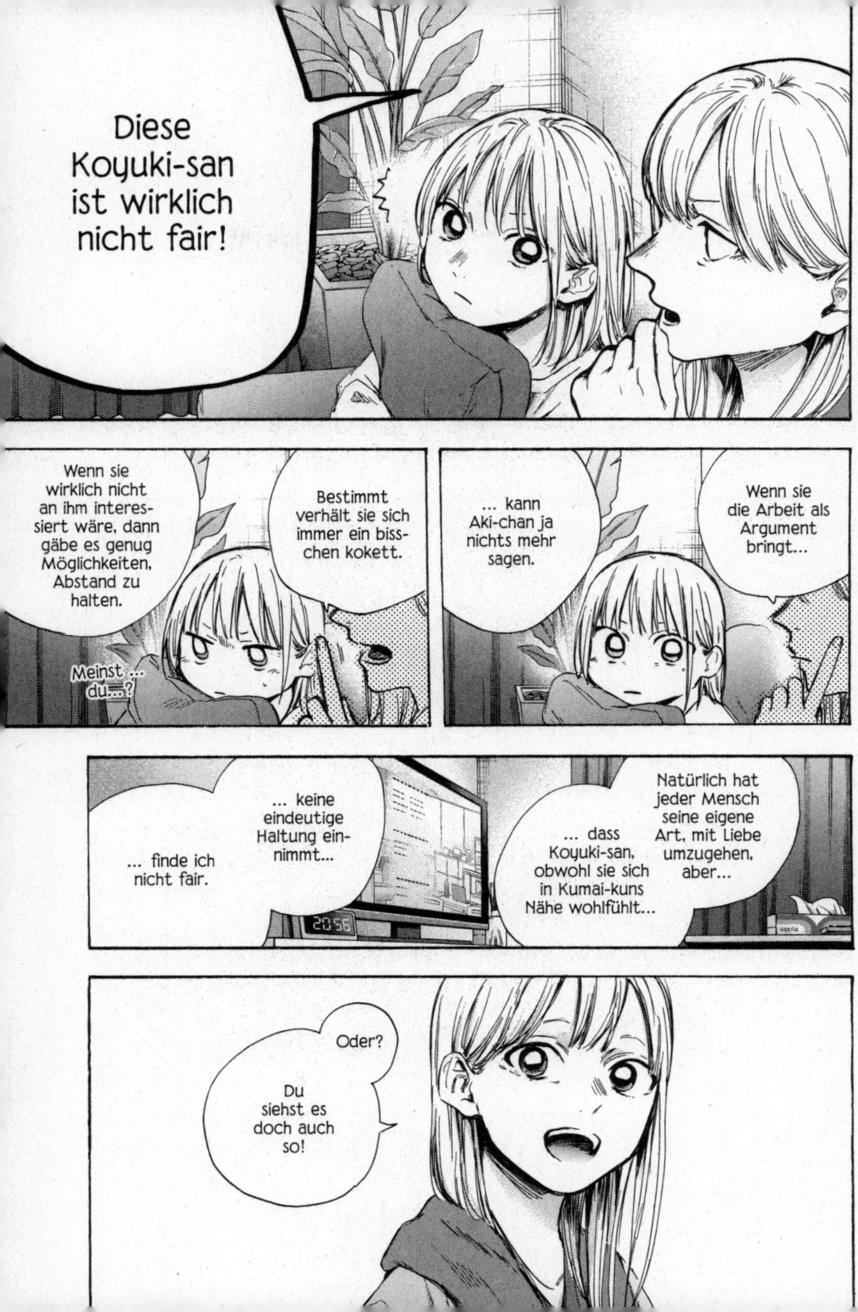
Diese Koyuki-san ist wirklich nicht fair!
Wenn sie die Arbeit als Argument bringt...
... kann Aki-chan ja nichts mehr sagen.
Bestimmt verhält sie sich immer ein biss-chen kokett.
Wenn sie wirklich nicht an ihm interes-siert wäre, dann gäbe es genug Möglichkeiten, Abstand zu halten.
Meinst ... du...?
Natürlich hat jeder Mensch seine eigene Art, mit Liebe umzugehen, aber...
... dass Koyuki-san, obwohl sie sich in Kumai-kuns Nähe wohlfühlt...
... keine eindeutige Haltung ein-nimmt...
... finde ich nicht fair.
20:56
Oder?
Du siehst es doch auch so!

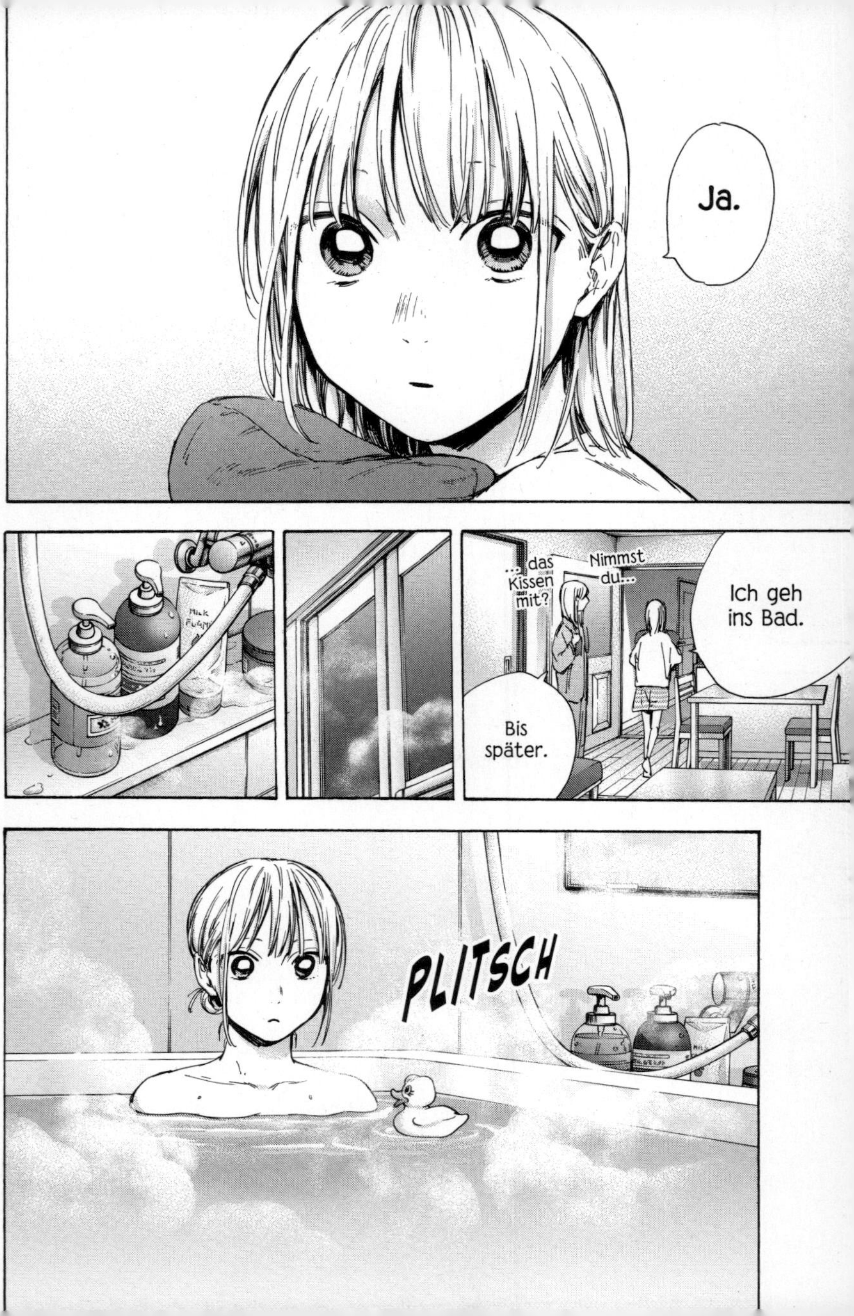
Ja.
Ich geh ins Bad.
Nimmst du...
... das Kissen mit?
Bis später.
PLITSCH

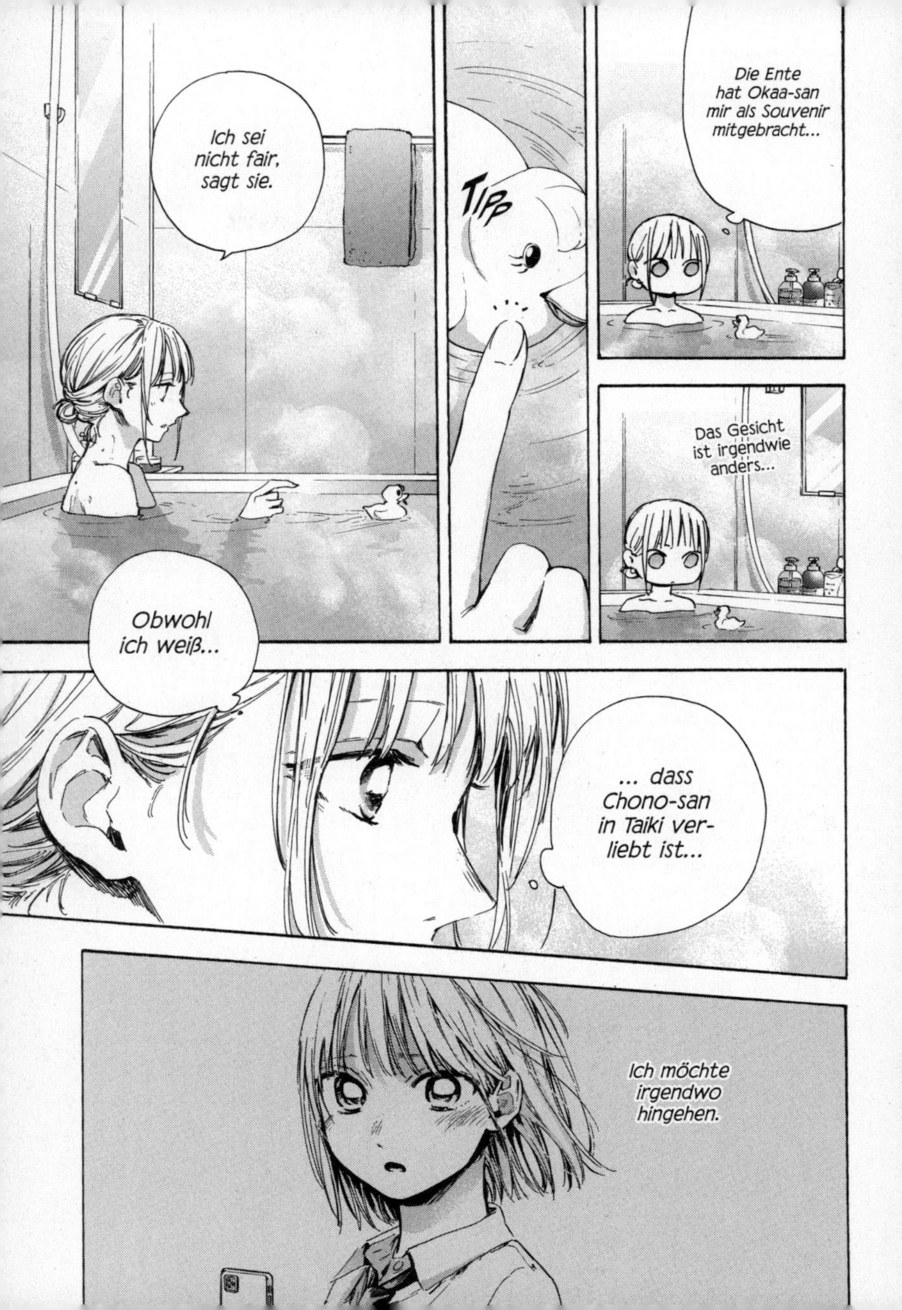
Die Ente hat Okaa-san mir als Souvenir mitgebracht...
TIPP
Ich sei nicht fair, sagt sie.
Das Gesicht ist irgendwie anders...
Obwohl ich weiß...
... dass Chono-san in Taiki verliebt ist...
Ich möchte irgendwo hingehen.

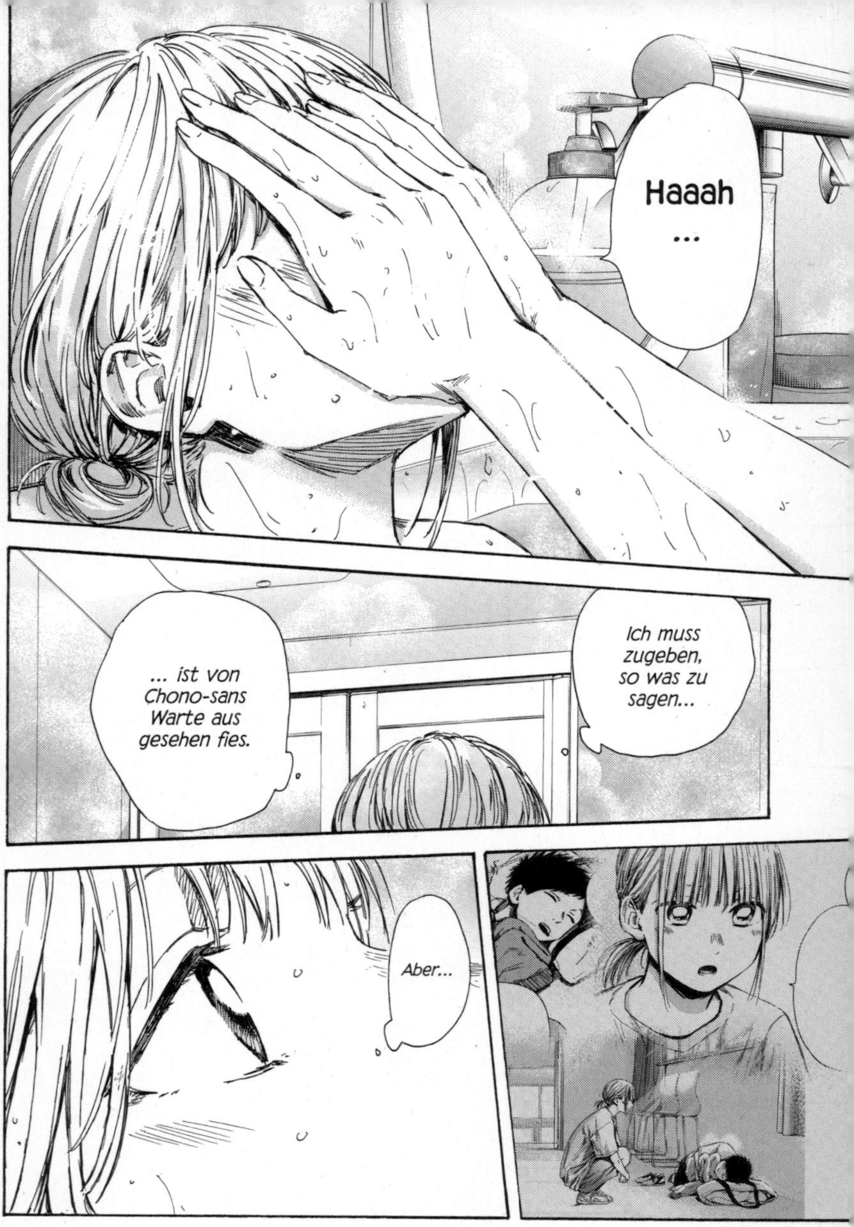

Haaah
...
Ich muss zugeben, so was zu sagen...
... ist von Chono-sans Warte aus gesehen fies.
Aber...

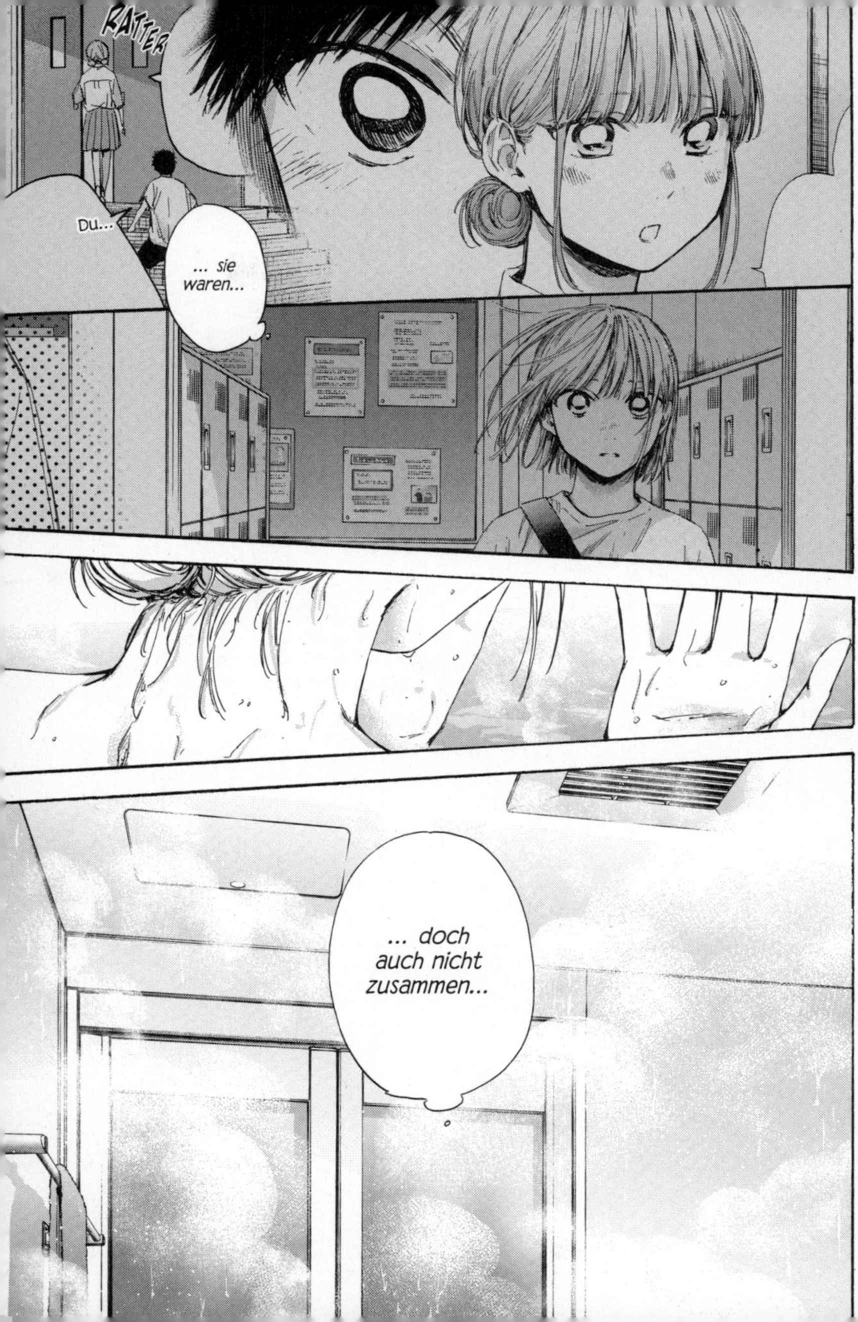
KATTER
Du...
... sie waren...
... doch auch nicht zusammen...

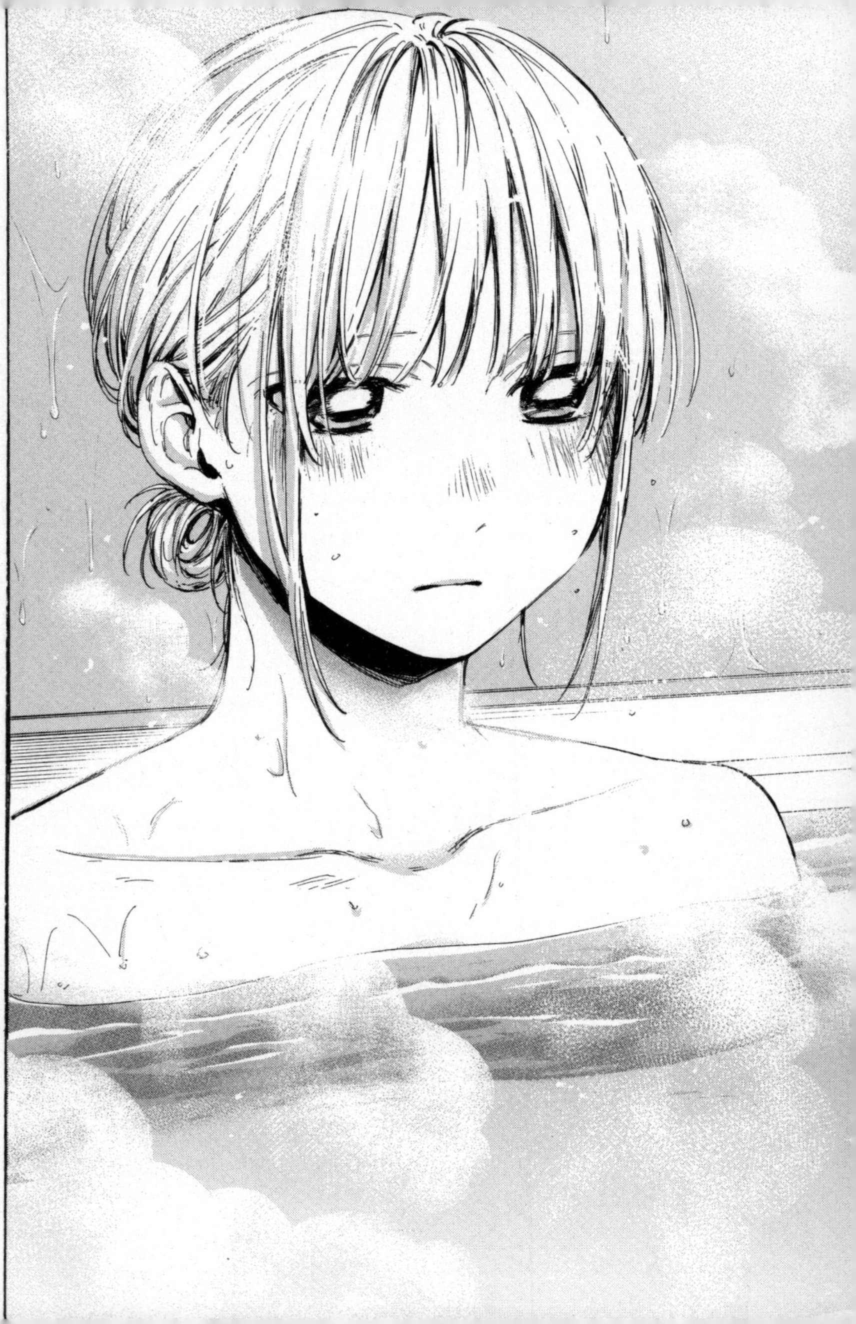

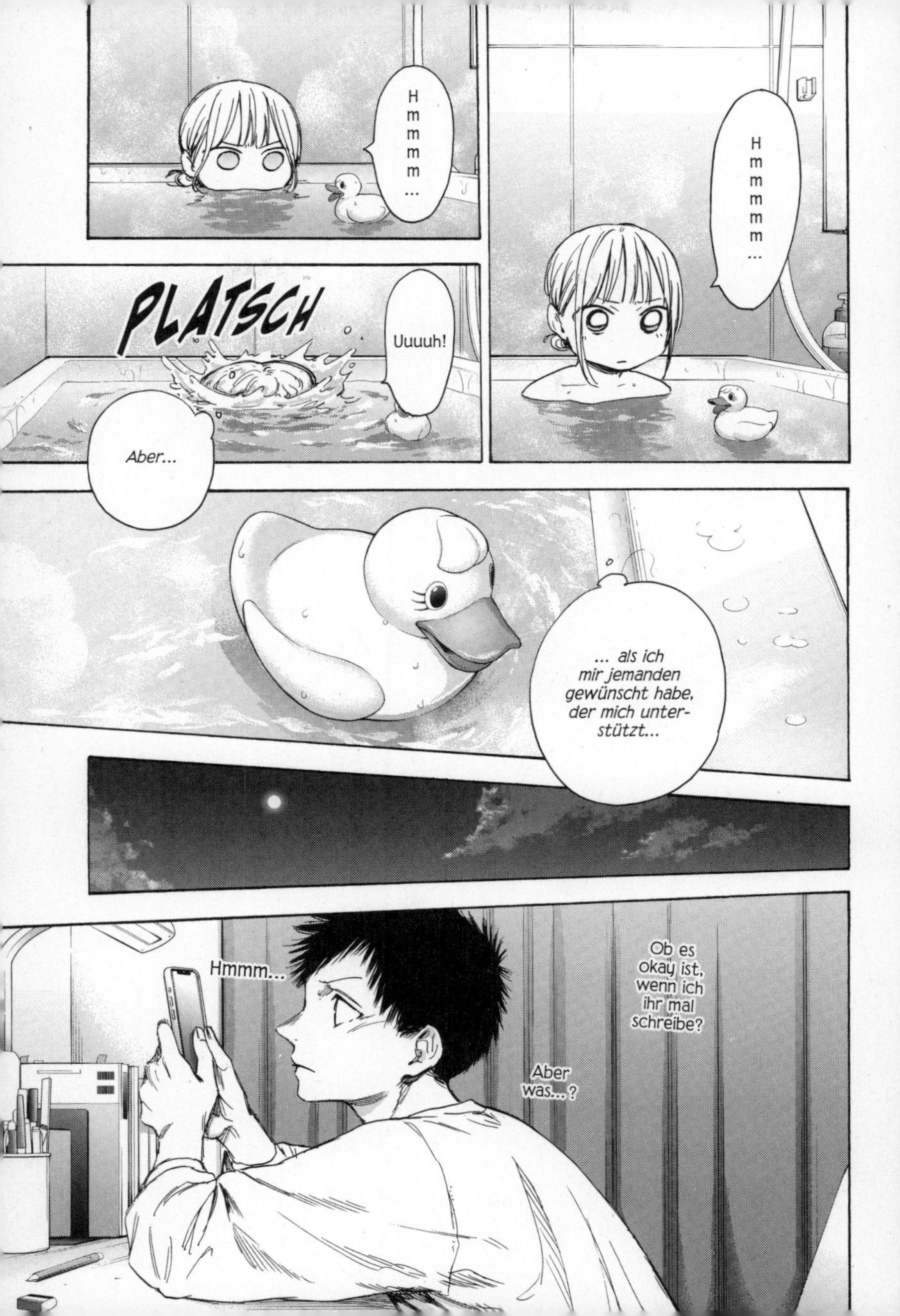
Hmmmmm...
Hmmm...
Uuuuh!
PLATSCH
Aber...
... als ich mir jemanden gewünscht habe, der mich unterstützt...
Ob es okay ist, wenn ich ihr mal schreibe?
Hmmm...
Aber was...?

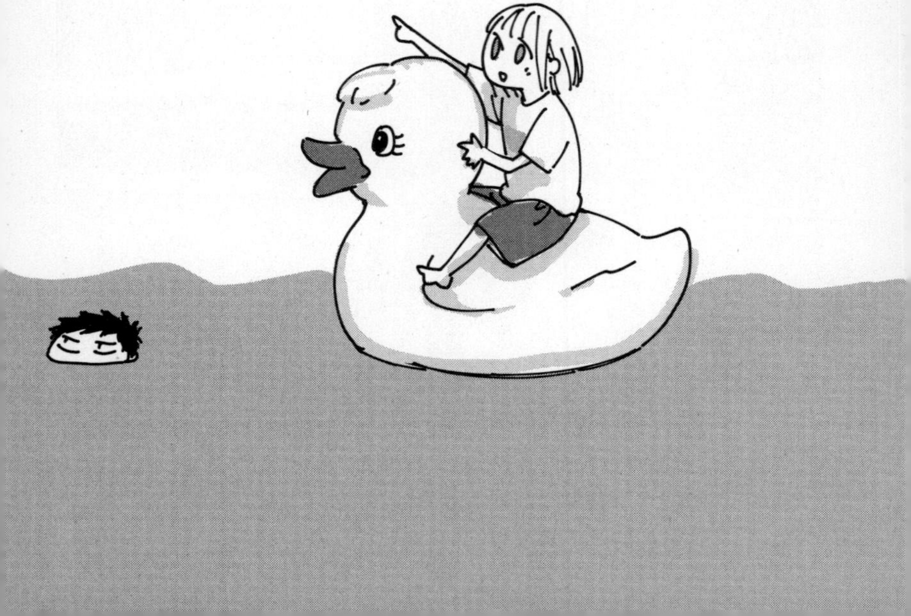

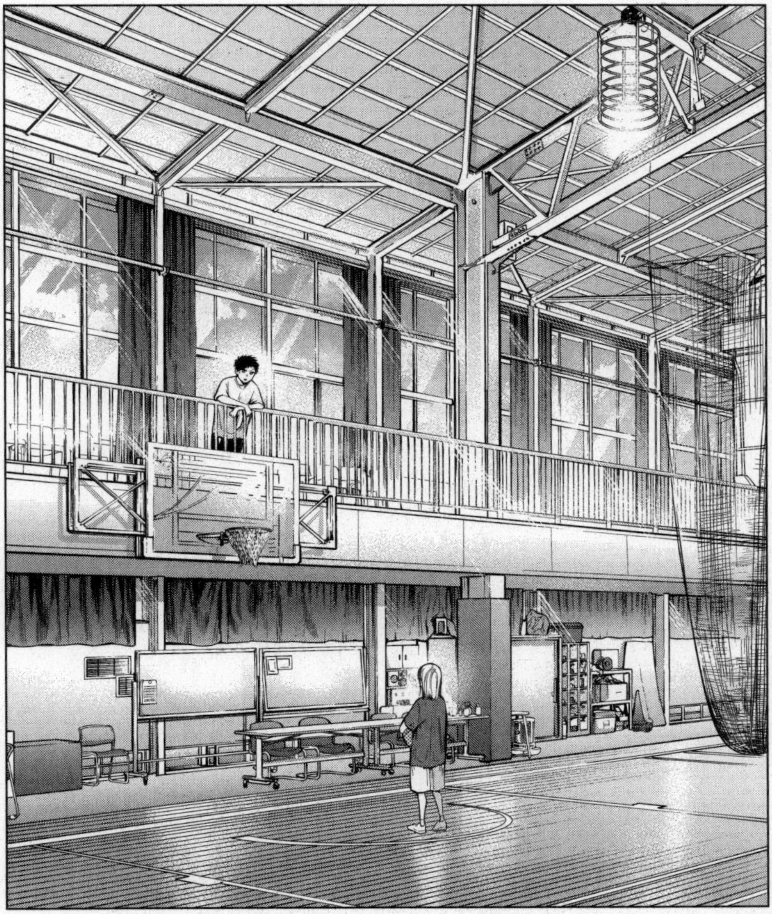

#51 So ist gerade richtig

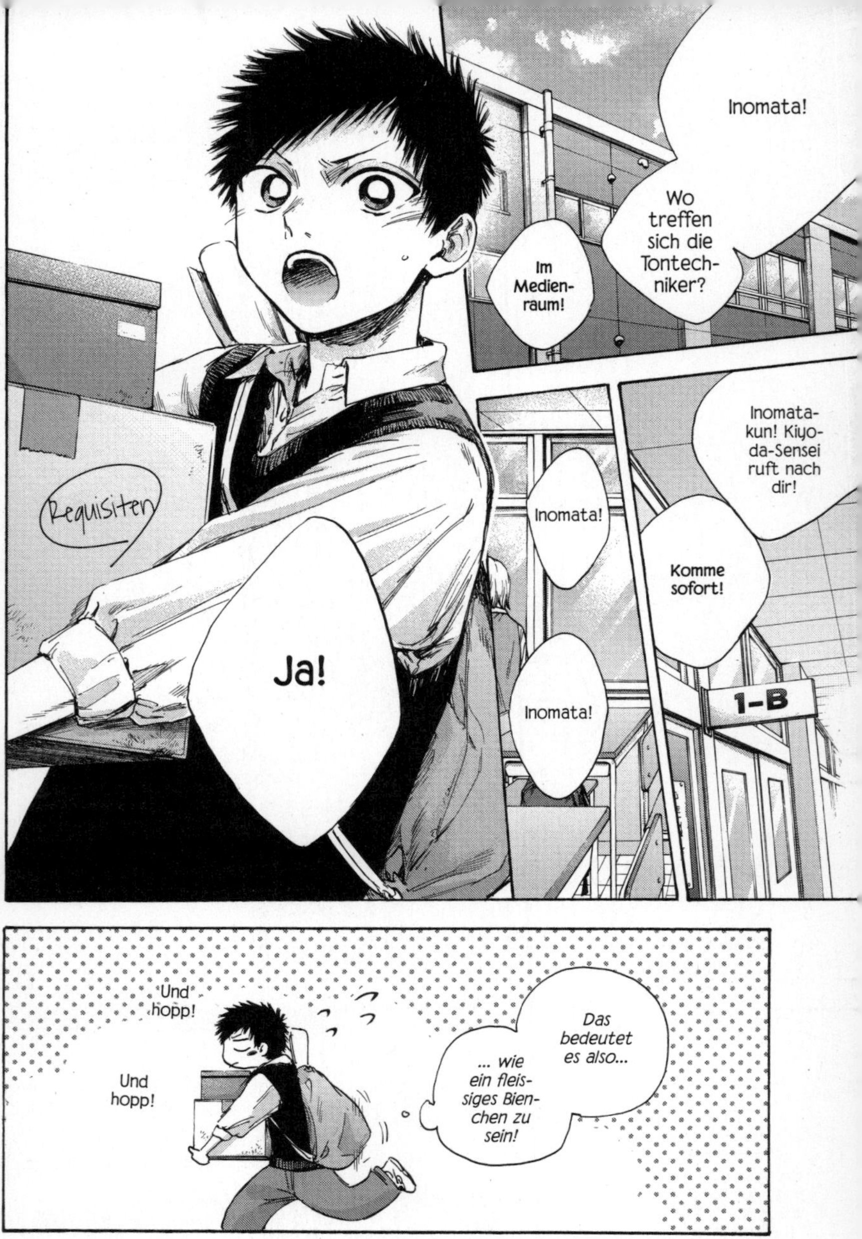
Inomata!
Wo treffen sich die Tontechniker?
Im Medienraum!
Inomata-kun! Kiyoda-Sensei ruft nach dir!
Komme sofort!
Inomata!
Inomata!
1-B
Ja!
Requisiten
Das bedeutet es also...
... wie ein fleissiges Bienchen zu sein!
Und hopp!
Und hopp!

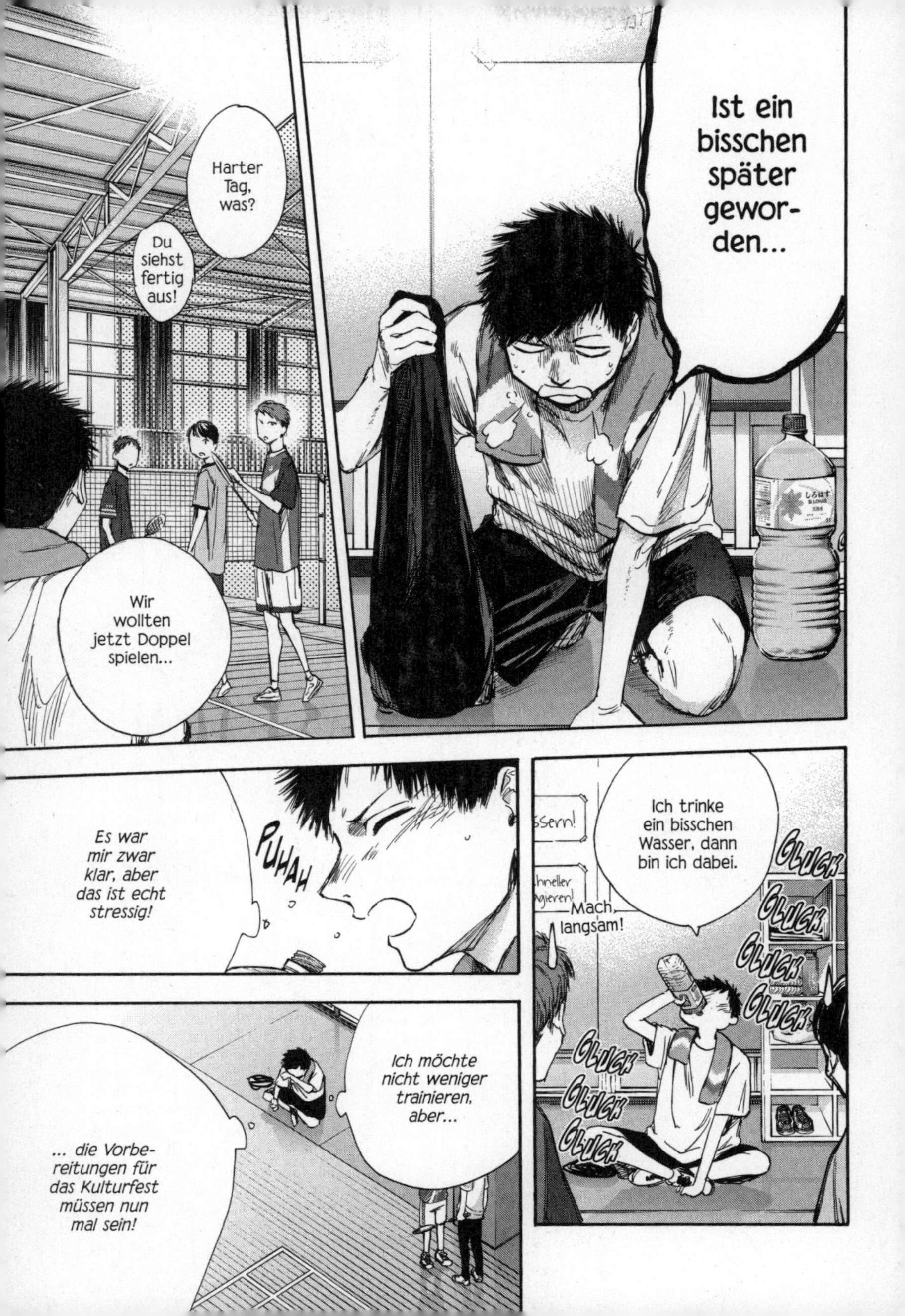

Ist ein bisschen später gewor-den...
Harter Tag, was?
Du siehst fertig aus!
Wir wollten jetzt Doppel spielen...
Ich trinke ein bisschen Wasser, dann bin ich dabei.
Mach langsam!
GLUCK GLUCK GLUCK GLUCK GLUCK GLUCK GLUCK
PUHAH
Es war mir zwar klar, aber das ist echt stressig!
Ich möchte nicht weniger trainieren, aber...
... die Vorbe-reitungen für das Kulturfest müssen nun mal sein!

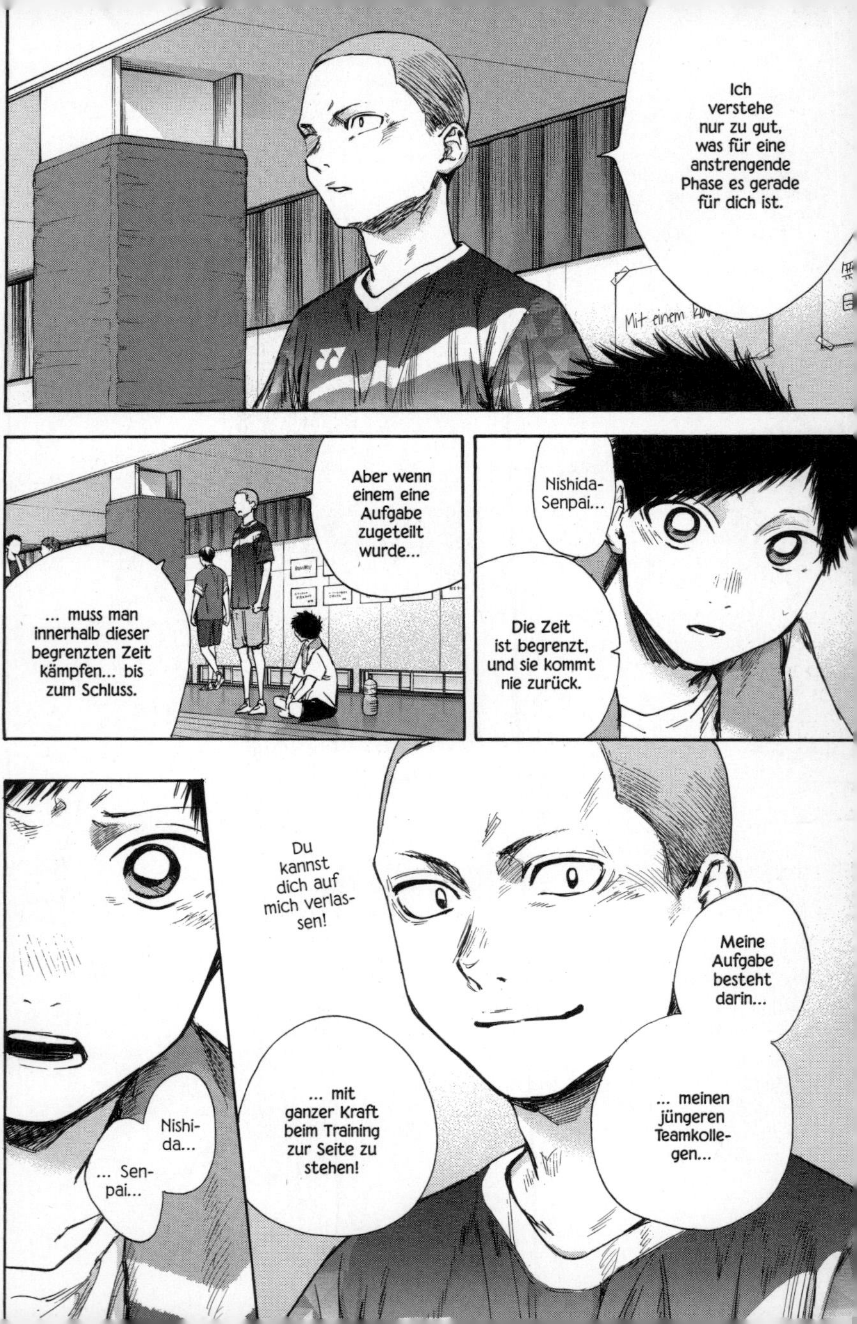
Ich verstehe nur zu gut, was für eine anstrengende Phase es gerade für dich ist.
Mit einem
Nishida-Senpai...
Die Zeit ist begrenzt, und sie kommt nie zurück.
Aber wenn einem eine Aufgabe zugeteilt wurde...
... muss man innerhalb dieser begrenzten Zeit kämpfen... bis zum Schluss.
Meine Aufgabe besteht darin...
... meinen jüngeren Teamkollegen...
... mit ganzer Kraft beim Training zur Seite zu stehen!
Du kannst dich auf mich verlassen!
Nishida...
... Senpai...

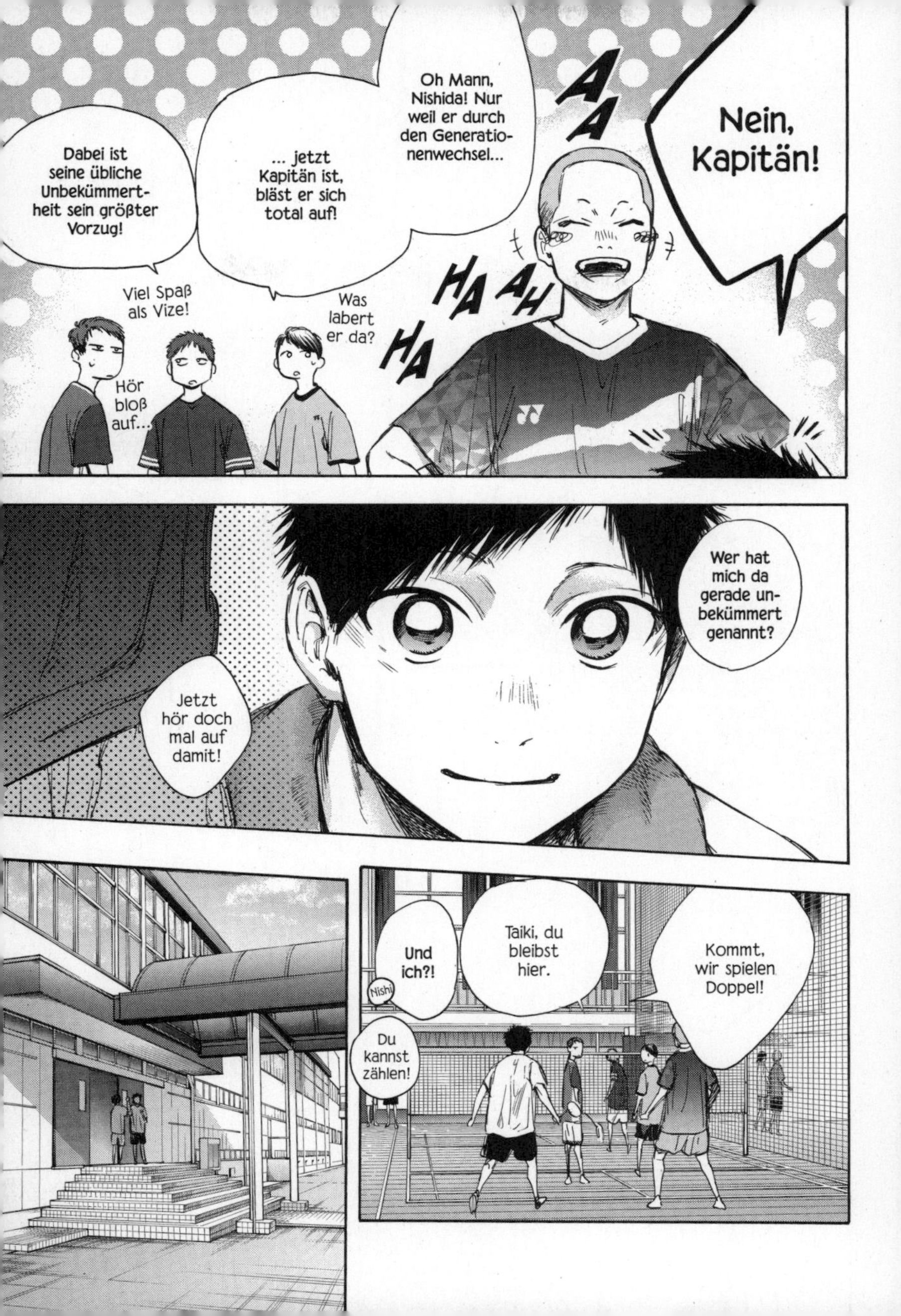
Nein, Kapitän!
AAA
Oh Mann, Nishida! Nur weil er durch den Generationenwechsel...
... jetzt Kapitän ist, bläst er sich total auf!
Dabei ist seine übliche Unbekümmertheit sein größter Vorzug!
HAHAHAAH
Was labert er da?
Viel Spaß als Vize!
Hör bloß auf...
Wer hat mich da gerade unbekümmert genannt?
Jetzt hör doch mal auf damit!
Kommt, wir spielen Doppel!
Taiki, du bleibst hier.
Und ich?!
Nishi
Du kannst zählen!

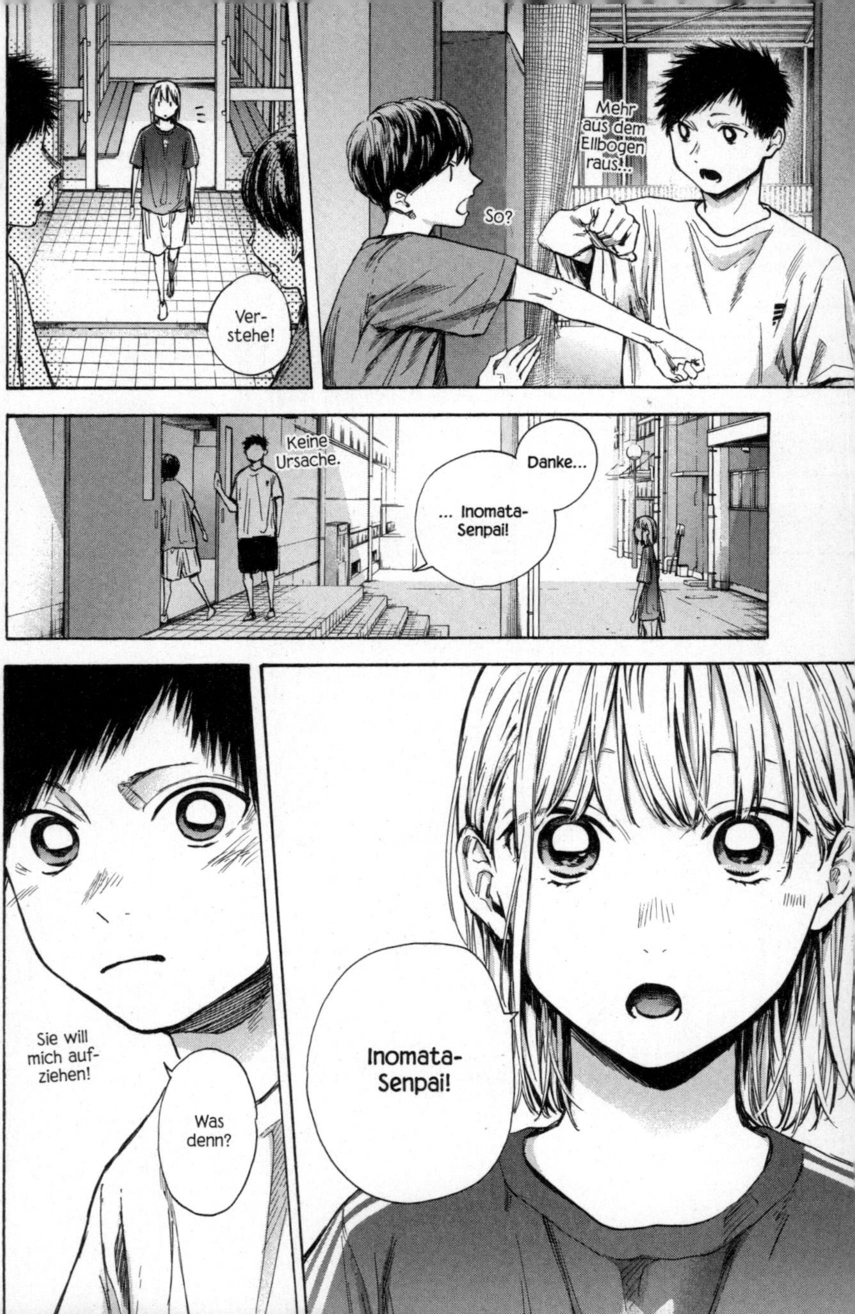
Mehr aus dem Ellbogen raus...
So?
Ver-stehe!
Danke...
... Inomata-Senpai!
Keine Ursache.
Inomata-Senpai!
Was denn?
Sie will mich auf-ziehen!

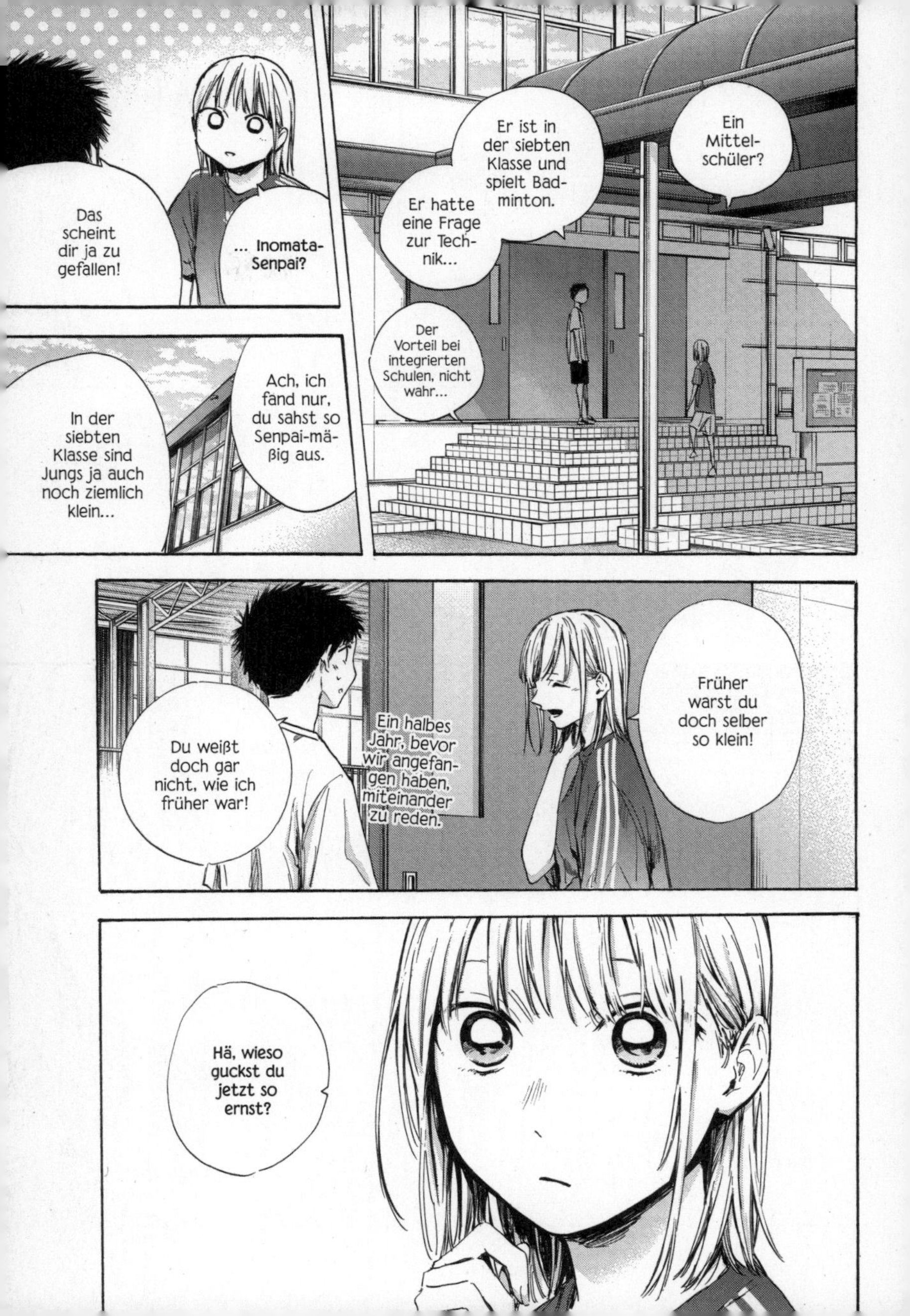
Ein Mittel-schüler?
Er ist in der siebten Klasse und spielt Badminton.
Er hatte eine Frage zur Technik...
Der Vorteil bei integrierten Schulen, nicht wahr...
... Inomata-Senpai?
Das scheint dir ja zu gefallen!
Ach, ich fand nur, du sahst so Senpai-mäßig aus.
In der siebten Klasse sind Jungs ja auch noch ziemlich klein...
Früher warst du doch selber so klein!
Ein halbes Jahr, bevor wir angefangen haben, miteinander zu reden.
Du weißt doch gar nicht, wie ich früher war!
Hä, wieso guckst du jetzt so ernst?

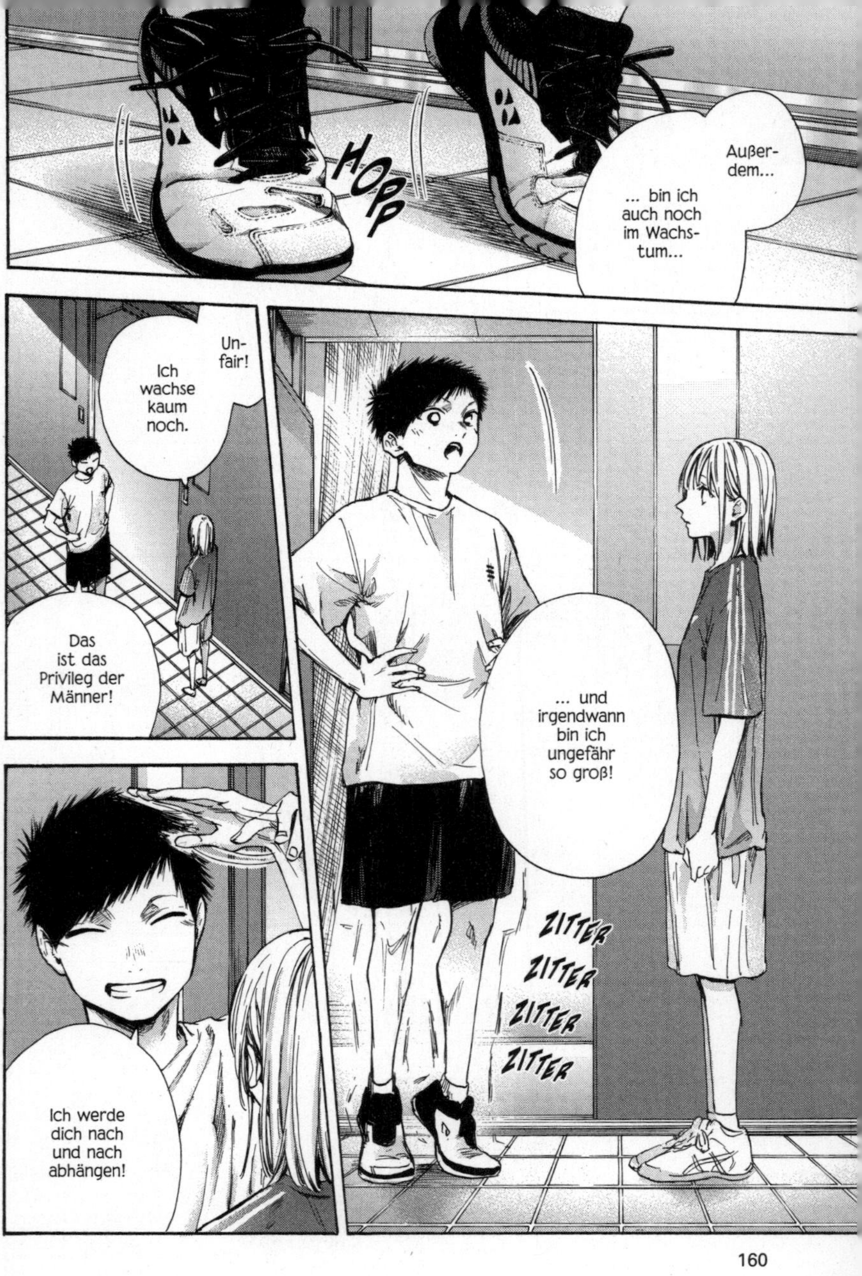
HOPP
Außer-dem...
... bin ich auch noch im Wachs-tum...
... und irgendwann bin ich ungefähr so groß!
ZITTER
ZITTER
ZITTER
ZITTER
Un-fair!
Ich wachse kaum noch.
Das ist das Privileg der Männer!
Ich werde dich nach und nach abhängen!

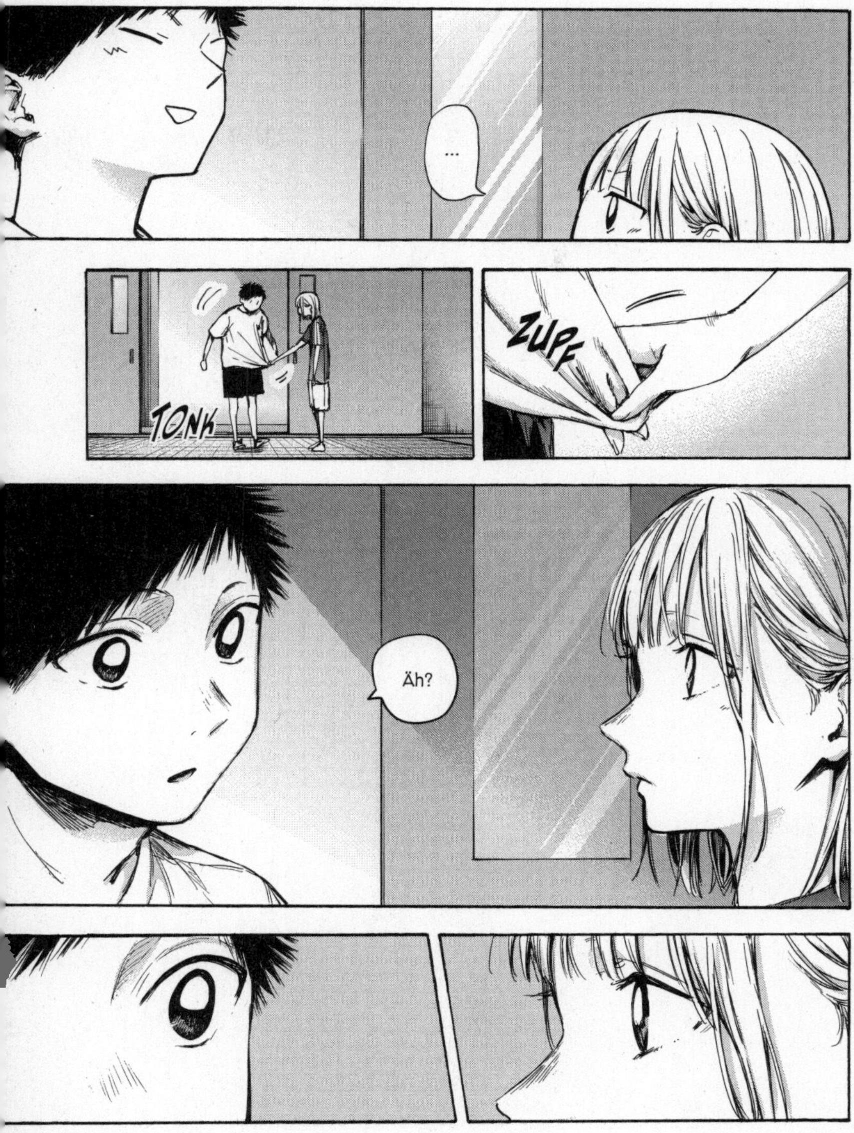
...
ZUPF
TONK
Äh?

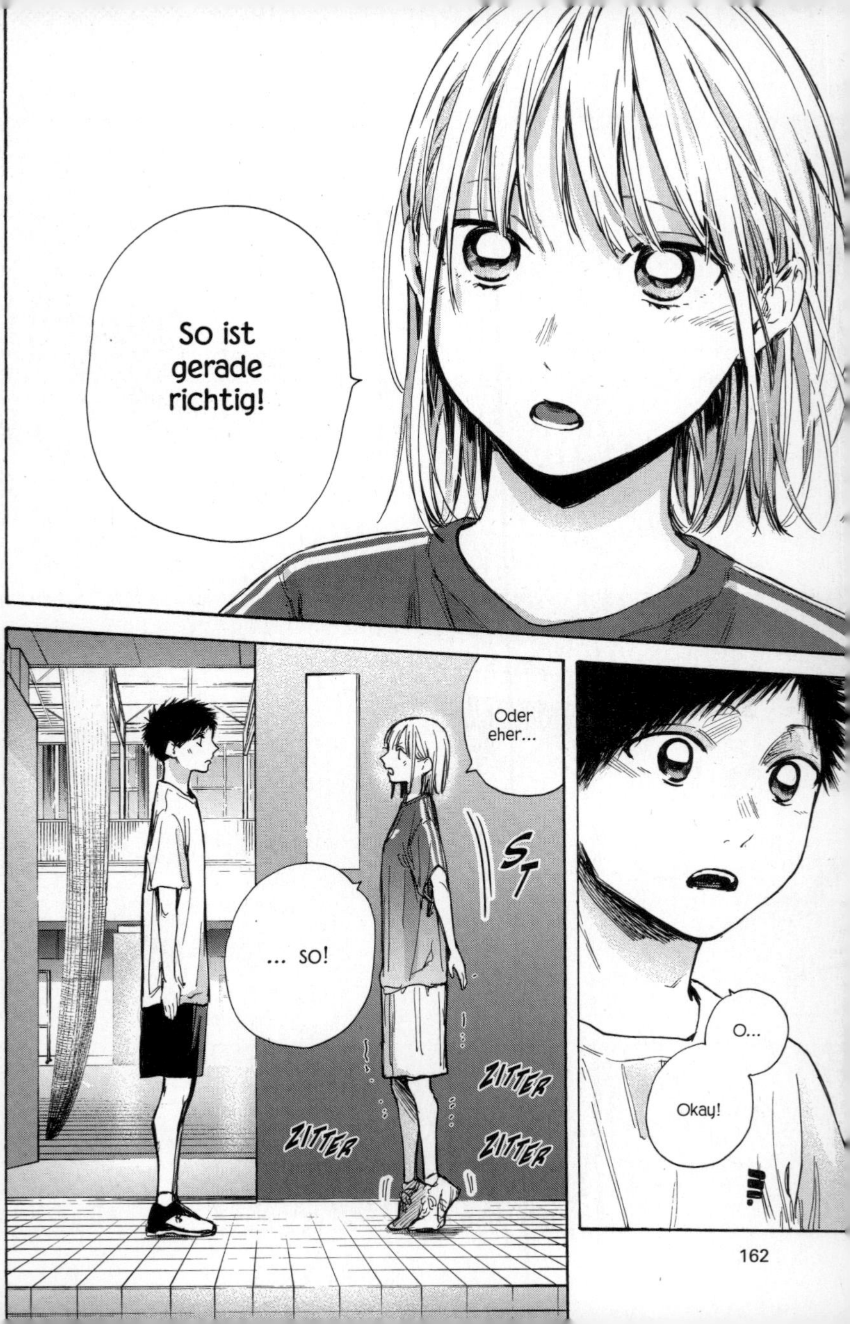
So ist gerade richtig!
Oder eher...
ST
... so!
ZITTER
ZITTER
ZITTER
O...
Okay!

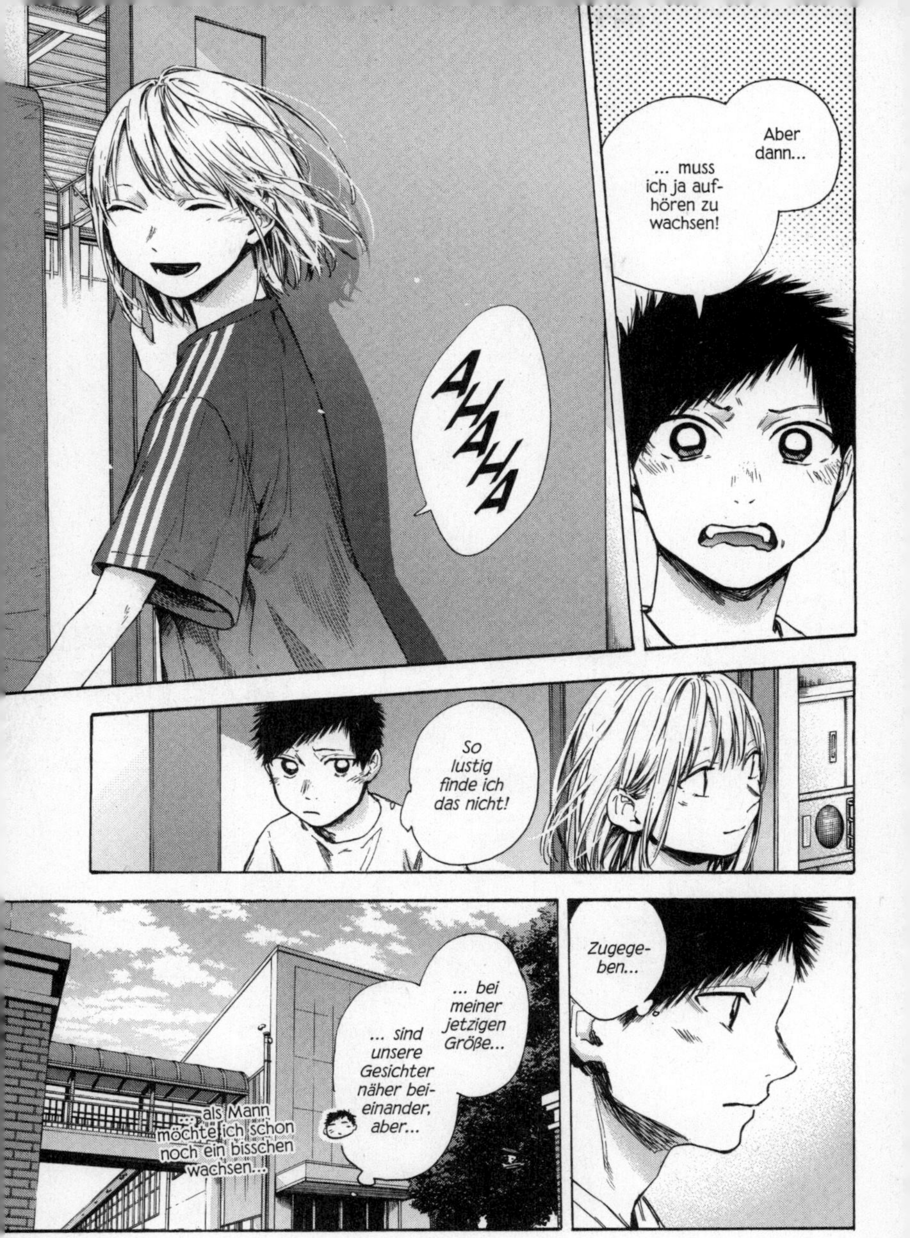
Aber dann...
... muss ich ja aufhören zu wachsen!
AHAHA
So lustig finde ich das nicht!
Zugegeben...
... bei meiner jetzigen Größe...
... sind unsere Gesichter näher beieinander, aber...
... als Mann möchte ich schon noch ein bisschen wachsen...

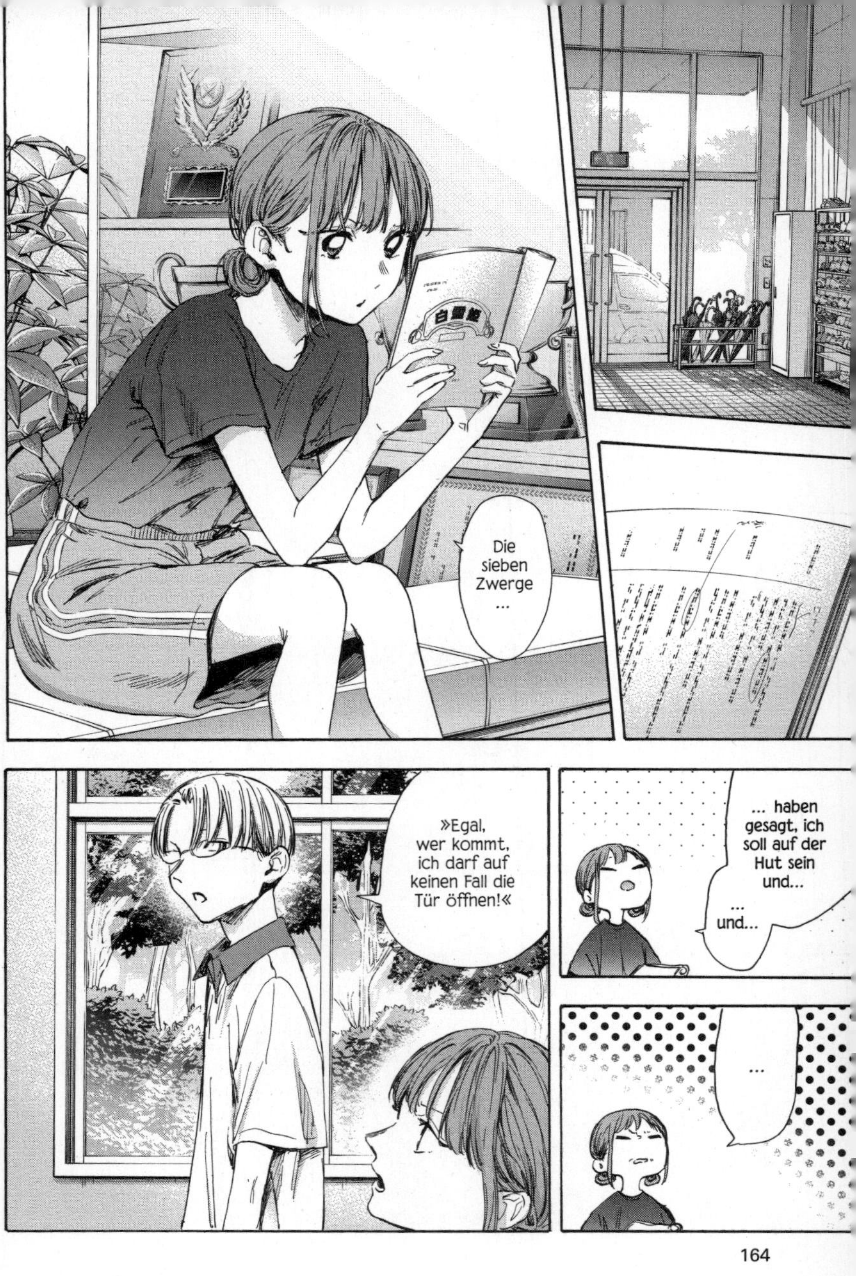
Die sieben Zwerge ...
... haben gesagt, ich soll auf der Hut sein und... ... und...
»Egal, wer kommt, ich darf auf keinen Fall die Tür öffnen!«
...

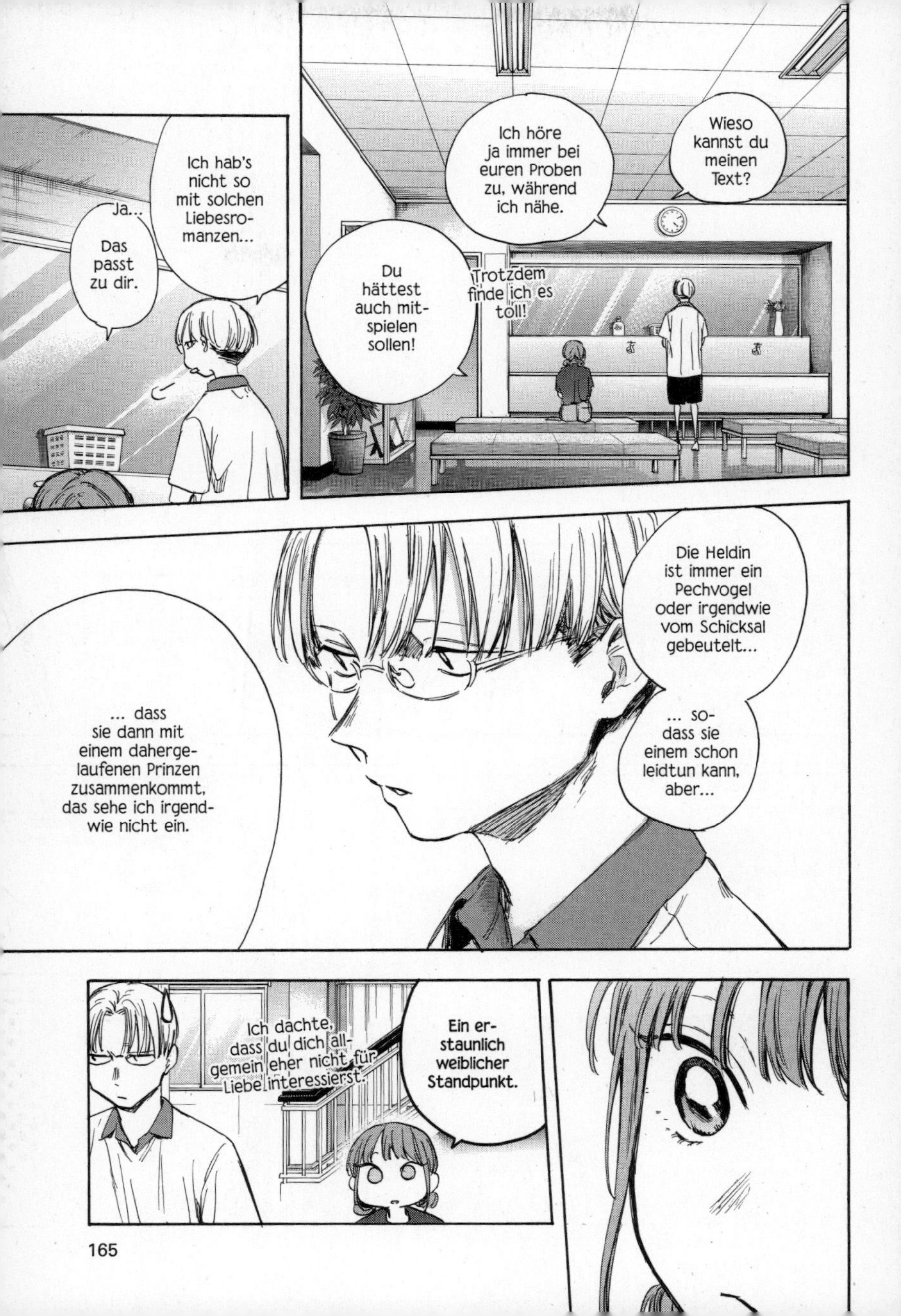
Wieso kannst du meinen Text?
Ich höre ja immer bei euren Proben zu, während ich nähe.
Du hättest auch mitspielen sollen!
Trotzdem finde ich es toll!
Ich hab's nicht so mit solchen Liebesromanzen...
Ja... Das passt zu dir.
Die Heldin ist immer ein Pechvogel oder irgendwie vom Schicksal gebeutelt...
... sodass sie einem schon leidtun kann, aber...
... dass sie dann mit einem dahergelaufenen Prinzen zusammenkommt, das sehe ich irgendwie nicht ein.
Ein erstaunlich weiblicher Standpunkt.
Ich dachte, dass du dich allgemein eher nicht für Liebe interessierst.

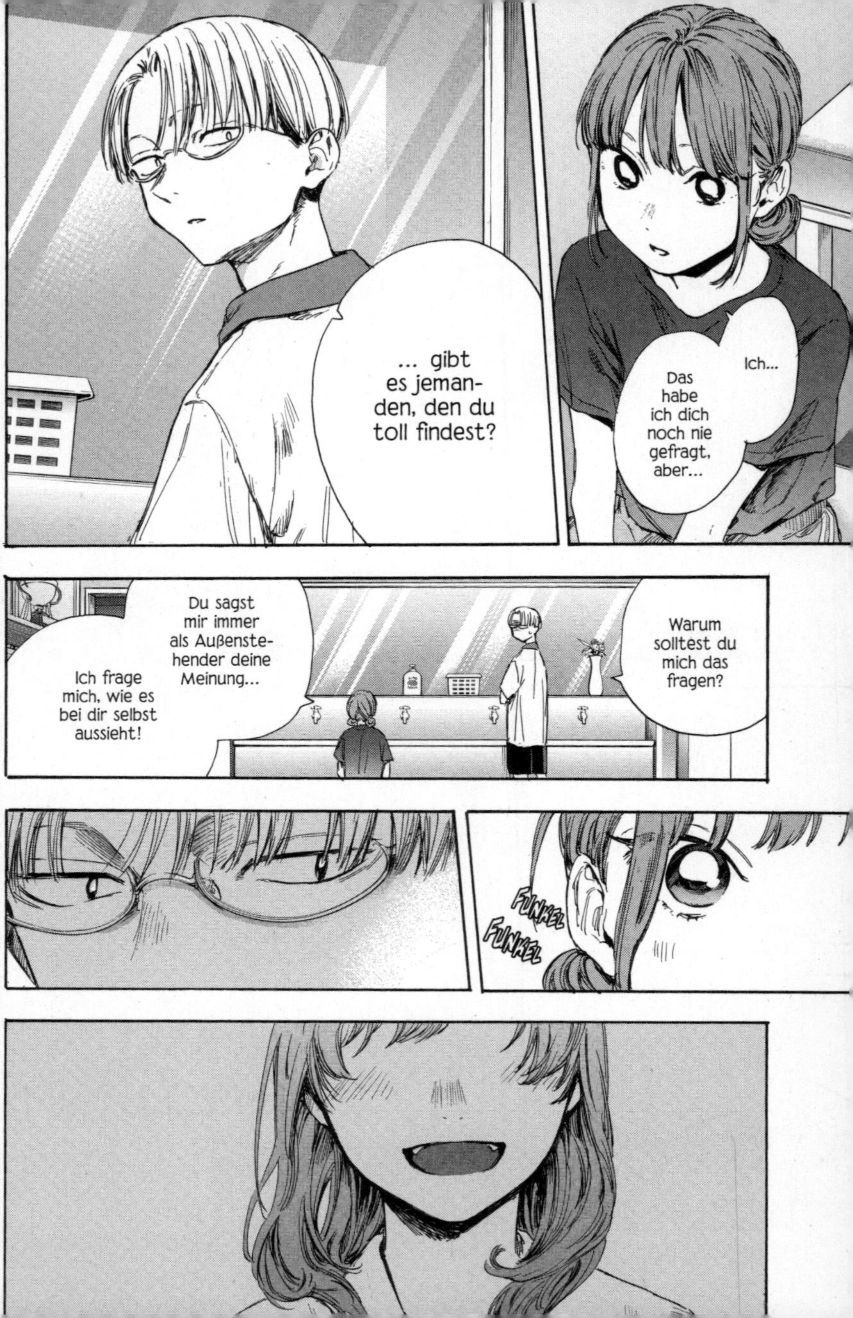
Ich...
Das habe ich dich noch nie gefragt, aber...
... gibt es jemanden, den du toll findest?
Warum solltest du mich das fragen?
Du sagst mir immer als Außenstehender deine Meinung...
Ich frage mich, wie es bei dir selbst aussieht!
FUNKEL
FUNKEL

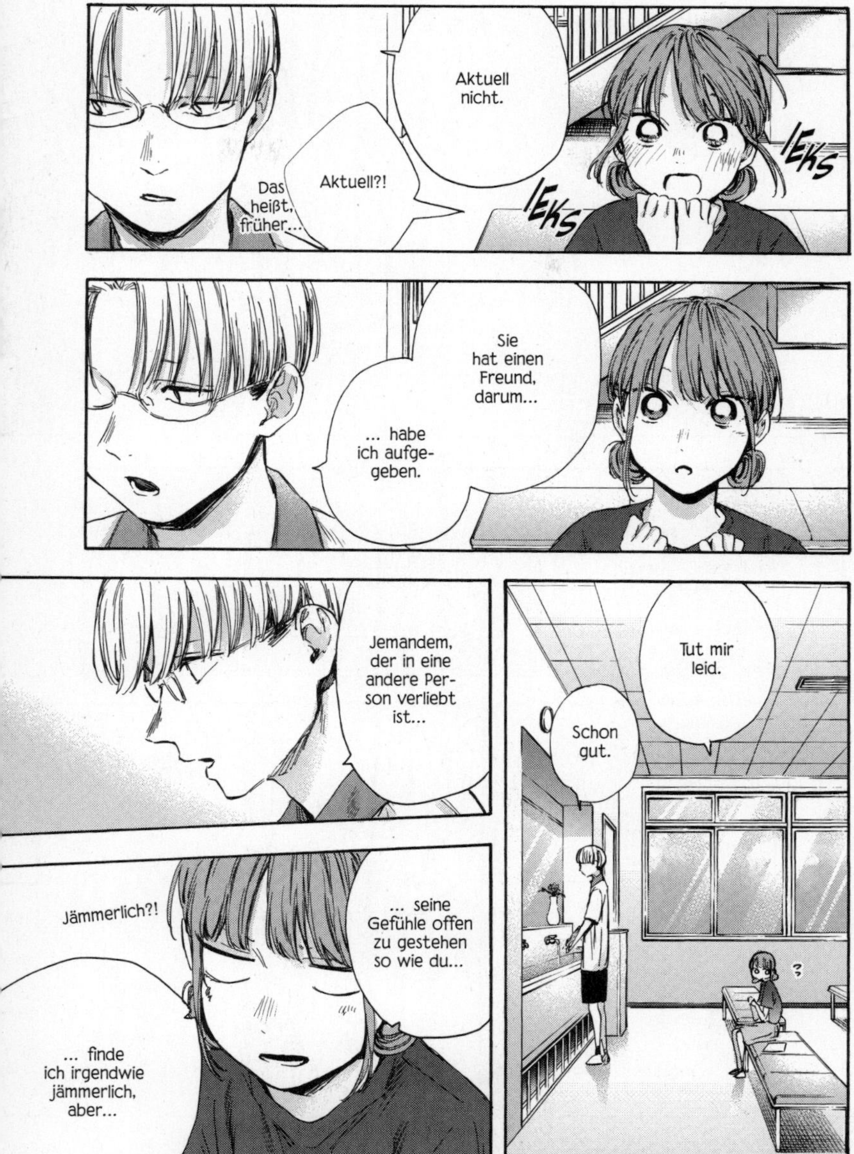

IEKS
IEKS
Aktuell nicht.
Aktuell?!
Das heißt, früher...
Sie hat einen Freund, darum...
... habe ich aufgegeben.
Tut mir leid.
Schon gut.
Jemandem, der in eine andere Person verliebt ist...
... seine Gefühle offen zu gestehen so wie du...
Jämmerlich?!
... finde ich irgendwie jämmerlich, aber...

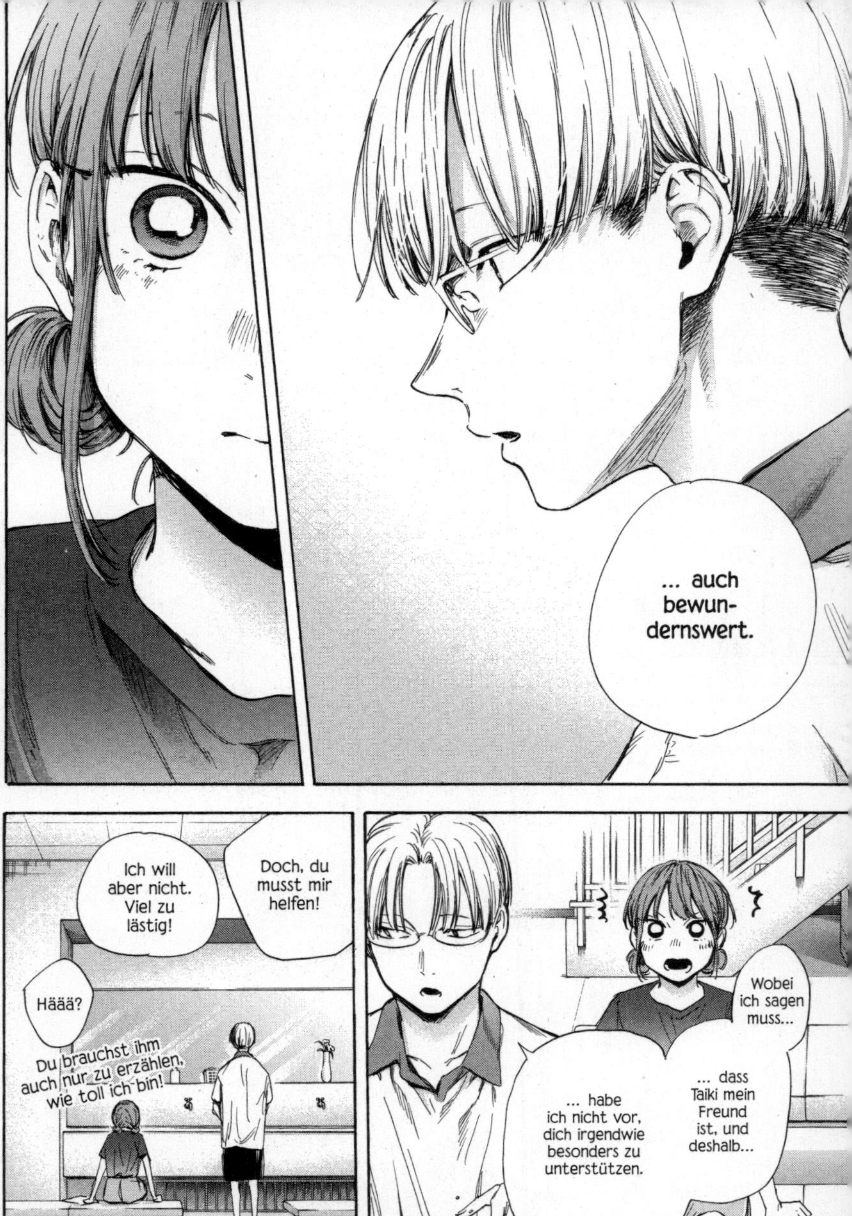
... auch bewundernswert.
Wobei ich sagen muss...
... dass Taiki mein Freund ist, und deshalb...
... habe ich nicht vor, dich irgendwie besonders zu unterstützen.
Doch, du musst mir helfen!
Ich will aber nicht. Viel zu lästig!
Häää?
Du brauchst ihm auch nur zu erzählen, wie toll ich bin!

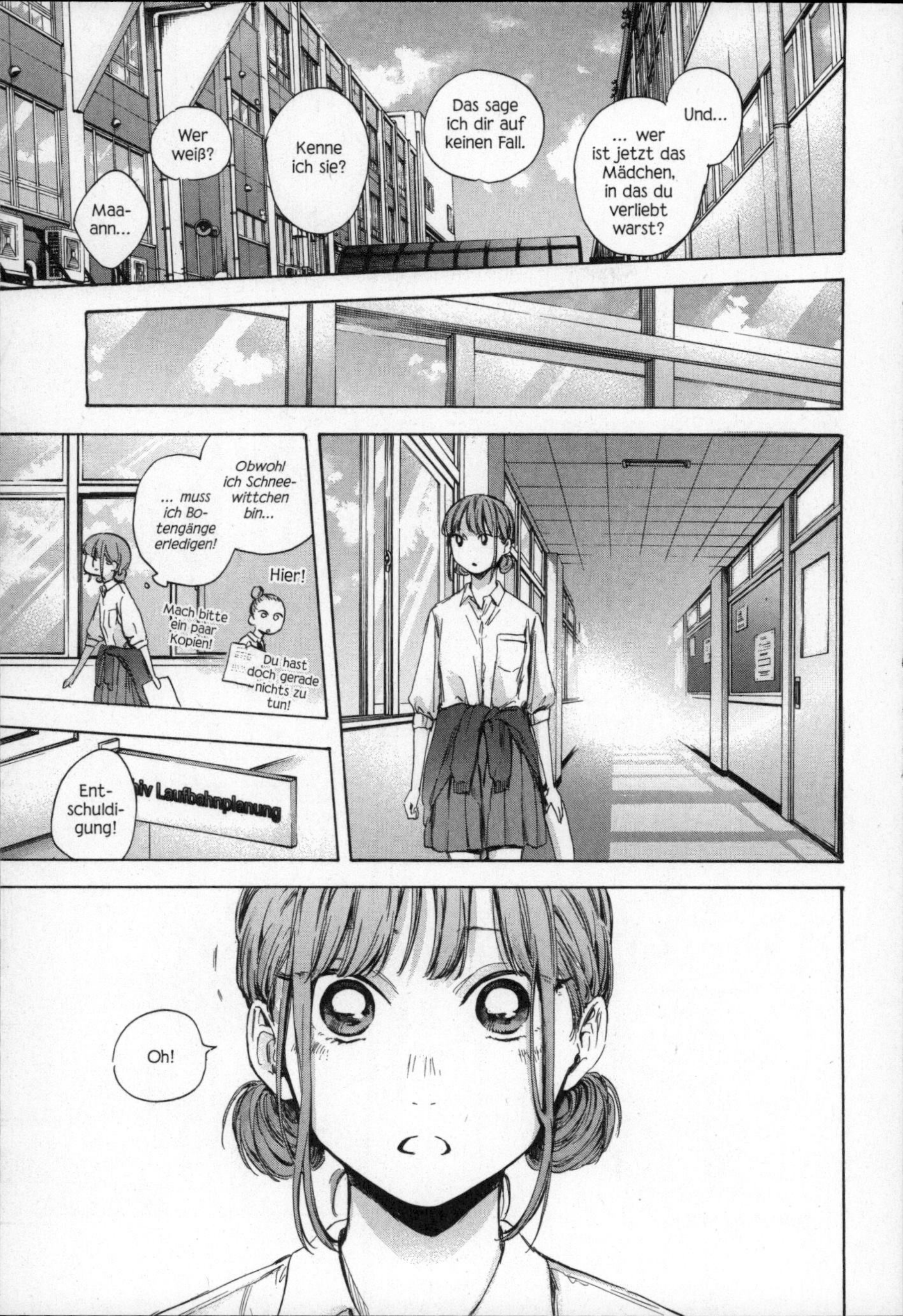
Und...
... wer ist jetzt das Mädchen, in das du verliebt warst?
Das sage ich dir auf keinen Fall.
Kenne ich sie?
Wer weiß?
Maa-ann...
Obwohl ich Schneewittchen bin...
... muss ich Botengänge erledigen!
Hier!
Mach bitte ein paar Kopien!
Du hast doch gerade nichts zu tun!
hiv Laufbahnplanung
Entschuldigung!
Oh!

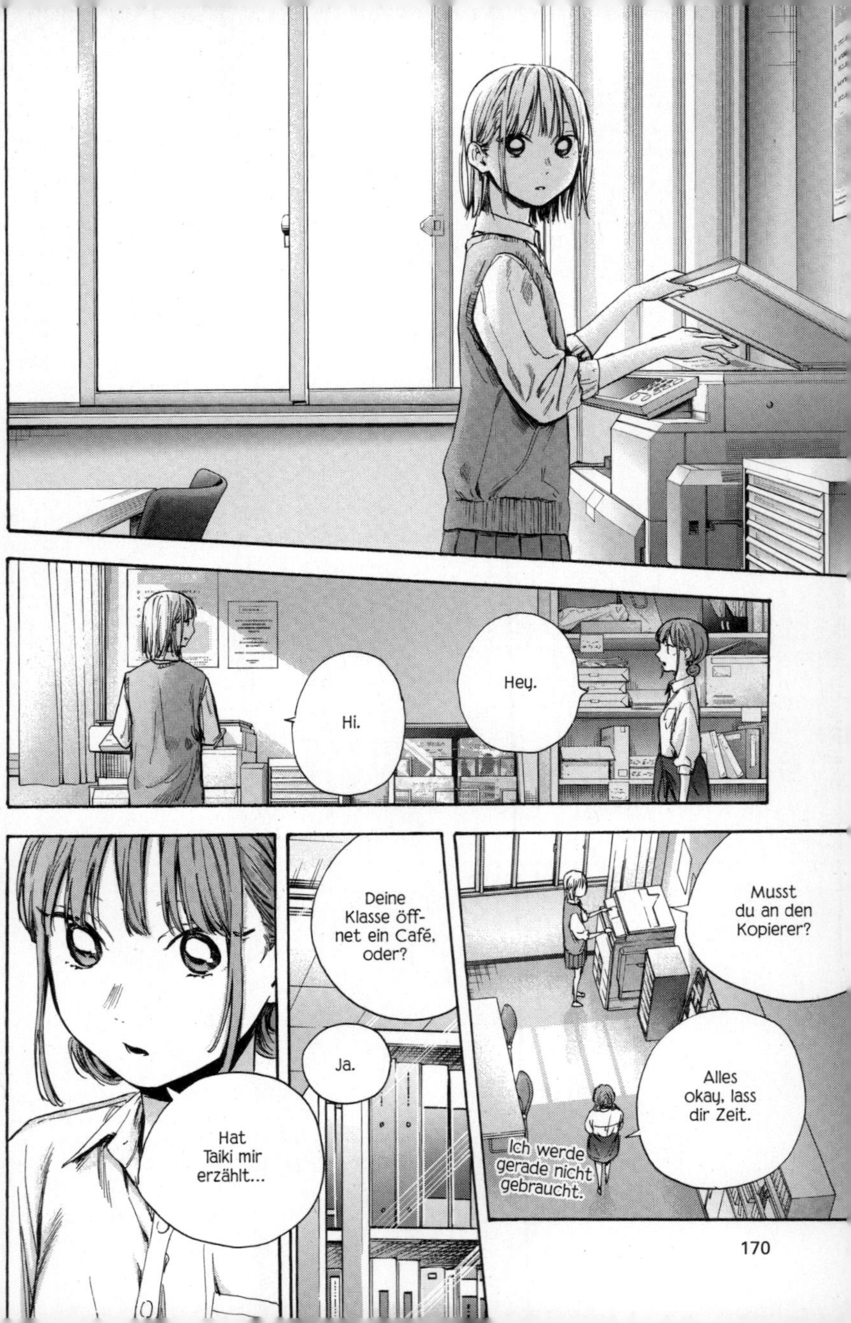
Hey.
Hi.
Musst du an den Kopierer?
Alles okay, lass dir Zeit.
Ich werde gerade nicht gebraucht.
Deine Klasse öff-net ein Café, oder?
Ja.
Hat Taiki mir erzählt...

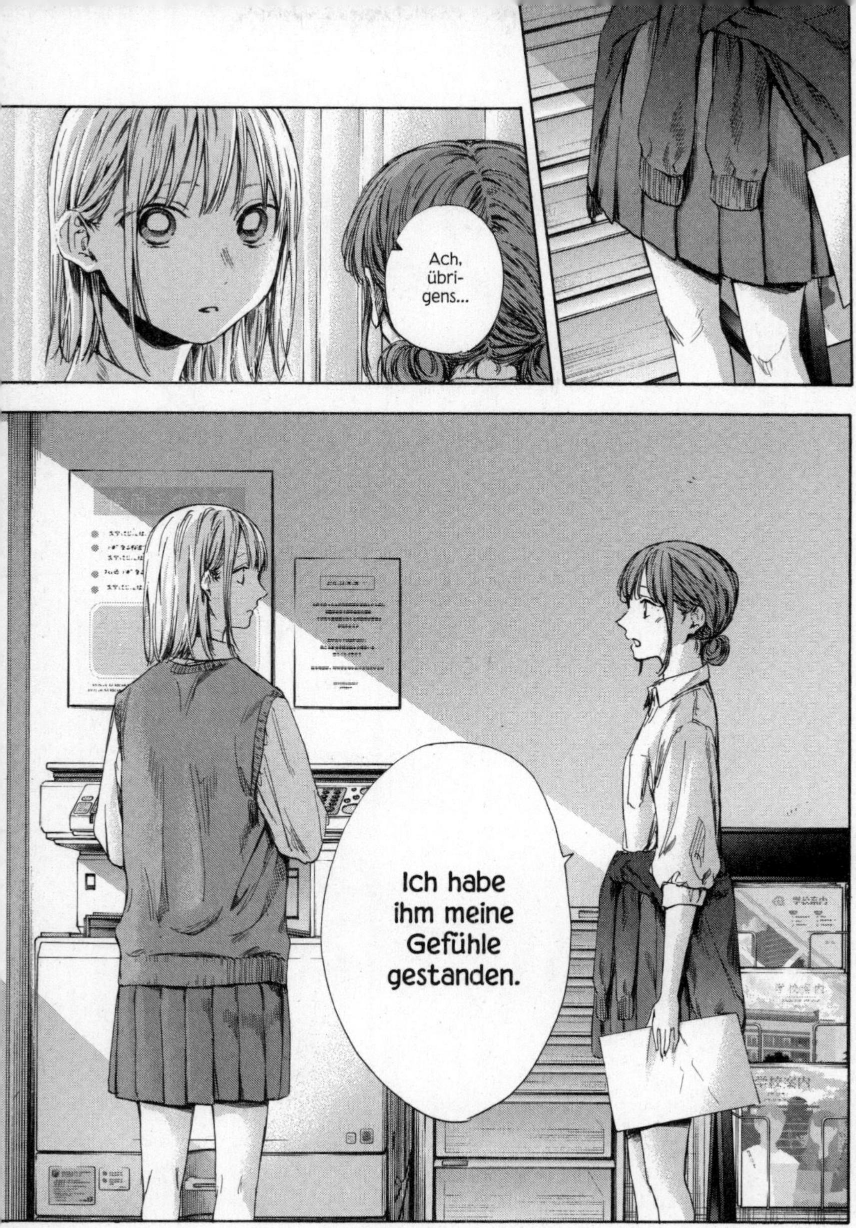
Ach, übri- gens...
Ich habe ihm meine Gefühle gestanden.

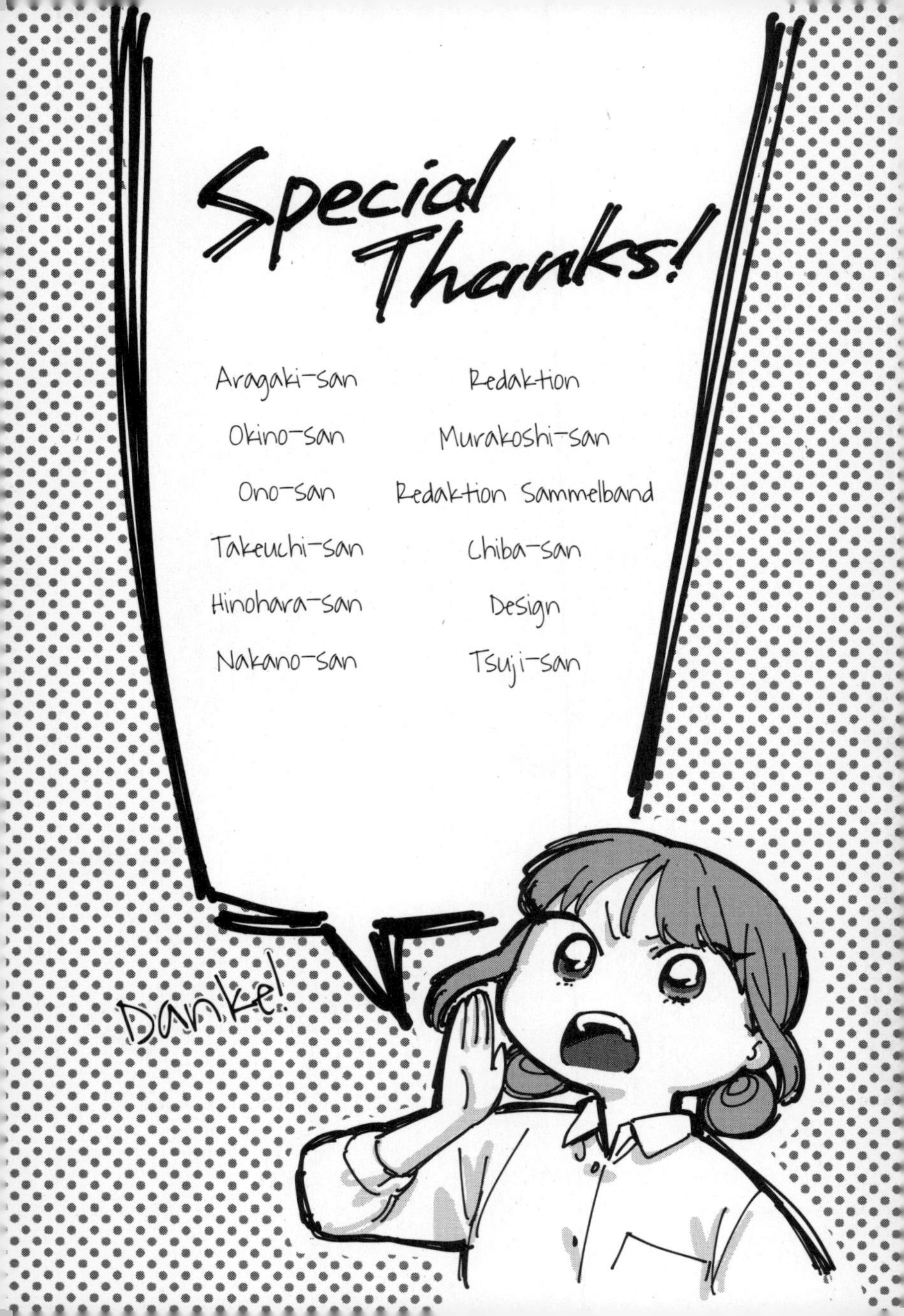
Special Thanks!
Aragaki-san
Okino-san
Ono-san
Takeuchi-san
Hinohara-san
Nakano-san
Redaktion
Murakoshi-san
Redaktion Sammelband
Chiba-san
Design
Tsuji-san
Danke!

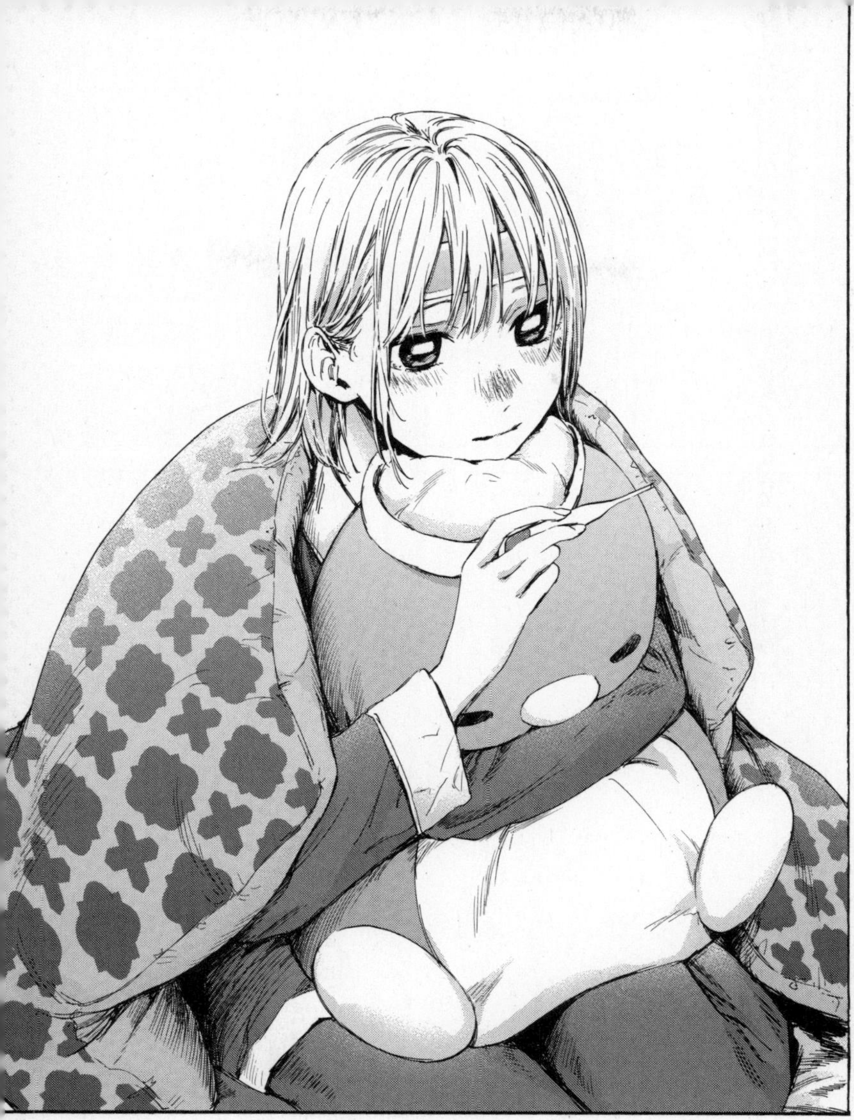

#52 Natürlich möchte ich es sehen

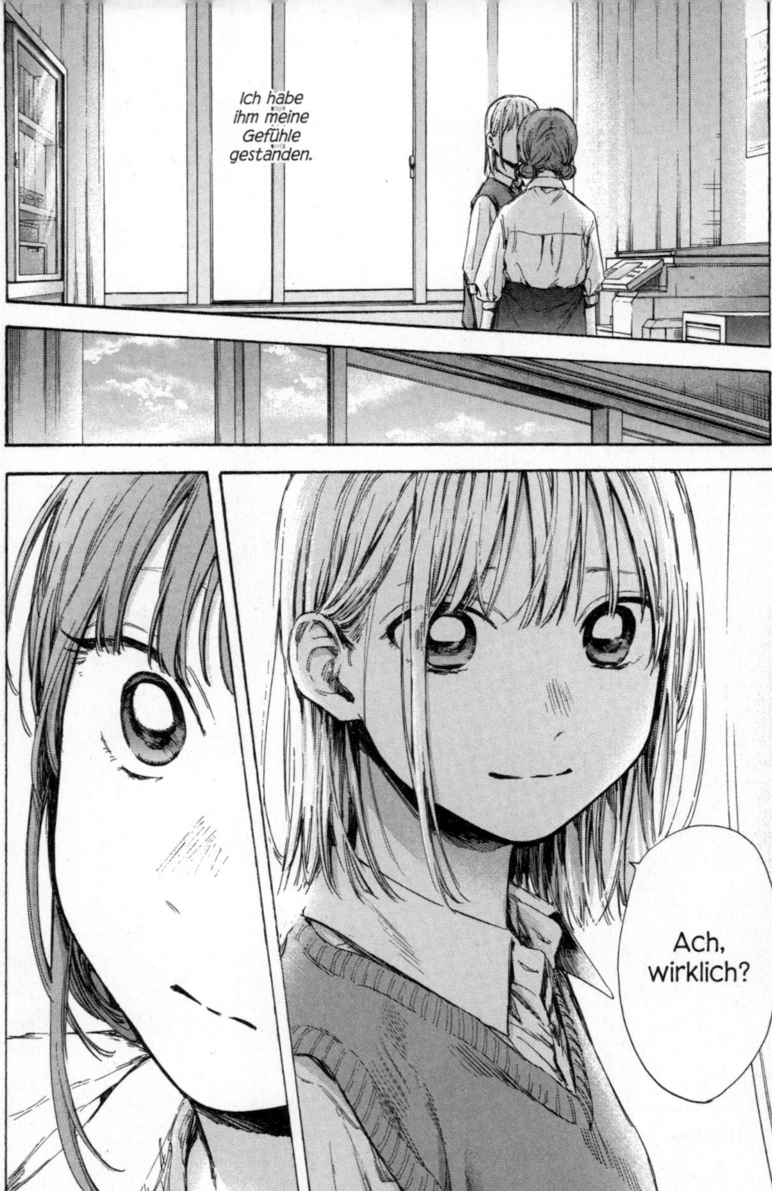
Ich habe ihm meine Gefühle gestanden.
Ach, wirklich?

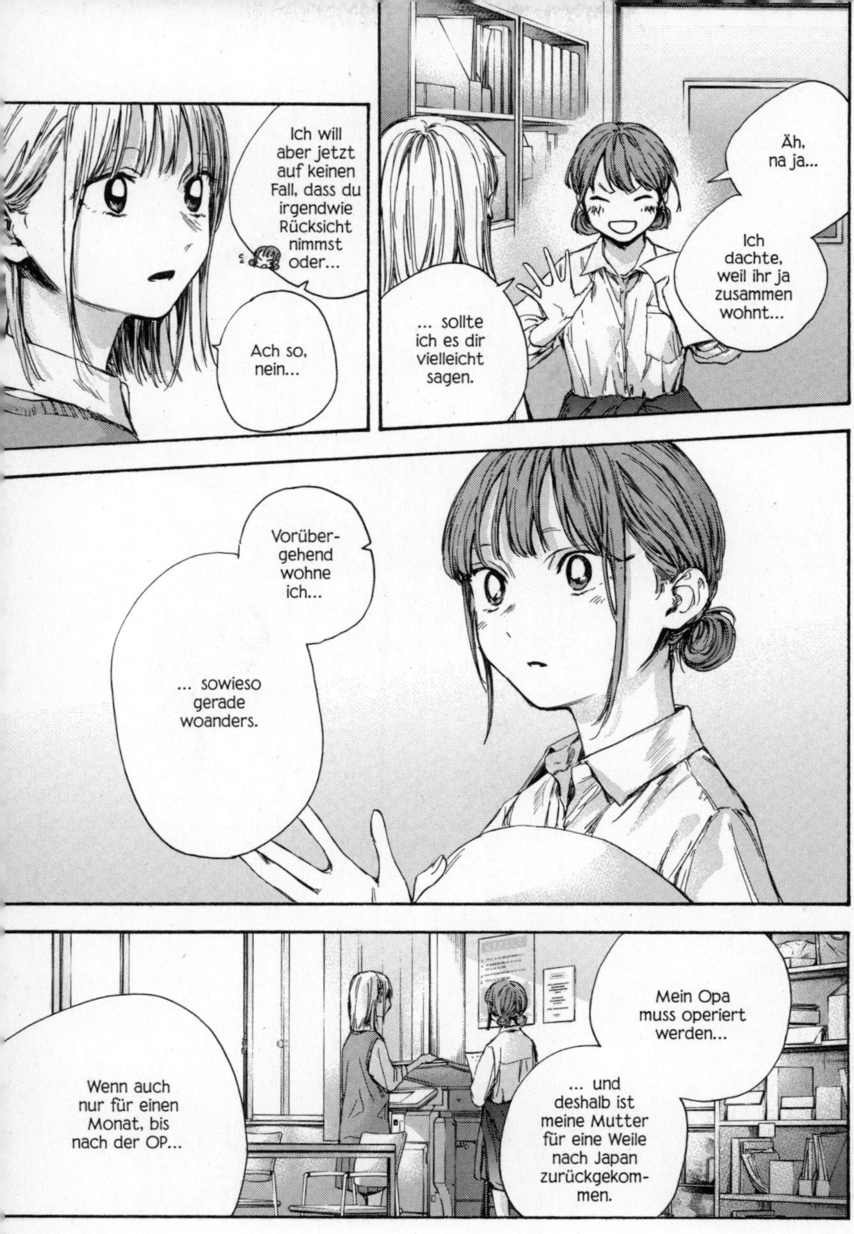
Äh, na ja...
Ich dachte, weil ihr ja zusammen wohnt...
... sollte ich es dir vielleicht sagen.
Ich will aber jetzt auf keinen Fall, dass du irgendwie Rücksicht nimmst oder...
Ach so, nein...
Vorüber-gehend wohne ich...
... sowieso gerade woanders.
Mein Opa muss operiert werden...
... und deshalb ist meine Mutter für eine Weile nach Japan zurückgekom-men.
Wenn auch nur für einen Monat, bis nach der OP...

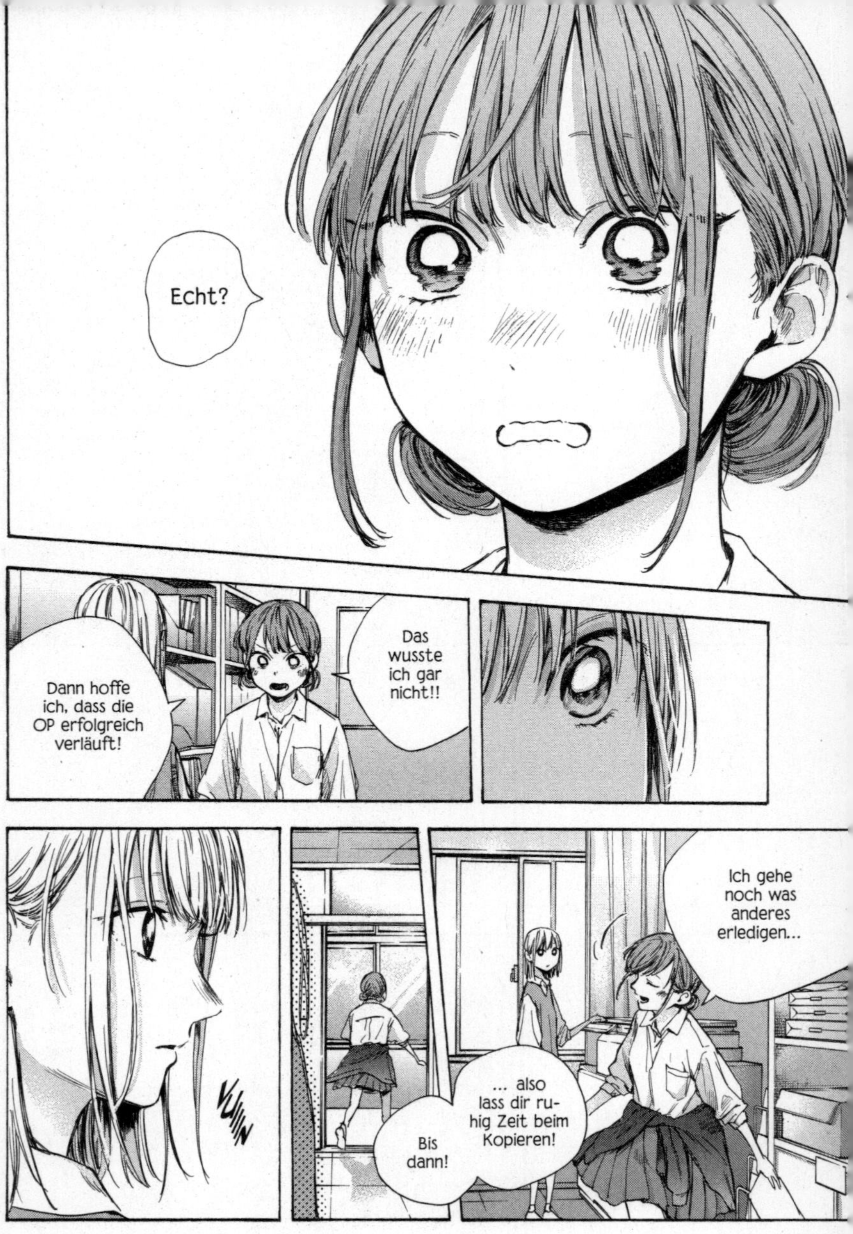
Echt?
Das wusste ich gar nicht!!
Dann hoffe ich, dass die OP erfolgreich verläuft!
Ich gehe noch was anderes erledigen...
... also lass dir ruhig Zeit beim Kopieren!
Bis dann!
VUIIN

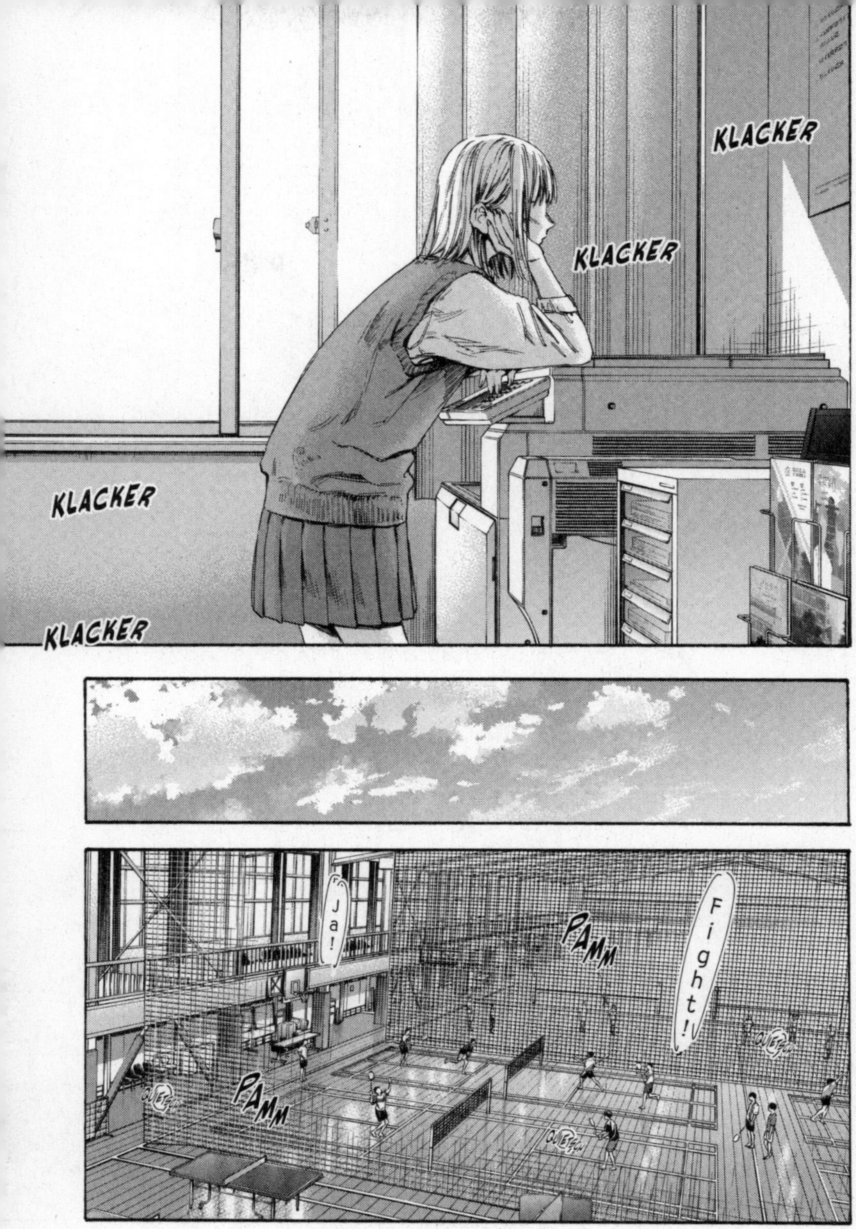
KLACKER
KLACKER
KLACKER
KLACKER
Fight!
PAMM
Ja!
PAMM

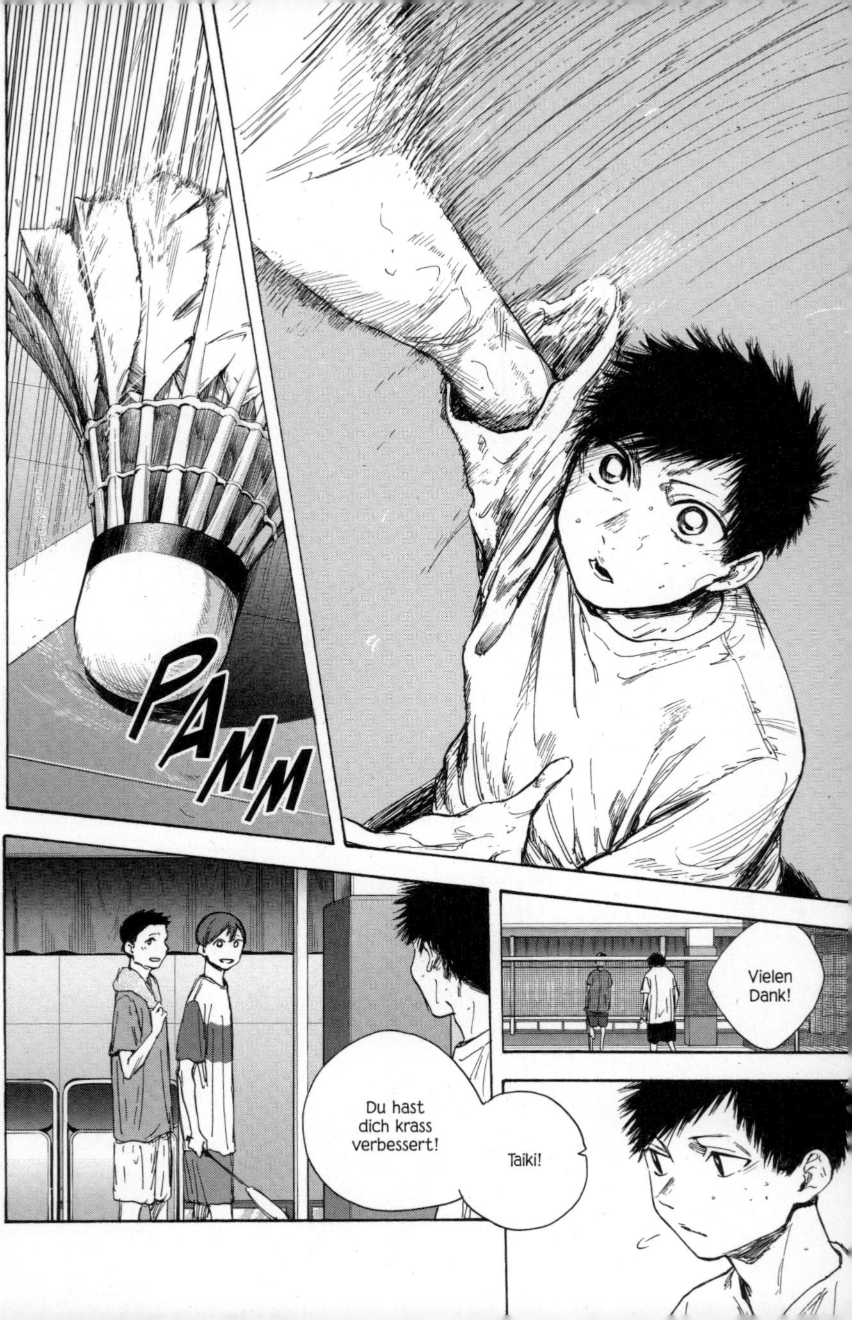
PAMM
Vielen Dank!
Taiki!
Du hast dich krass verbessert!

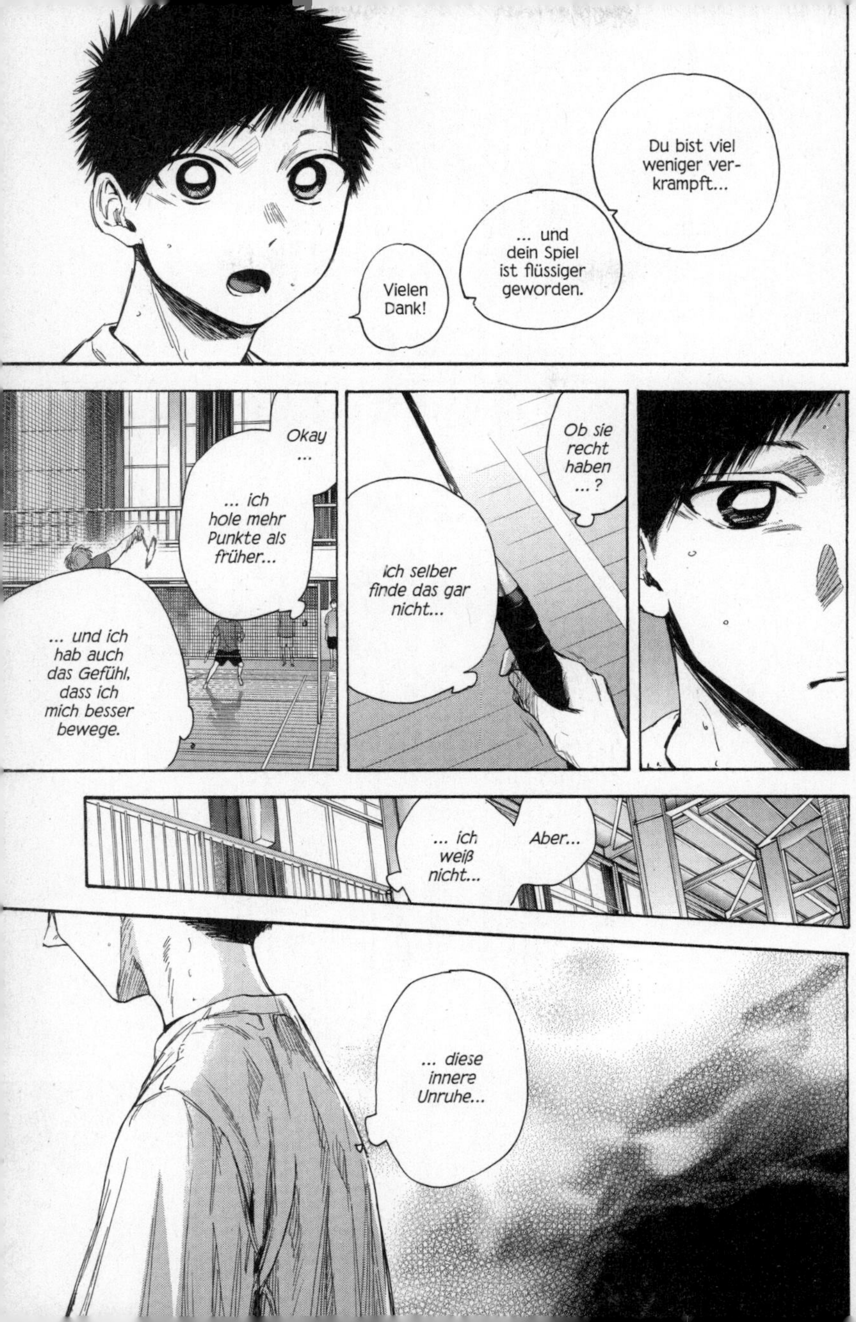
Du bist viel weniger verkrampft...
... und dein Spiel ist flüssiger geworden.
Vielen Dank!
Ob sie recht haben ...?
Ich selber finde das gar nicht...
Okay ...
... ich hole mehr Punkte als früher...
... und ich hab auch das Gefühl, dass ich mich besser bewege.
Aber...
... ich weiß nicht...
... diese innere Unruhe...

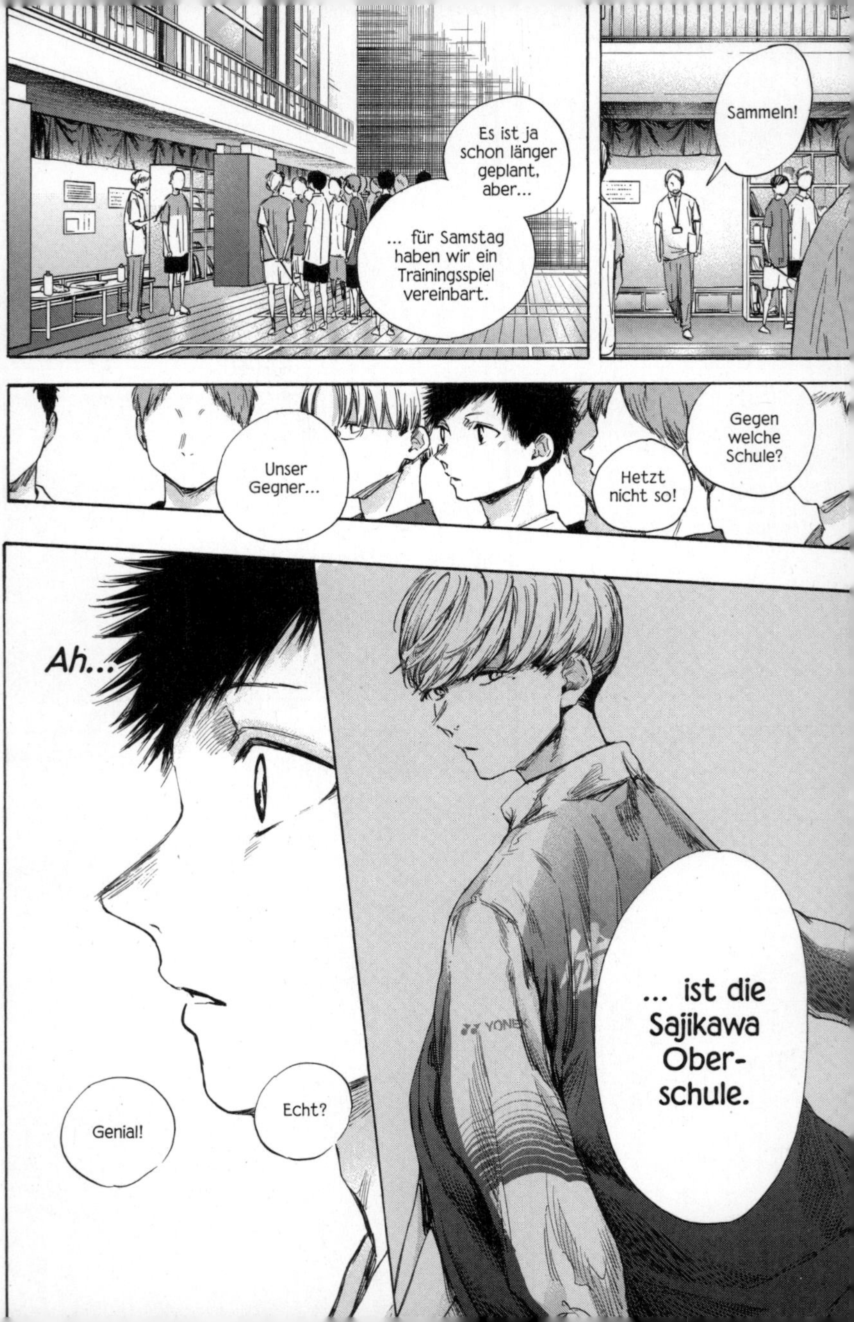
Sammeln!
Es ist ja schon länger geplant, aber...
... für Samstag haben wir ein Trainingsspiel vereinbart.
Gegen welche Schule?
Hetzt nicht so!
Unser Gegner...
... ist die Sajikawa Oberschule.
Echt?
Genial!
Ah...
YONEX

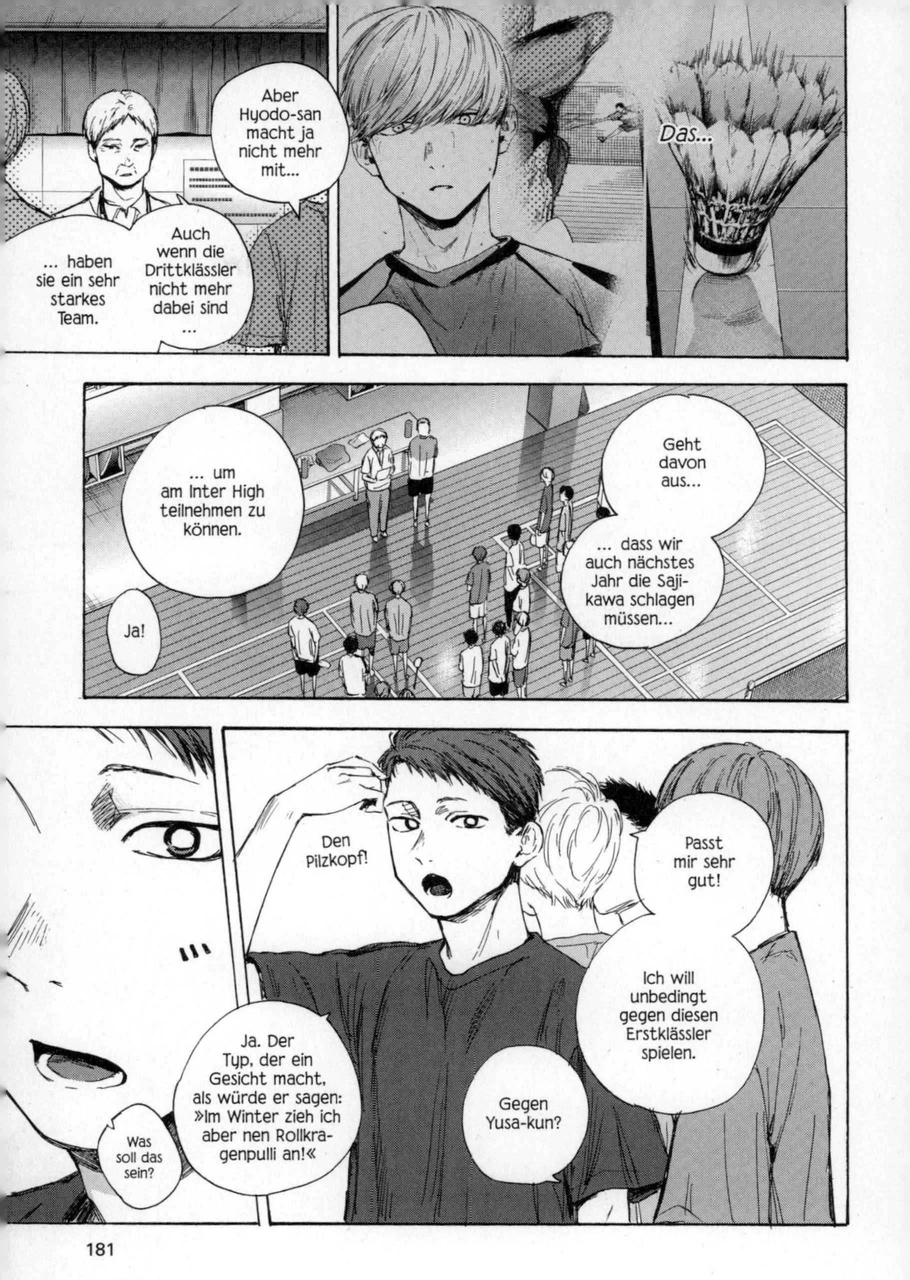
Das...
Aber Hyodo-san macht ja nicht mehr mit...
Auch wenn die Drittklässler nicht mehr dabei sind ...
... haben sie ein sehr starkes Team.
Geht davon aus...
... dass wir auch nächstes Jahr die Saji-kawa schlagen müssen...
... um am Inter High teilnehmen zu können.
Ja!
Passt mir sehr gut!
Ich will unbedingt gegen diesen Erstklässler spielen.
Gegen Yusa-kun?
Den Pilzkopf!
Ja. Der Typ, der ein Gesicht macht, als würde er sagen: »Im Winter zieh ich aber nen Rollkragenpulli an!«
Was soll das sein?

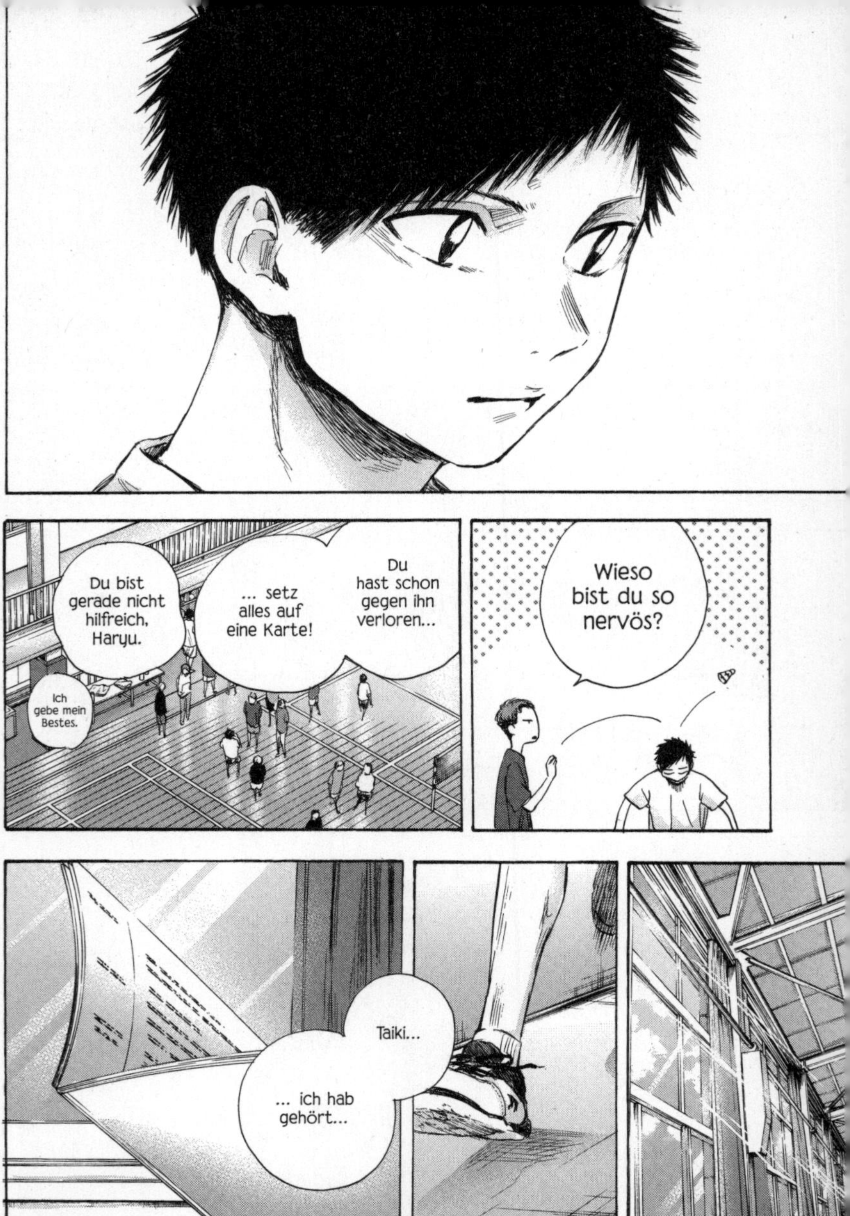
Wieso bist du so nervös?
Du hast schon gegen ihn verloren...
... setz alles auf eine Karte!
Du bist gerade nicht hilfreich, Haryu.
Ich gebe mein Bestes.
Taiki...
... ich hab gehört...

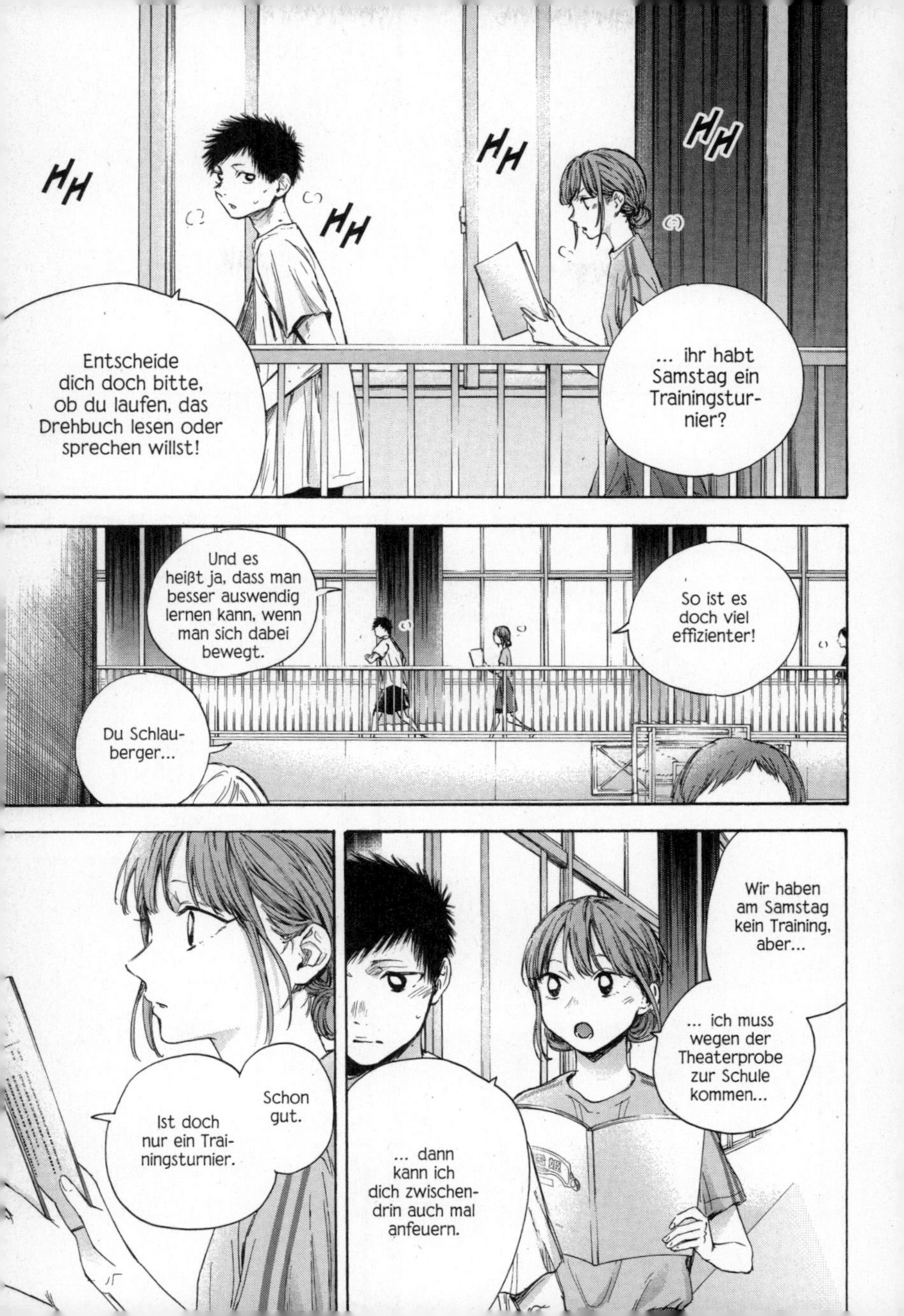
... ihr habt Samstag ein Trainingstur-nier?
Entscheide dich doch bitte, ob du laufen, das Drehbuch lesen oder sprechen willst!
So ist es doch viel effizienter!
Und es heißt ja, dass man besser auswendig lernen kann, wenn man sich dabei bewegt.
Du Schlau-berger...
Wir haben am Samstag kein Training, aber...
... ich muss wegen der Theaterprobe zur Schule kommen...
... dann kann ich dich zwischen-drin auch mal anfeuern.
Schon gut.
Ist doch nur ein Trai-ningsturnier.

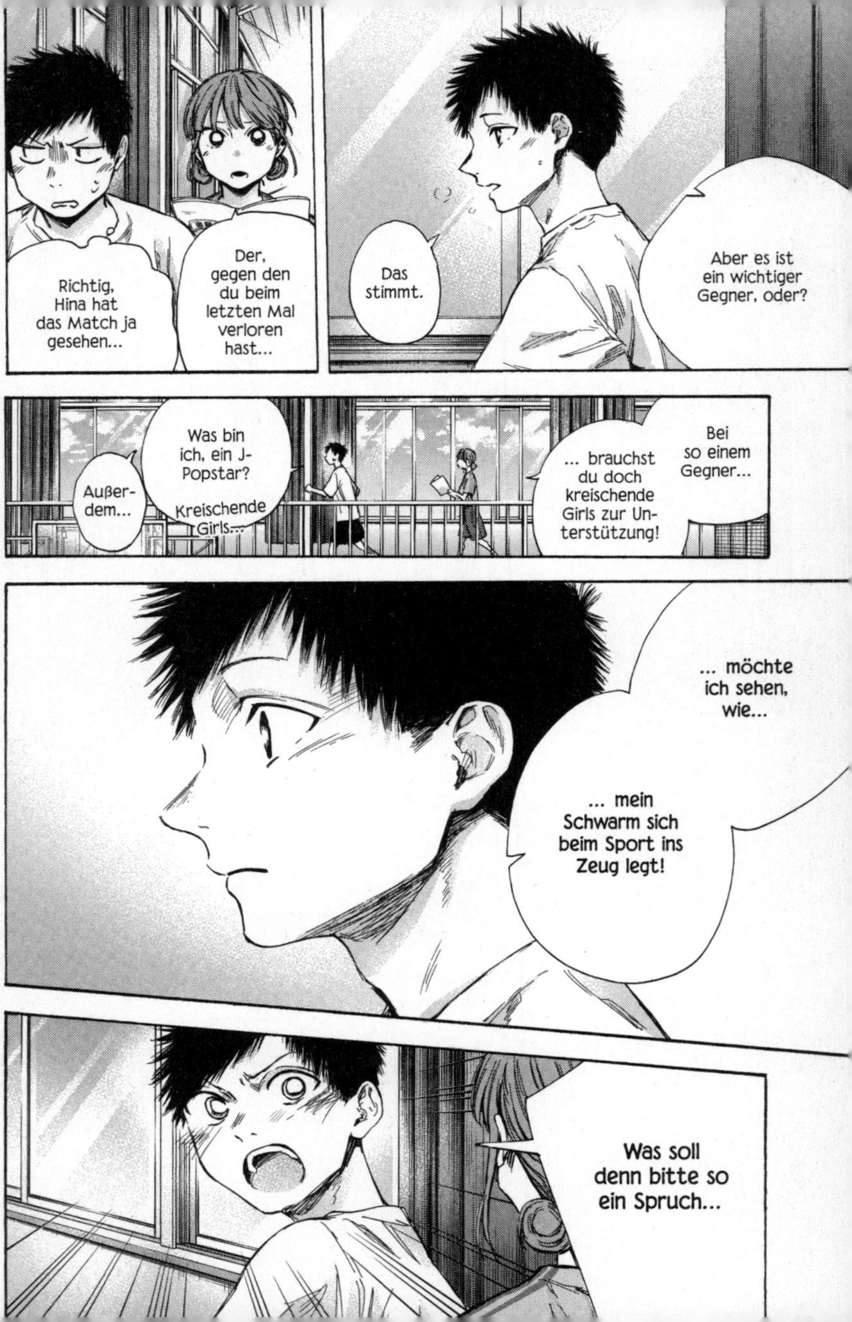
Aber es ist ein wichtiger Gegner, oder?
Das stimmt.
Der, gegen den du beim letzten Mal verloren hast...
Richtig, Hina hat das Match ja gesehen...
Bei so einem Gegner...
... brauchst du doch kreischende Girls zur Unterstützung!
Was bin ich, ein J-Popstar?
Kreischende Girls...
Außerdem...
... möchte ich sehen, wie...
... mein Schwarm sich beim Sport ins Zeug legt!
Was soll denn bitte so ein Spruch...

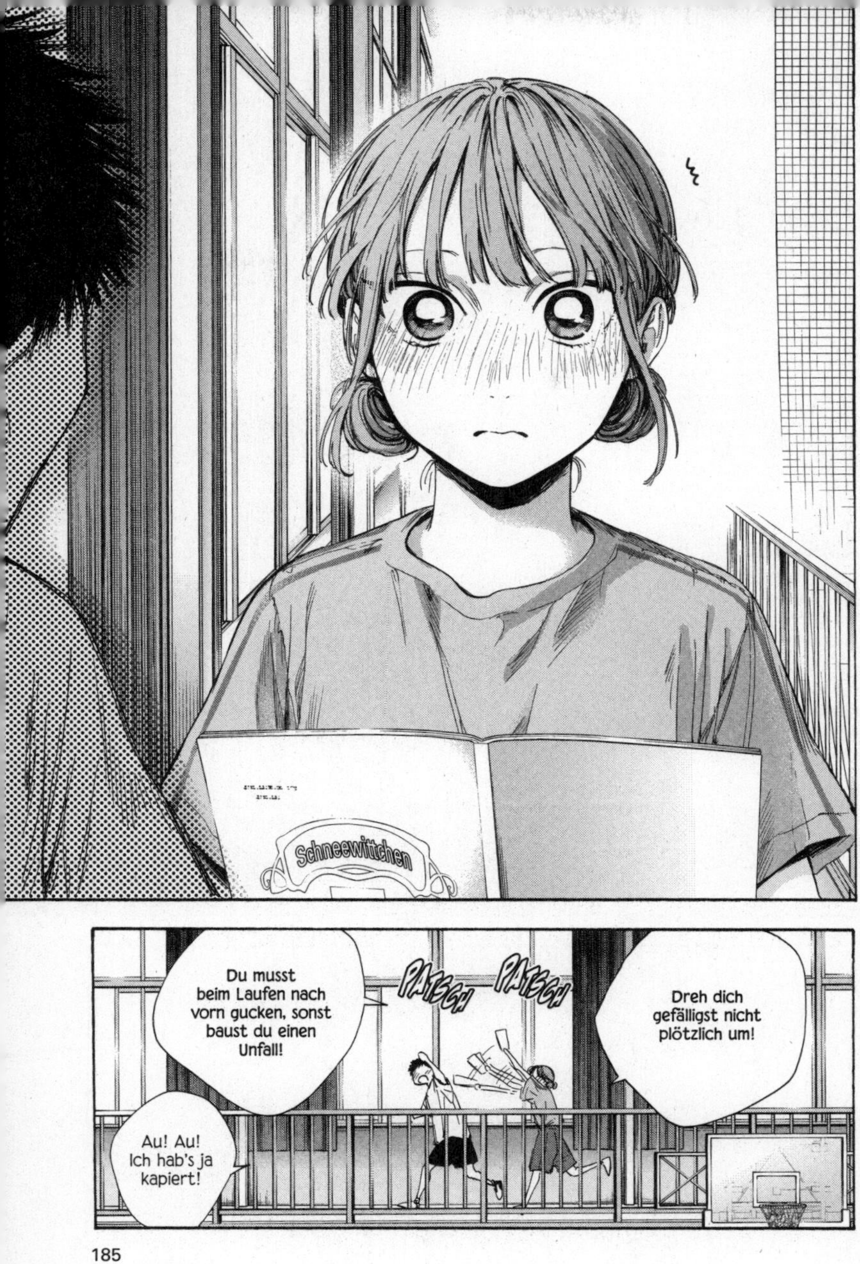
Schneewittchen
Dreh dich gefälligst nicht plötzlich um!
PATSCH
PATSCH
Du musst beim Laufen nach vorn gucken, sonst baust du einen Unfall!
Au! Au! Ich hab's ja kapiert!

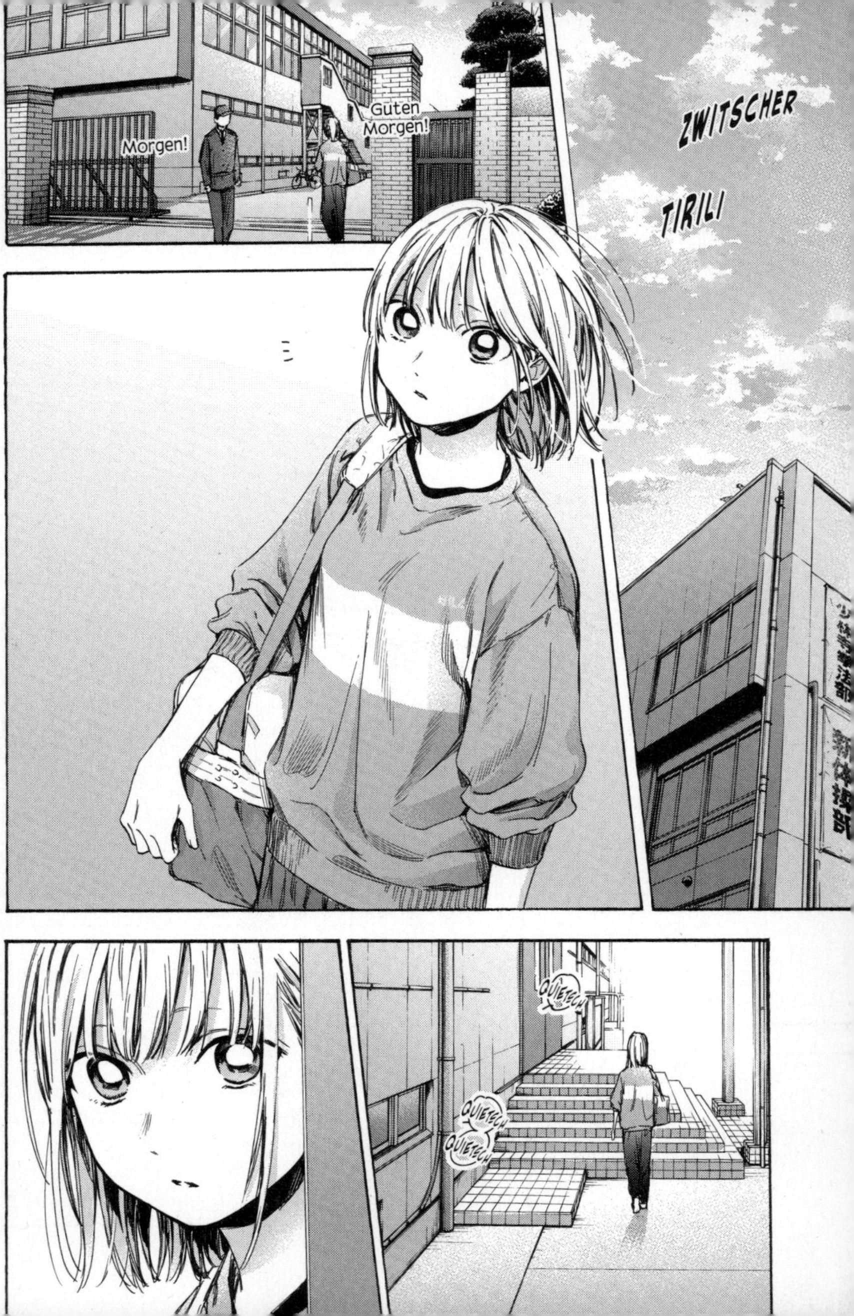
Guten Morgen!
Morgen!
ZWITSCHER
TIRILI
QUIETSCH
QUIETSCH
QUIETSCH

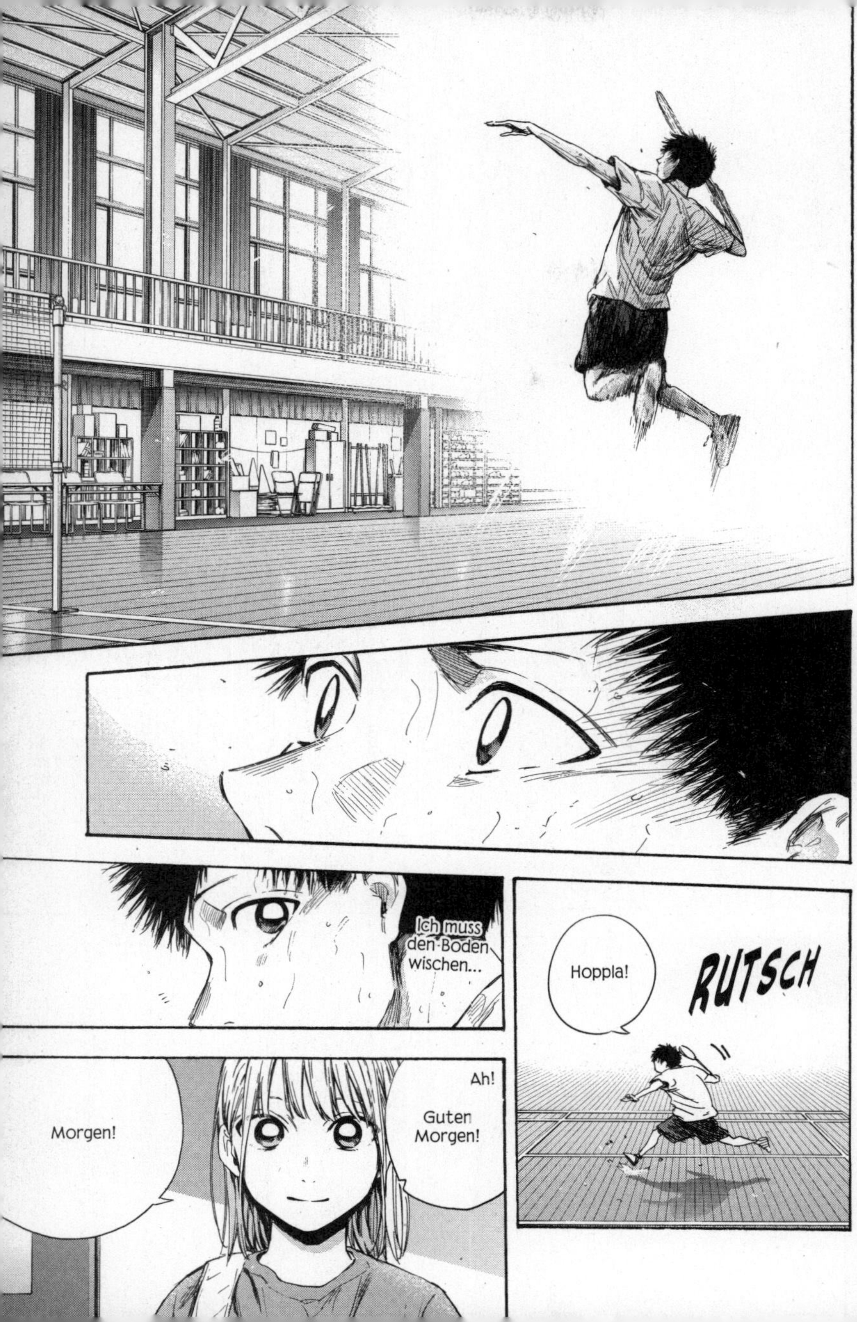
Hoppla!
RUTSCH
Ich muss den Boden wischen...
Ah! Guten Morgen!
Morgen!

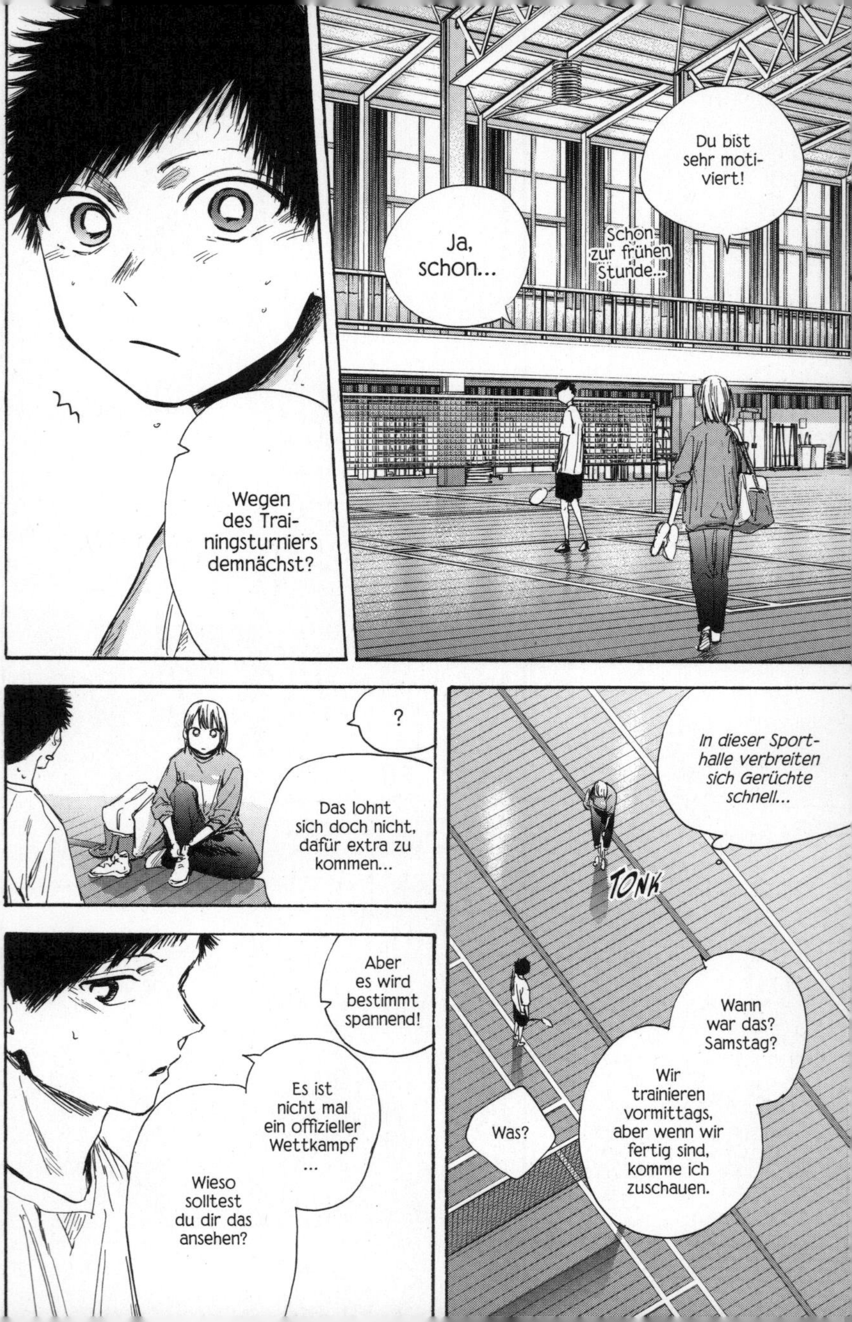

Du bist sehr moti-viert!
Schon zur frühen Stunde...
Ja, schon...
Wegen des Trai-ningsturniers demnächst?
?
Das lohnt sich doch nicht, dafür extra zu kommen...
In dieser Sport-halle verbreiten sich Gerüchte schnell...
TONK
Aber es wird bestimmt spannend!
Es ist nicht mal ein offizieller Wettkampf ...
Wieso solltest du dir das ansehen?
Wann war das? Samstag?
Wir trainieren vormittags, aber wenn wir fertig sind, komme ich zuschauen.
Was?

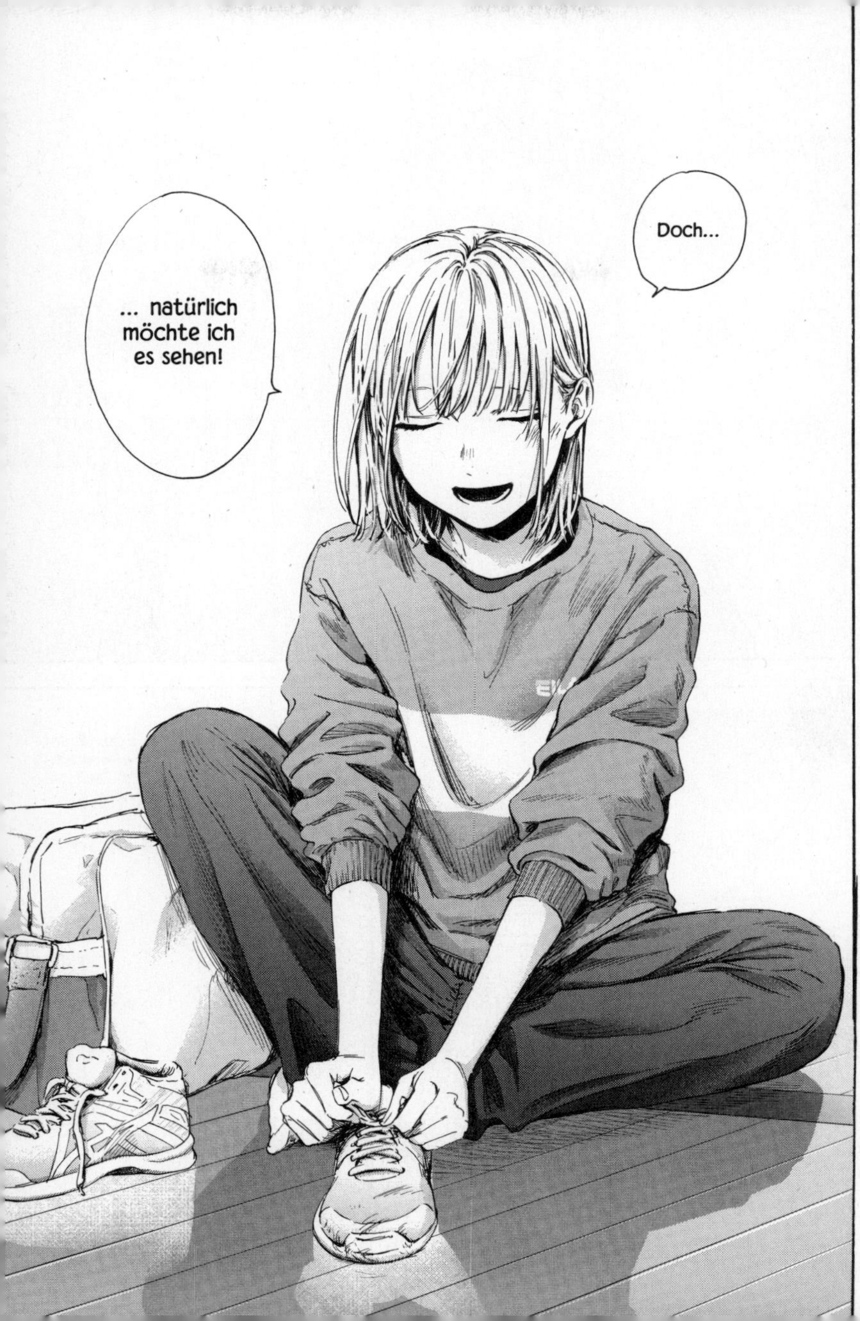
Doch...
... natürlich möchte ich es sehen!

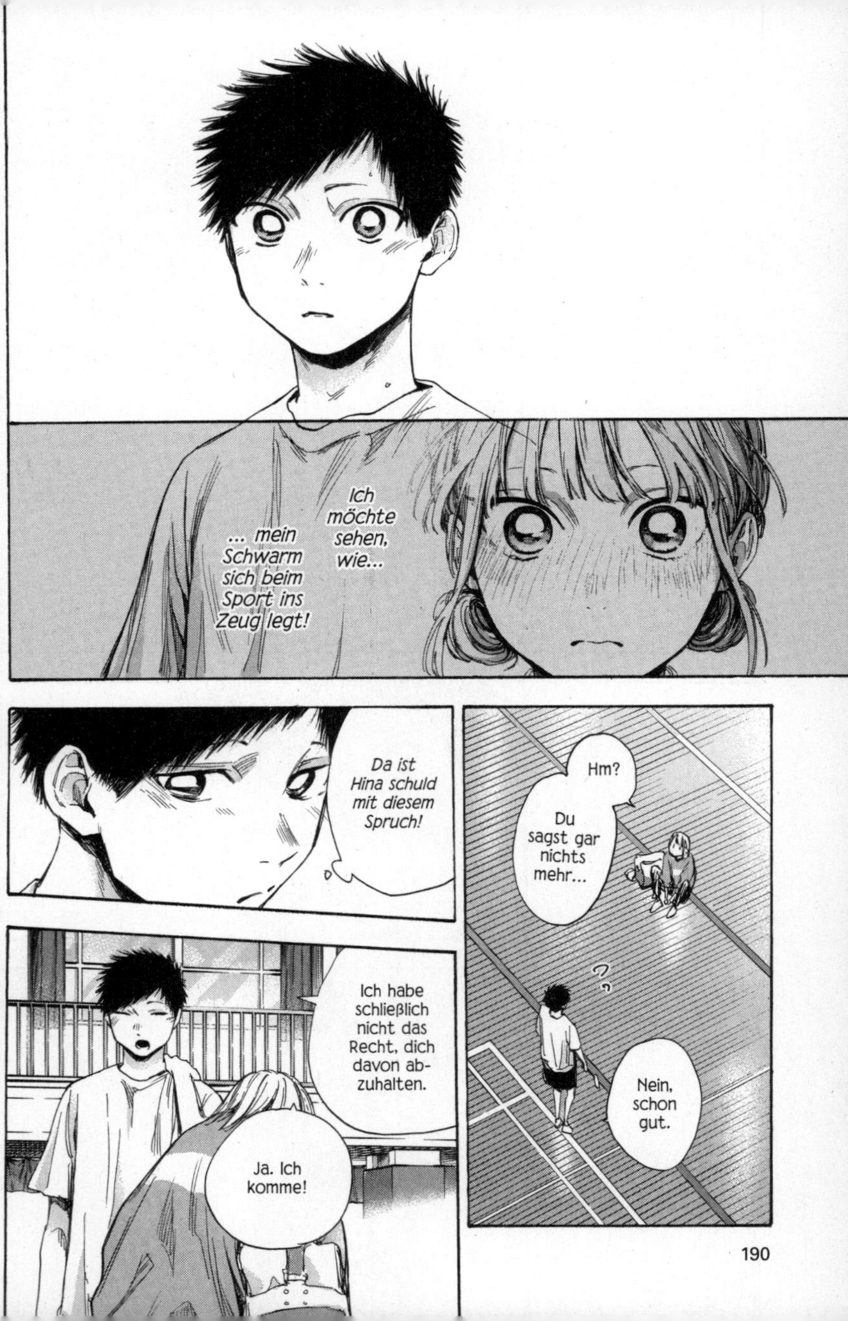
Ich möchte sehen, wie...
... mein Schwarm sich beim Sport ins Zeug legt!
Hm?
Du sagst gar nichts mehr...
Da ist Hina schuld mit diesem Spruch!
Nein, schon gut.
Ich habe schließlich nicht das Recht, dich davon abzuhalten.
Ja. Ich komme!

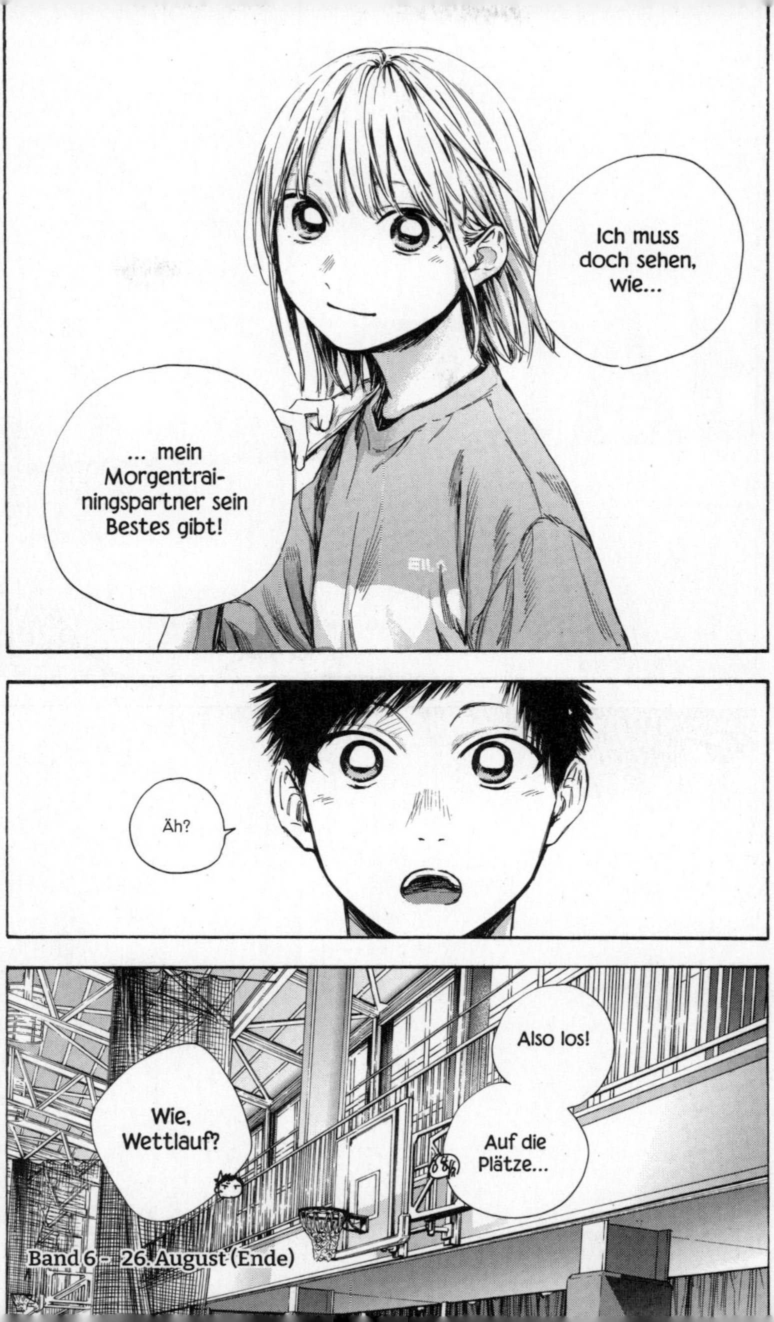
Ich muss doch sehen, wie...
... mein Morgentrainingspartner sein Bestes gibt!
Äh?
Also los!
Auf die Plätze...
Wie, Wettlauf?
Band 6 - 26. August (Ende)

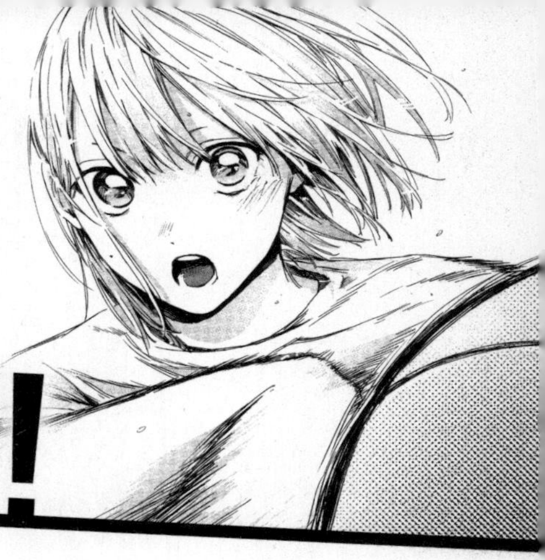

HALT!

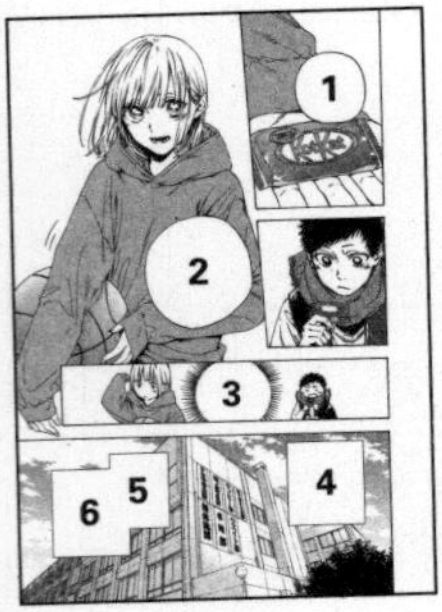

BLUE BOX ist ein japanischer Comic, und in Japan wird von »hinten« nach »vorn« und von rechts nach links gelesen. Man muss diesen Manga also »hinten« aufschlagen und Seite für Seite nach »vorn« weiterblättern. Auch die Bilder auf jeder Seite und die Sprechblasen innerhalb der Bilder werden von rechts oben nach links unten gelesen, so wie in der Grafik gezeigt.

Viel Spaß mit **BLUE BOX**!

Carlsen Manga! News – jeden Monat neu per E-Mail!
www.carlsenmanga.de
www.carlsen.de

CARLSEN MANGA
Deutsche Ausgabe/German Edition

Völckersstraße 14–20, 22765 Hamburg
Aus dem Japanischen von Antje Bockel

First published in Japan in 2021 by SHUEISHA Inc., Tokyo.
German translation rights in Germany, Austria, Luxembourg and German-speaking Switzerland arranged by SHUEISHA Inc. through VME PLB SAS, France.
Redaktion: Patricia Janzen

ISBN: 978-3-551-01559-4

Wir produzieren nachhaltig

- Klimaneutrales Produkt
- Papiere aus nachhaltigen und kontrollierten Quellen
- Hergestellt in Europa

FSC
www.fsc.org
MIX
Papier | Fördert gute Waldnutzung
FSC® C083411